U0671652

相对贫困农户可持续生计
与社会救助制度转型

RESEARCH ON SUSTAINABLE LIVELIHOODS
FOR RELATIVELY POOR FARMERS AND TRANSFORMATION
OF SOCIAL ASSISTANCE SYSTEM

王磊 著

社会科学文献出版社
SOCIAL SCIENCES ACADEMIC PRESS (CHINA)

本书系国家社会科学基金项目"贫困农户可持续生计与社会救助制度转型研究"（项目批准号：16BSH029）的研究成果

摘　要

　　中国社会救助体系基本定型已逾10年。10余年的发展对于一项涉及数千万贫困人口的社会制度而言还远未成熟，迄今为止，它仍处于发展与完善之中。目前，中国的脱贫攻坚取得了决定性胜利，进入了相对贫困治理阶段。毋庸置疑，社会救助在相对贫困治理阶段仍将发挥重要作用。然而，面对新的贫困治理形势和任务，社会救助要继续有效发挥作用，就要实现对现行社会救助制度理念和实践的超越，对社会救助制度中不适应相对贫困治理的制度因素进行调整和优化。本书探讨的是如何将可持续生计理念嵌入农村反贫困战略，并通过微观生计系统与宏观政策互构来推动农村社会救助制度转型升级。本书以可持续生计为视角，以缓解乃至消除农村贫困、实现农民与农村可持续发展、推动乡村振兴为落脚点，综合运用社会学、经济学、人口学及公共管理学等学科理论，结合文献研究、问卷调查及数量分析等具体方法，力图探索将可持续生计理念嵌入农村反贫困战略的机理，并从中长期层面构建相对贫困治理阶段中国农村社会救助制度转型发展路径。本书共分为八章，有关农村社会救助制度转型建设的一系列创新性观点和政策建议贯穿其中。

　　开篇为绪论。这部分对项目研究的理论意义和实践意义进行了阐释，对项目研究涉及的基本概念进行了界定，对可持续生计及社会救助的学术发展史进行了系统梳理，同时阐述了项目研究的逻辑思路、研究方法、主要创新和不足。

　　第一章为理论基础与分析框架。本章在阐明发展型社会政策理论和可持续生计相关理论精髓的基础上，阐释了二者的内在逻辑，进而解构并重构可持续生计分析框架，建构了蕴含内外"两个循环"的项目理论分析框架。

第二章为农村社会救助实施状况。本章分三个阶段对中国共产党成立至今100多年的社会救助发展历程进行了总结与回顾；依据实地调研数据和资料，运用实证分析方法，从制度设计和实施层面剖析了当前中国农村社会救助制度存在的6个主要问题。同时，本书基于辽宁省4市调查，对农村困境儿童社会救助实施状况进行了实证性分析，系统剖析了农村困境儿童发现、救助、预防机制中面临的突出问题。

第三章为农村社会救助实施绩效评估。本章以低保救助制度为研究对象，运用数量分析方法从两个层面对农村低保的实施绩效进行了分析。研究采用中国家庭营养健康调查数据（CHNS）的面板数据集，运用双重差分法，评估农村最低生活保障制度减贫效果；通过构建综合指标体系，利用因子分析法对农村低保与经济发展的适应性进行实证分析。

第四章为相对贫困农户生计资本与生计策略分析。在从宏观层面系统分析社会救助制度实施状况的基础上，本章侧重从微观层面探讨相对贫困农户生计可持续的形成机理。本章运用CFPS 2018数据从相对贫困视角分析了实现贫困农户可持续生计的两个关键要素——生计资本、生计策略及其相互关系，其目的是为社会救助制度转型方向的确定和政策制定提供依据。

第五章为相对贫困农户发展能力分析。本章基于可持续生计理论构建了农村相对贫困家庭发展能力测度指标体系，同样利用CFPS 2018数据从贫困家庭发展能力的综合水平和家庭类型结构两个层面对相对贫困农户家庭发展能力进行了多维测度，得出研究结论，从提高不同类型相对贫困家庭发展能力视角，提出对农村社会救助制度转型的政策启示。

第六章为国际经验借鉴。随着对贫困认识的加深及反贫困理论的发展，许多国家试图通过"准市场模式"、人力资本投资以及资产建设等手段解决贫困问题。经过多年政策实践，这些国家形成了颇具特色的社会救助政策模式。本章较为系统地梳理了发达国家和发展中国家社会救助政策实践，在此基础上总结了其对中国社会救助制度转型发展的启示。

第七章为农村社会救助制度转型方向与路径。本章基于前文分析，着眼于中国农村反贫困治理的重心已经由绝对贫困治理转变为相对贫困治理的国情，探讨了农村社会救助转型的方向，从中长期战略层面提出了社会救助制度转型的路径。

　　笔者认为，可持续生计理念对于农村社会救助制度的嵌入并非完全推翻现有制度体系，而是在坚持"保基本、兜底线、救急难"的基础上，提升制度理念，增加救助对象实现"可持续生计"这一关键维度。嵌入可持续生计理念的农村社会救助制度将是一种积极的、以能力建设为基本内涵的新型农村社会救助体系。在未来中国农村社会救助制度至少要实现两个方面的转型升级。一是社会救助理念要实现从消极救助向积极救助转变，社会救助要着力从消极被动的"输血式"救助向增强救助对象内生动力的"造血式"救助跃升。二是社会救助功能从消除生存贫困拓展到缓解生活贫困和解决发展贫困，也即社会救助要着眼于应对生存贫困、生活贫困和发展贫困，实现功能提升。需要说明的是，制度功能拓展要考虑到制度边界与负荷，社会救助功能从消除生存贫困拓展到缓解生活贫困和解决发展贫困，不是对社会救助功能的无限放大，而是对其功能的合理延伸。从制度建设层面看，要做好微观生计系统与宏观救助政策转型的互构互促，因此，要注重增强救助对象的生计资本与生计能力，优化其生计策略，同时，要进一步优化制度设计，做好社会救助制度与教育、医疗及就业等相关制度的衔接与整合，促进救助主体多元化，持续创新救助服务方式，矫正制度执行偏差等，唯其如此，才能最大限度地发挥农村社会救助制度的功能和优势。

目　录

图表目录

图目录

表目录

第一节　问题提出与研究意义

一　问题提出

贫困是一个世界性问题，更是 3P（Population，Poverty and Pollution，人口、贫困、污染）难题之一。贫困不仅在发展中国家存在，在发达国家也同样存在。目前，人类虽然已经进入信息化时代，但贫困仍是几乎所有国家都难以摆脱的社会现象。2023 年 7 月，联合国开发计划署（UNDP）和牛津大学贫困与人类发展研究中心（OPHI）发布了最新的《全球多维贫困指数》（MPI）报告，对 110 个国家的多维贫困情况进行了估测。报告数据显示，在 110 个国家的 61 亿人口中，有 11 亿人生活在严重多维贫困中。其中，农村地区有全球 84% 的贫困人口，受到贫困的影响最大。在全世界范围内，农村人口都比城市人口更加贫穷。

改革开放以来，中国经济持续快速增长，如今已经成为世界第二大经济体，与此同时，人民的生活水平和生活质量不断提高。但作为发展中国家，中国的贫困尤其是农村贫困问题曾经十分突出。1978 年，按当时中国政府确定的贫困标准，农村贫困人口有 2.5 亿人，占农村人口总数的 30.7%。贫困的原因可以归结为两个方面，即低下的农业生产水平和人民公社制度给农村生产带来的负面影响。[①] 1978 年以后中国开始实行家庭联产承包责任制。家庭联产承包责任制释放了生产力，激发了农民的生产积极性，

---

① 国务院新闻办公室. 中国的农村扶贫开发白皮书［EB］. http：//news. sohu. com/20/92/news146919220. shtml.

粮食产量迅速增长，加之这一时期农产品价格上升，因此，农民收入不断增加。数据显示，从1978年到1985年，农民人均纯收入增长了2.6倍，农村贫困人口数量也开始明显减少，下降到1985年的1.25亿人，占农村总人口的14.8%，贫困人口平均每年减少1786万人。这一时期的贫困人口减少主要是因为制度创新带来了经济增长，农民普遍受益并且以令人瞩目的速度达到温饱水平。

1985年国务院将农民人均纯收入低于150元的县确定为国家重点贫困县。1986年国务院成立专门的扶贫机构——贫困地区经济开发领导小组，陆续出台扶贫开发政策，并提出扶贫专项资金在财政支出中单独列支。自此，中国政府由救济性扶贫向开发式扶贫转变。这一时期的扶贫采取区域瞄准的方式，并以贫困地区的开发为主要手段。到1993年，全国贫困县的人均纯收入从1986年的206元增长到483.7元，农村贫困人口从1.25亿人左右下降到8000万人，平均每年减少约640万人，贫困人口占农村总人口的比重下降到8.7%。

进入21世纪，基于农村贫困人口逐步减少、贫困范围逐步缩小的社会现实，国务院出台了《中国农村扶贫开发纲要（2001-2010年）》（国发〔2001〕23号）。该纲要提出中国2001~2010年扶贫开发总的奋斗目标是提高贫困人口的生活质量和综合素质，为达到小康水平创造条件。中国国际扶贫中心公布的数据显示，2001~2010年的10年间，尽管每年减少的贫困人口数量呈现波动变化（见图1），但农村反贫困取得的成绩仍是十分显著的。

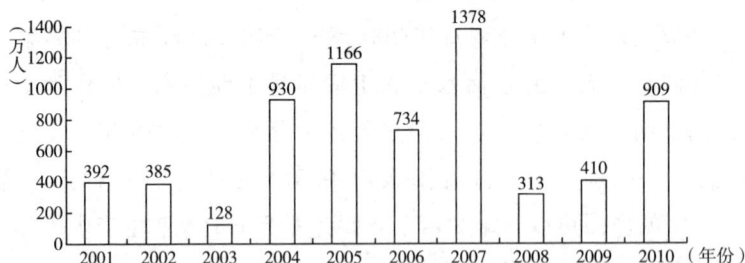

图1　2001~2010年每年减少的贫困人口数量

资料来源：中国国际扶贫中心。

2012年12月底，习近平总书记在河北省阜平县考察扶贫开发工作时指出，"全面建成小康社会最艰巨最繁重的任务在农村、特别是贫困农村地区"①。2013 年 11 月，习近平总书记首次提出精准扶贫理念，指出"扶贫要实事求是，因地制宜。要精准扶贫，切忌喊口号，也不要定好高骛远的目标"②。

"精准扶贫"理念提出后，国家先后出台了一系列农村反贫困战略举措。2014 年 1 月 25 日，中共中央办公厅、国务院办公厅发布了《关于创新机制扎实推进农村扶贫开发工作的意见》。该意见明确指出要加大扶贫力度，集中力量解决突出问题，创新扶贫开发工作机制，建立精准扶贫工作机制。该意见强调扶贫开发和农村最低生活保障制度要有效衔接，切实做到扶真贫、真扶贫，确保在规定时间内实现稳定脱贫目标。2015 年 11 月 3 日出台的《中共中央关于制定国民经济和社会发展第十三个五年规划的建议》强调，必须充分发挥政治优势和制度优势，坚决打赢脱贫攻坚战，并对精准扶贫顺利开展做出具体战略部署。在中华人民共和国历史上，党和国家领导人从来没有这样高度重视农村反贫困和脱贫工作，他们将反贫困和脱贫致富作为一场在新的历史条件下开展的"没有硝烟的攻坚战"，并取得斐然成绩。国家统计局发布的数据显示，截至 2019 年末，全国农村贫困人口从 2012 年末的 9899 万人减少至 551 万人，累计减少 9348 万人；贫困发生率从 2012 年的 10.2% 下降至 0.6%，累计下降 9.6 个百分点。2020 年，中国实现了现行标准下农村贫困人口全部脱贫，贫困县全部摘帽，解决了区域性整体贫困问题，完成了消除绝对贫困的艰巨任务。总体来看，改革开放以来，中国农村的反贫困事业取得了举世瞩目的成就，农村贫困人口稳步减少。中国实现了"迄今人类历史上最快速度的大规模减贫"，创造了减贫治理的中国样本，对全球减贫工作贡献卓越。

然而，绝对贫困问题的解决并不意味着贫困被彻底消除，习近平总书记指出"脱贫摘帽不是终点，而是新生活、新奋斗的起点"③，相对贫困在中国社会主义初级阶段还将长期存在。站在中国全面建成小康社会、实现第一个百年奋斗目标的关键节点上，党的十九届四中全会提出"巩固脱贫攻坚成果，建立解决相对贫困的长效机制"，党的十九届五中全会强调要巩

---

① 李慧等. 全面建成小康社会，不让一个人掉队 [N]. 光明日报，2017-05-18.
② 杨飞. 习近平的扶贫观：让贫困群众真正得到实惠. 中国日报网，2017-02-23，http：//china. chinadaily. com. cn/2017-02/23/content_28314139. htm.
③ 习近平. 在决战决胜脱贫攻坚座谈会上的讲话 [N]. 人民日报，2020-3-7.

固拓展脱贫攻坚成果，实现脱贫攻坚成果同乡村振兴战略有效衔接。这意味着中国的贫困形势已发生明显变化，中国进入了相对贫困治理阶段。

相对贫困具有长期性、综合性、隐蔽性等特征，治理难度很大。同时还要看到，中国的脱贫攻坚刚刚取得胜利，脱贫不稳定户、边缘易致贫户，以及因病因灾因意外事故等刚性支出较大或收入大幅缩减导致基本生活出现严重困难户仍存在较大返贫风险。可以说，中国农村反贫困形势依然严峻。中国亟须立足精准扶贫基础，着眼于相对贫困农户可持续生计，完善相对贫困治理体系，基于中长期层面制定更具前瞻性、针对性的贫困治理政策。但是，不可否认的是，作为中国农村反贫困主要制度的社会救助仍然是一种短效的、被动的、"下游干预"型救助模式。这种救助模式对受助群体生存权益重视有余，对其发展权益考虑不足。由于忽视相对贫困治理阶段受助群体可持续生计建设和多元福利需求，社会救助的边际效益递减。农村社会救助制度正在维持或"制造"一个最低收入阶层，制度建设面临拐点与转型升级。

本书以提高相对贫困农户可持续生计能力为着眼点，综合运用社会学、经济学、人口学及公共管理学等学科理论，结合文献研究、问卷调查、数量分析及比较分析等具体方法，在系统分析和评估农村社会救助制度主要问题及相对贫困农户生计资本、生计策略、生计能力的基础上，力图将可持续生计理念嵌入中国农村反贫困战略，并基于进入全面小康社会后中国农村贫困形势发生的新变化，从中长期层面构建符合中国国情的农村社会救助制度转型发展路径与对策。可持续生计视角下的农村社会救助制度建设将社会干预的重点提前到贫困风险的形成环节，通过将救助资源配置在对受助群体和经济增长具有投资性质的项目上，促进贫困群体自立自强，提高农村贫困群体可持续生计能力，从而切断贫困产生链条，突破"贫困陷阱"，从根本上缓解乃至消除贫困，有效防止贫困的发生。

二 研究意义

（一）学术价值

1. 有助于构建中国特色社会救助理论体系

本书探讨的是如何将可持续生计理念嵌入中国农村反贫困战略中，并以此打破贫困恶性循环的怪圈，治理农村贫困，缩小贫富差距，实现农民与农村可持续发展。受城乡二元社会保障制度影响，学界对中国农村社会救助制度的研究一直处于比较薄弱的状态，有关农村社会救助制度的发展定位及可持续发展模式等基础性问题研究尚待加强。而且，2020 年全面小康社会建成后，中国的贫困形势发生了变化，相对贫困治理成为反贫困研究的重要内容，但迄今为止，学界对相对贫困的研究还欠深入。本书以中国农村贫困治理从绝对贫困向相对贫困转变为基本背景，探讨社会救助制度的转型升级策略，研究成果将有助于弥补社会救助理论体系研究的不足，丰富本土化的社会救助研究，构建中国特色社会救助理论体系。而且，该研究范式可以在城乡社会救助领域进行微观与宏观的拓展，对于社会保障制度的建设发展及深入研究同样会产生积极影响。

2. 有助于为农村反贫困政策实践注入新的学术思想

本书不仅揭示了社会救助制度现存问题，分析了相对贫困农户生计状况，提出了社会救助制度转型与重构的具体政策，而且推动了社会救助理念的"升级换代"，发现和传播了政府制定政策的学术思想，如发展型社会政策、可持续生计、社会投资、社会保护、脆弱性评估、善治及人本行政等。本书研究立足长远，注重发掘社会发展新思想，寻找社会发展新动向，探索相对贫困治理的长效机制，并力图使决策者逐渐接受这些思想。

（二）应用价值

1. 有助于改善农村相对贫困群体可持续生计，巩固拓展脱贫攻坚成果

当前，中国社会主要矛盾已经转化为人民日益增长的美好生活需要和不平衡不充分发展之间的矛盾。党的十九届五中全会又提出，在"十四五"乃至更长一个时期，中国经济社会发展的一项重要目标是要改善人民生活品质，扎实推动共同富裕，不断增强人民群众的获得感、幸福感、安全感。毫无疑问，在满足人民美好生活需要、实现共同富裕过程中，要补齐农村发展短板，不断缩小城乡居民生活差距。而农村脱贫成果能否有效巩固、农村相对贫困能否有效治理将直接影响全面小康社会发展的成色和质量。可持续生计视角下的农村社会救助制度建设将社会干预的重点提前到贫困风险的形成环节，通过将救助资源配置在对受助群体和经济增长具有投资性质的项目上，促进贫困群体自立自强，改善农村贫困群体可持续生

计，从而从根本上缓解甚至消除贫困，打破贫困恶性循环，有效防止贫困的发生。这对于巩固拓展脱贫攻坚成果，防止脱贫农户返贫，确保"十四五"时期乃至 2035 年实现人民生活更加美好、富裕的远景目标具有重要的现实意义。

2. 有助于确立积极救助理念，推进农村社会救助制度转型升级

农村社会救助制度是 20 世纪 90 年代在农村集体经济的主体生产队或生产大队对农业经营收益权的缩小甚至消失，农村的社会保障因缺乏经费而日渐萎缩的情况下逐步建立的。但是，在城乡二元结构下，农村社会救助制度未得到应有的重视。2007 年国家决定在全国范围内普遍建立农村低保制度，也只是在城乡统筹发展理念下对广大农村贫困群体长期利益诉求的一种被动的反应。长期以来，中国农村社会救助制度目标定位于满足贫困群体基本生存需要和维护社会稳定两个方面。这种目标定位对缓解农村贫困和社会矛盾具有立竿见影的功效，但是，由于其过多强调保障贫困人口的基本生存需要，缺乏对贫困人口可持续生计的关注，在制度实践中表现为一种"消极补救"。农村社会救助的目标偏差严重抑制了其反贫困功能的发挥，使得农村社会救助的边际效益递减，而且，2020 年全面小康实现后，中国贫困的性质和状态发生了新的变化，贫困治理的重点和难点已经从绝对贫困转向相对贫困，反贫困战略需要适时调整，因而，社会救助制度亟待转型升级。可持续生计理念的核心是长远地改善个人或家庭生活所拥有和获得的谋生能力、资本和有收入活动。在这一理念指导下建设的农村社会救助制度具有主动性、预防性及他助与自助相结合的显著特征。嵌入可持续生计理念的农村社会救助制度建设，必然推动农村社会救助体系向着积极的、以能力建设为基本内涵的新型农村社会救助体系深刻转型。

3. 有助于调整社会结构，促进社会和谐稳定发展

改革开放以来，中国的经济发展取得了巨大成就，居民收入水平显著提高，但随之而来的是收入分配两极化现象日趋严重。根据官方公报数据，中国居民收入分配的基尼系数在 2000 年就已突破国际公认的 0.4 警戒线，并于 2008 年达到最高点 0.491。2014 年北京大学中国社会科学调查中心研究发现，中国社会顶端 1% 的家庭占据全国 1/3 的财产，社会底端 25% 的家庭仅占有社会 1% 的财产。2015 年胡润公布的中国富豪榜中，前 726 人的财富为 99350 亿元，占 2015 年中国 GDP 的 14.5%。实际上，改革开放以来，

中国农村内部的收入分配差距也呈现上升势头。研究发现，农村基尼系数从 1978 年的 0.21 上升到 1990 年的 0.31，2001 年则突破 0.4 警戒线，达到了 0.43。贫富差距过大最严重的危害在于将形成一个失衡的社会结构——金字塔形的社会结构。如果这种分配失衡状况持续恶化，中产阶层不断萎缩，就会形成倒"丁"字形社会结构，也即社会上富裕阶层和中产阶层所占比重均较低，占绝大多数的是低收入阶层。倒"丁"字形社会结构造成了持续的"社会结构紧张"①，容易引发社会不满情绪的滋生蔓延，生成社会不稳定的心理温床。不仅如此，贫富差距大还直接影响社会稳定，特别是会诱发违法犯罪活动，危害社会秩序和人民的生命财产安全。据统计，1981~2018 年，全国居民收入分配的基尼系数从 0.278 上升到 0.468，全国刑事犯罪率也从每 10 万人 88.98 起上升到每 10 万人 363.29 起。② 社会救助制度本质上是一种社会再分配机制，在一定程度上有助于社会发展成果的公平分配。基于可持续生计视角来探讨农村社会救助制度的建构，可以缓和阶层分化与利益分化，增进社会成员对发展模式和发展方向的认同，稳定生活与社会预期，减少社会震荡，最大限度地降低改革风险，促进社会阶层整合。

第二节　基本概念解释

"贫困""生计""可持续生计""社会救助"是本书使用频率较高的几个词语，准确把握其内涵、外延，厘清它们之间的关系，有助于科学揭示相对贫困农户可持续生计状况及其影响因素，有助于推动社会救助制度的成功转型。同时，本书对农村社会救助的典型对象——困境儿童的社会救助状况进行了实地调查与分析，对这一概念在此也一并解释。

一　贫困

（一）贫困的定义

美国著名经济学家保罗·萨缪尔森（Paul A. Samuelson）认为，"贫困

---

① 李强."丁字型"社会结构与"结构紧张"[J]. 社会学研究，2005（2）.
② 基尼系数来自国家统计局住户调查办公室，刑事犯罪数据来自《中国法律年鉴》。

是一个非常难以琢磨的概念，它具有社会性、历史性、长期性、复杂性、综合性以及国际性等诸多特点"①。在不同的历史时期和不同的地域，贫困的内涵也有不同的意蕴。对贫困内涵的区分有助于了解一个国家和社会在反贫困策略上的思考以及宏观政策制定。整体而言，西方学者从不同层面对贫困的定义进行了阐释。

贫困是匮乏。定义贫困的方式之一就是将贫困视为一种匮乏，这种匮乏主要是指物质层面的匮乏，例如贫困人口的衣、食、住、行及医疗卫生等需求得不到保障。这种匮乏得到社会成员的普遍认可，通常被称为贫困线或贫困门槛。

贫困是不平等。学界的第二种观点是将贫困定义为收入的不均衡不平等。这种定义与美国政府的官方定义不同，美国政府依据确切的匮乏标准对贫困进行定义，这种定义中的不平等与相对匮乏密切相关。不平等导致的贫困有其使用的测量方法，一般常用的测量方法是依据每个国家中等收入水平的一定比例（可能是50%或更多）计算。

贫困是文化。部分学者认为贫困是一种文化，他们认为贫困具有代际传递性，是一种生活习惯或生活态度。这种贫困文化会从上一代传递到下一代，生生不息、不断循环，贫困人口一直陷在这种贫困文化的传递与循环过程中无法摆脱。贫困的文化中包含诸多内容，除了经济收入低，还有漠视、冷淡、疏远、歧视、迷茫的态度，以及自我认同感的缺失、自尊与自立的丧失、自主脱贫意识淡薄，等等。这些存在于贫困人口中的文化使绝大部分贫困人口丧失了脱贫的机会，无法实现自身生活状况的改善。只提升收入水平是不足以影响贫困人口的贫困状态的，因为贫困人口的主观意识得不到改变，贫困人口缺乏教育机会，无法提升自身技能和知识水平，家庭生活状况缺乏稳定性，缺乏促使自身向上发展的激励手段，无法对已有的社会问题进行干预。

贫困是剥削。许多学者将贫困视为阶级统治的产物，他们认为贫困是统治阶级对被统治阶级的一种剥削，这一观点得到了马克思主义学者和部分非马克思主义学者的支持和赞同。例如美国社会学者赫伯特·甘斯

---

① 〔美〕保罗·萨缪尔森，威廉·诺德豪斯. 宏观经济学 [M]. 萧琛等译. 北京：华夏出版社，1999：18.

(Herbert Gans) 指出，贫困问题及贫困人口的存在为企业家提供了廉价劳动力，生产出满足社会需要的各种产品，同时满足了社会各阶层尤其是上层社会的诸多功能性需求。甘斯认为贫困的存在有其必要性，因为统治阶层需求的满足是通过贫困人口实现的，贫困人口为统治阶级提供了充足的社会供给，在满足其需求的同时降低了成本，大大提升了统治阶层的生活满足感和幸福感。然而，贫困的存在并不是社会发展进步的必然产物，它可以被消除，只要社会各阶层尤其是中上阶层之间通力合作，贫困问题和贫困人口将不复存在。但问题的关键在于中上阶层对消除贫困的意识不足，这部分人群无法放弃他们已获得的东西，这些东西是他们通过勤劳的工作、自身的技能以及积极的事业心等诸多条件获得的，他们对消除贫困的意识与动力不足、决心不坚定，因此贫困问题得不到有效解决。

贫困是结构。一些学者从社会结构的层面来研究贫困问题。这些研究者发现，有时候贫困问题是由社会歧视造成的。这些社会歧视往往渗入社会各个领域，通过社会实践体现出来。特别是当社会刑事司法系统及有关组织的社会实践中产生了社会歧视，其导致的贫困问题将很难得到解决。因此，在这种情况下，要想解决贫困问题就必须从改善社会结构和社会制度入手，只有这样才能从根本上解决由社会歧视带来的贫困问题。

综合的观点。世界银行吸纳了诺贝尔经济学奖获得者阿马蒂亚·森（Amartya Sen）的可行能力、自由发展和贫困理论的内核，在世界银行《2000-2001 年世界发展报告：与贫困作斗争》中指出："贫困不仅是指收入低微和人力发展不足，它还包括人对外部冲击的脆弱性，包括缺少发言权、权利和被社会排斥在外。"[1] 联合国开发计划署的《人类发展报告》和《贫困报告》则进一步拓展了贫困的含义，认为人类的贫困指的是缺乏发展的机会和选择——长寿、健康、体面的生活、自由、社会地位、自尊和他人的尊严。

总体来看，学者们对于贫困的分析大致是按照两个层面进行的。一是显性层面的分析。这种分析将贫困看作资源可及性缺乏，即贫困者在物质、教育、医疗等资源的获取上处于一种缺失状态。二是隐性层面的分析。这

---

① 世界银行.2000-2001 年世界发展报告：与贫困作斗争［M］.世界发展报告翻译组译.北京：中国财政经济出版社，2001：22-23.

种分析把贫困看成机会与权利的缺乏，即贫困者在生活和生产活动中缺乏必需的权利和机会，进而使其陷于贫困的境地。而这两者之间又相互影响、互为因果。一些贫困者贫困的原因是资源可及性缺乏，如残疾、疾病等；另一些贫困者的贫困则是权利与能力不足造成的，如由于无法获得应有的资源分配权、工作权、医疗权等。

（二）绝对贫困与相对贫困

作为一个复杂的社会问题，贫困毫无疑问是一个包括多个层面及意蕴的范畴，因此对贫困的分类极为重要。根据对贫困现象的理解程度和认识程度，贫困可以分为绝对贫困和相对贫困。

1. 绝对贫困

最早对绝对贫困进行研究的是英国社会学界的西伯姆·特朗里（Seebohm Rowntree）。他早在 1899 年就提出，当一个人处于不能维持身体有效活动最低标准的状态时就是初级贫困（绝对贫困）。在计算维持身体有效活动最低标准时要最大限度地运用节俭原则。但一个很难解决的问题是如何确定一个人每天维持身体有效活动的最低标准。而当绝对贫困涉及住房、穿衣等其他方面时，问题就更为复杂了。不仅如此，生活必需品的范围也并不是固定不变的，经济社会的发展、人们生活水平的提高会使其范围不断扩大，这就使得绝对贫困具有了一定的相对性。

2. 相对贫困

相对贫困是与社会平均生活水平存在一定差距的生活状态。相对贫困的标准是变动的，它会随着社会平均生活水平的提高而上升。相对贫困亦具有较强的主观性，不同的社会、不同的群体乃至不同的个人对它都会有不同的理解，而且当事人参照比较的对象不同也会得出不同的结论。例如一个处于中等生活水平的人，如果与社会富有阶层相比可能就会认为自己属于相对贫困者。

相对贫困与绝对贫困是一对"孪生兄弟"。绝对贫困概念界定对相对贫困概念界定有重要影响。英国学者彼特·阿尔科克认为绝对贫困概念的界定具有客观性。绝对贫困的基本内涵是维持生存。而相对贫困需要对社会生活的平均水平进行测度，在此基础上把穷人的生活水平与之进行比较来确定相对贫困水平。[①]

近年来，学界对相对贫困的认识持续深入，其重要成果是基于社会视角丰富了有关相对贫困的研究。社会视角下的相对贫困理论认为，相对贫困是社会比较的结果，这种社会比较往往与社会不平等或相对剥夺高度相关。相对贫困还与"社会排斥"密切相关，对于相对贫困的测度可以采取单一维度（收入），也可以采取超越物质贫困的多维贫困测度。从国内学界对相对贫困研究的最新研究成果看，形成了相较绝对贫困而言的低线相对贫困和与社会一般状况比较而言的高线相对贫困的"双核驱动"研究格局。[②] 低线相对贫困就是在绝对贫困线的基础上，综合考虑边缘社会群体的其他社会支出而制定的一条与绝对贫困线有关但又超出绝对贫困线的新贫困线，将那些无法体面参与社会的成员纳入相对贫困的范畴。高线相对贫困的比较参照系是社会主流生活状况，生活状况低于一般生活水平一定比例的社会成员将被纳入相对贫困范畴。

总体来看，绝对贫困与相对贫困探讨的是贫困评价标准的绝对性与相对性问题，对绝对贫困和相对贫困的识别则既可以从单一维度考虑，也可以从多维角度分析。本书是从多维视角来识别相对贫困农户，并以此为理论基点探讨社会救助制度的转型升级。

二　生计

（一）生计的内涵

生计这一概念经常见于国内外关于贫困和农村发展的研究文献中。目前，被大多数学者认可的定义为：生计是谋生的方式，该谋生方式建立在能力、资产包括储备物、资源、要求权和享有权以及活动的基础上。生计是以追求创造生存、谋求以家庭为单位的发展所需要的以创造收入为核心的行动。一方面，它把关注的重心放在实现生计所需要的手段、方式和基础上，强调贫困群体具有的生计基础与生计选择之间的关系，因而能够更加全面、准确地描绘复杂的家庭经济生活，也有利于揭示贫困群体拥有生

---

① 〔美〕彼特·阿尔科克. 认识贫困 [M]. 伦敦：麦克米伦出版公司，1993：9.
② 李棉管，岳经纶. 相对贫困与治理的长效机制：从理论到政策 [J]. 社会学研究，2020（6）.

计资本与生计策略选择之间的内在关联。另一方面，生计概念对居民生活和生产活动具有较强的解释力。它更能准确完整地描述贫困群体的生存状态及复杂的影响因素，而不仅是依靠收入、就业和职业等指标来衡量贫困群体的收支和家庭生活状况。

（二）生计的核心范畴

生计概念的提出为贫困以及资源可持续利用等领域的研究提供了新的视角，同时它也为建立生计分析框架奠定了基础。生计概念揭示，生计资本、生计能力和生计策略是生计分析的三个核心要素，三者之间相互影响、相互作用。

生计资本①是生计概念中含义最为广泛的概念。钱伯斯（Chambers）和康威（Conway）将其划分为有形资产和无形资产。有形资产主要包括储备物和资源。无形资产主要是指要求权和可获得途径（实践中的各种机会）。生计资本既会累积，也会耗损，还可以在生计实践中通过人们的生计活动实现结构转型和优化。只有综合运用不同类型的生计资本，人们才能获得积极的生计结构。

"能力"最早是一个心理学概念。经济学领域有关能力的研究思路来源于20世纪80~90年代阿马蒂亚·森等人对贫困问题的创造性分析。阿马蒂亚·森创造性地提出了可行能力概念。他认为，可行能力指的是人们可能实现的各种功能性活动的总和。导致贫困的原因其实不是收入不足，而是可行能力缺乏。因此，能力指的是某个个体把作为人的潜质发挥出来的能力，不仅包括自身素质（营养、健康和机会），而且包括其拥有的各种交换权利（参与到社会中的权利和机会）。引入能力概念，深化了人们对生计问题的认识，人的发展、人在社会中的竞争能力等与食物和收入等物质因素一样应该受到人们的重视。而这真正体现了应以人为本追求生计发展。钱伯斯和康威概括了生计能力的几种表现形式：个人处理冲击和胁迫的能力以及发现和利用机会的能力。可见，所谓生计能力是指个人或家庭利用所掌握的各种资源应对风险，并不断发现、利用机会满足其生存与发展需要的能力。

---

① 鉴于"生计资本"与"生计资产"内涵的高度关联与重合，本书中未对二者进行区分，"生计资本"与"生计资产"等同。

　　生计策略是通过生计活动实现的，它是人们为实现生计目标而采取的可选择措施的范围和行动的组合。塞尼（Scoones）认为，生计策略的选择会受到人们资产状况、能力水平和社会政策、体制的制约或提供的机会等诸多因素的影响。其中资产状况对个人生计策略的选择影响最大，拥有不同资产的人其生计策略往往会有很大的不同。塞尼把生计策略分为农业生产的集约化或粗放化、生计多样化、人员向外流动三种类型。塞尼认为，土地对农业人口生计策略的选择具有重要影响。实现生计多样化主要是关注人们在非农领域就业和收入创造的多样化。塞尼还认为，不同阶层的群体实现生计多样化的目标是不同的，富裕阶层为实现积累财富而实现生计多样化，贫困群体则是为了应对生活危机，降低其脆弱性。[①] 埃利斯（Ellis）认为，人口迁移是解决生计脆弱性、实现可持续生计的一种重要方式。[②] 人员外流主要是移民和外出务工。在现代社会经济呈现开放发展的格局下，人口迁移和人口流动对于创新生计方式、谋求更好的生计发展空间显得尤为重要。

（三）可持续生计

　　可持续生计基本思想源自 20 世纪 80 年代至 90 年代早期对于贫困问题的探讨。钱伯斯和康威等人对可持续生计的研究做出了突出贡献。在 20 世纪 80 年代末世界环境与发展委员会的报告中就使用了这一概念。当时主要强调的是维系或提高资源的生产力，保证对财产、资源及收入的使用和获得，而且要储备并消耗足够的食品和现金，以满足基本的需要。[③] 此后 1992 年的联合国环境和发展大会在行动议程中引入了可持续生计理念。该行动议程提出消除贫困的主要目标就是实现生计的稳定。1995 年北京第四届世界妇女大会再次强调了可持续生计对减少贫困、实现社会整合以及经济发展的价值，并主张把充分就业作为经济社会发展的首要目标，让所有人通

---

① 赵锋. 水库移民可持续生计发展研究：以南水北调中线工程库区为例 ［M］. 北京：经济科学出版社，2015：12.

② Frank Ellis, 2003 A Livelihoods Approach to Migration and Poverty Reduction. DFID Working Paper, Nov. 2003, 2008-1-7, http//www. lilvelihoods. org.

③ 纳列什·辛格，乔纳森·吉尔曼. 让生计可持续 ［J］. 国际社会科学杂志（中文版），2000（4）.

过就业实现生计的稳定。"消除贫困的大目标在于发展个体、家庭和社会改善生计系统的能力。"①

联合国环境和发展大会特别指出，可持续生计可以使有关政策协调发展、消除贫困和可持续地使用资源。钱伯斯和康威也认为，如果人们能够应对胁迫和冲击，从中恢复、维持和增加资产，保持和提高能力，并且为下一代生存提供机会；在长期和短期内，在当地和全球范围内，为他人的生计带来净收益，那么，该生计具有持续性。英国国际发展部（DFID）以农户为例特别指出，生计包括农户为了生存或谋生所需要的能力、资产和从事的活动。一种生计，只有当它能够应对并从压力和打击冲突中恢复，在当前并长远地维持乃至加强其能力与资产，同时不损坏自然资源基础，才是可持续的。

通过以上对可持续生计的解释或说明可以看出，人们对可持续生计的理解各有侧重，还没有形成统一的定义。但是，这些定义都从长期发展层面强调了微观生计系统与宏观政策、资源、生态环境的密切联系。而且，对贫困群体而言，可持续生计被看成一种生计发展目标。

三 社会救助

现代意义的社会救助制度始于 1601 年英国的《伊丽莎白济贫法》（以下简称《济贫法》）。该法律强调提供的帮助应根据受助者的不同需要而有所区别。对值得同情的贫困者提供院外救济，对不值得同情的贫困者提供院内救济。《济贫法》以其"惩戒性""恩赐性"著称于世。《济贫法》的问世有其积极意义，它奠定了英国乃至欧美各国现代社会救助乃至社会保障立法基础，开创了用国家立法推动社会保障事业发展的先例。② 但是，《济贫法》普遍实施以后，非但没有使有劳动能力的贫民自力更生、自食其力，反而使得他们沦为永久的贫民。

20 世纪初，以"助人自助"为主题的社会工作在西方发达国家盛行，西方社会工作者在实践中对贫困人口的帮助已经超越了传统社会扶贫救济

---

① 纳列什·辛格，乔纳森·吉尔曼. 让生计可持续 [J]. 国际社会科学杂志（中文版），2000（4）.

② 乐章. 社会救助学 [M]. 北京：北京大学出版社，2008：4.

的范围，他们针对"济贫"这种体现旧的思想意识的观念，提出了公共援助（Public Aid）这个新概念。"公共援助"一词最早见于英国 1909 年发布的《济贫法》和济贫事业皇家委员会的政策报告中，这份官方文件强调，应该废除以惩戒贫困人群为基本目标的《济贫法》，代之以合乎伦理道德的公共援助。后来从公共援助中又衍生出社会救助（Social Assistance）一词。

　　国内学界从不同角度对社会救助进行了界定。郑功成解释了社会救助的内涵，认为"社会救助的内涵是指国家和社会面向由贫困人口与不幸者组成的社会脆弱群体提供款物接济和扶助的一种生活保障政策，它通常被视为政府的当然责任和义务，采取的也是非供款制和无偿救助的方式，目标是帮助社会脆弱群体摆脱生存危机，以维护社会秩序的稳定。社会救助的外延，则包括灾害救助、贫困救助和其他针对社会脆弱群体的扶助措施"①。洪大用把社会救助制度看作一种制度安排，并说明了这种制度安排的主要目标及构成，他认为"社会救助是当社会成员由于各种原因陷入社会生活困境或无力伸张其权益时，由国家和社会按照法定的程序和标准向其提供现金、物资或其他方面援助与支持的一种制度安排。这种制度安排旨在保障社会成员的基本权利，促进社会的和谐稳定。社会救助包含政府救助和民间互助两个部分，是现代社会保障制度的重要组成部分"②。唐钧从公民基本权利的角度对社会救助进行了界定，即"社会救助是现代国家中得到立法保障的公民基本权利之一，当公民难以维持最低生活水平时，由国家和社会按照法定的程序和标准向其提供保障其最低生活需求的物质的社会保障制度"③。

　　事实上，尽管国内学者对社会救助概念的表述有所不同，内涵也存在差异，但其基本观点是一致的，即社会救助是国家和社会对陷入生活贫困公民提供现金、实物和服务等支持性措施的一种基础性保障政策和制度。这里要特别指出的是，20 世纪 90 年代以来，国际反贫困理论界和实务界在对第二次世界大战结束后长期主导发展中国家经济社会发展战略"现代化发展范式"的经验教训进行全面剖析的基础上，对 20 世纪 80 年代以所谓

① 郑功成. 社会保障学：理念、制度、实践与思辨［M］. 北京：商务印书馆，2000：13-14.
② 洪大用. 转型时期中国社会救助［M］. 沈阳：辽宁教育出版社，2004：3.
③ 唐钧. 市场经济与社会保障［M］. 哈尔滨：黑龙江人民出版社，1995：11.

"华盛顿共识"为代表的"新古典自由主义范式"进行了系统批判，对消费维持基础上的传统社会福利范式进行了深刻反思，并逐步形成了发展型社会政策理念。受其影响，许多国家的社会救助发生了重大变革，社会救助的内涵有所拓展，功能定位亦有所提升和延展，积极社会救助的理念为越来越多的人所接受，其促进受助对象发展的作用日益受到重视。本书亦秉持积极救助理念，认为社会救助制度作为一项兜底性的社会保障制度虽然功能有限，但其功能定位不能仅仅局限在维持受助对象基本生活层面，还应该嵌入积极救助维度，实现社会救助功能提升与适度转型，并通过与相关制度衔接与配合，促进受助群体生活改善与发展，使其融入社会主流。

四 农村困境儿童

"困境儿童"一词正式出现于中国社会政策中的时间比较晚。2014 年民政部发布的《关于进一步开展适度普惠型儿童福利制度建设试点工作的通知》将儿童分为孤儿、困境儿童、困境家庭儿童和普通儿童四个类群。该通知将残疾儿童、重病儿童和流浪儿童纳入困境儿童范畴；将父母重度残疾或重病的儿童、父母长期服刑在押或强制戒毒的儿童、父母一方死亡另一方因其他情况无法履行抚养义务和监护职责的儿童，以及贫困家庭儿童纳入困境家庭儿童范畴。这一政策首次明确了困境儿童的对象范围，并进行了"类型化"分类，有助于根据困境儿童类型推进福利制度建设。

此后，国务院 2016 年发布的《关于加强困境儿童保障工作的意见》将困境儿童界定为三类：因家庭贫困导致生活、就医、就学等困难的儿童；因自身残疾导致康复、照料、护理和社会融入等困难的儿童；因家庭监护缺失或监护不当遭受虐待、遗弃、意外伤害、不法侵害等导致人身安全受到威胁或侵害的儿童。2021 年印发的《国务院未成年人保护工作领导小组关于加强未成年人保护工作的意见》进一步明确了分类保障困境儿童和分类实施保障政策的工作思维，并明确要通过加强符合条件儿童的基本生活保障救助和困难家庭的重病、重残儿童生活保障，家庭经济困难儿童教育救助以及提高事实无人抚养儿童生活补助和医疗救助，深化农村留守儿童关爱服务等措施来保障困境儿童。本书依据《关于加强困境儿童保障工作的意见》确定农村困境儿童的内涵，即农村困境儿童包括三类：因家庭贫困导致生活、就医、就学等困难的儿童；因自身残疾导致康复、照料、护理和社会融入等困难的儿童；因家庭监护缺失或监护不当遭受虐待、遗弃、意外伤害、不法侵害等导致人身安全受到威胁或侵害的儿童。

第三节　相关研究文献综述

本节全面梳理现有相关研究成果，并分析其中的不足，为确定研究框架、开展后续研究奠定基础。依据研究核心和重点，本节分别从可持续生计和社会救助两个方面进行国内外研究文献综述。

一　国外研究文献综述

（一）可持续生计相关研究

西方学界对于生计的探索发轫于 20 世纪 50 年代，对于可持续生计（Sustainable Livelihoods）的研究则是在 20 世纪 80 年代随着国际社会对可持续发展的关注和反贫困政策的反思而兴起的。经过 40 余年发展，可持续生计已逐步成为经济学、社会学、人类学以及生态学等跨越学科边界的研究题目。纵观其研究历程，大致经历了以下三个阶段。

1. 可持续生计思想、概念形成阶段

20 世纪 80 年代末至 90 年代早期，种种迹象表明发展战略实施的半个多世纪并未带来全球经济的均衡发展，世界上仍然有超过 100 个国家经济处于停滞或者衰退状态。而且，世界处于两极分化状态，超过 10 亿人口生活在贫困之中。因此，在这一时期，影响人们食品、资产和权利获得能力的食品安全问题、贫困问题日益受到关注。可持续生计基本思想即来源于这一时期对于贫困问题的深入理解，特别是来源于钱伯斯、康威和阿马蒂亚·森的创造性研究。钱伯斯对生计和可持续生计的内涵进行了界定。从其生计的定义可以发现，农户生计涵盖两大主题：农户自身的生计资源禀赋、基于生计资本所采取的不同生计策略，据此两大主题衍生出两个核心概念，即生计资本和生计策略。

在生计资本方面，能力的引入扩大了生计概念的内涵。阿马蒂亚·森从可行能力的角度深化了生计资本的功能和内涵，农户的生计资本归根结底是农户生存和发展的可行能力。而农户实施生计活动的能力取决于其所拥有的生计资本状况，受到不同资本约束的家庭会选择不同的生计策略。在生计策略方面，埃利斯认为，通过了解人们的资源禀赋，农户寻求如何努力把这些资本转化为积极的生计结果。这一过程就是农户的生计策略，它常常指人们为达到生计目标而进行的活动和做出的选择，包括生产活动、投资策略、再生产选择。在许多研究中，策略和活动两个概念可以互换。但是，大多数的研究和实践仍将生计活动和生计策略的内容局限在农户的生产活动上，如埃利斯等对不同的生计策略进行了分类，塞尼和奥尔等在研究中把生计策略大体上分为三类。但从分类的情况来看，这些生计策略之间还存在一定的交叉，分类的科学性有待提高。

2. 可持续生计概念模型的形成与系统研究阶段

20 世纪末 21 世纪初，随着可持续生计概念的日臻成熟，有关可持续生计的理论研究与实践进入一个高潮时期。在可持续生计概念的基础上，依托阿马蒂亚·森的可行能力理论，可持续生计框架（Sustainable Livelihoods Framework，SLF）逐渐成为一种集成分析框架和建设性工具。这一框架不仅可以用来探索农户生计脆弱性的原因，而且试图提出解决问题的方案。在这一时期，可持续生计框架在理论上得到发展、在实践中得到应用。西方学者和国际组织经过不断探索提出了多个可持续生计分析框架。其中，塞尼首先较为系统地提出用可持续生计分析框架对农户生计进行研究。可持续生计分析框架将人们对于贫困人口生计的理解和关注引入微观视角。这个分析框架以户为单位、以家庭生计资本为基础，通过了解人们的生计资产或资本禀赋，探索农户如何努力把这些资产或资本转化为积极的生计结果。

而应用最为广泛的是 DFID 在 2000 年提出的可持续生计框架。DFID 在赛尼可持续生计分析框架的基础上，结合钱伯斯、康威和阿马蒂亚·森对贫困性质的理解进一步发展了可持续生计分析框架。这一框架成为许多国际组织和非政府机构对发展中国家进行经济资助和贫困干预的工具，用于指导发展规划的制定。

可持续生计分析框架是对与贫困相关的生计问题存在的复杂因素进行整理和分析的一种方法。可持续生计分析框架能提高人们对于生计特别是贫困人口生计的理解，在发展研究与实践以及扶贫领域得到越来越广泛的应用。1999 年的自然资源指导会议（Natural Resources Advisers Conference，

NRAC）对印度、巴基斯坦、尼泊尔及俄罗斯等国的可持续生计项目实施情况进行了总结，并达成了很多共识。

此后，可持续生计分析框架研究随着可持续生计项目的实施和推广得到进一步深化。如酷曼（Coomes）等学者利用农户生计概念模型，以秘鲁热带雨林农户为研究对象进行了资源获得与经济依赖之间关系的实证性研究。巴德鲁（Badru）等利用可持续框架，以埃塞俄比亚 360 个农户为例，考察了农户的生计策略，提出资本贫困将使得贫困农户更多地依赖自然资源。切尔尼（Cherni）等基于可持续生计方法，根据古巴可再生能源技术的应用实例，分析科技与政策的协同发展关系，提出科技推广可以提升边缘地区农户的生计水平。

3. 可持续生计理论发展新阶段

21 世纪以后，随着可持续生计理论研究和实践的发展，可持续生计理论又有新的拓展，研究的视野、关注的角度均有所变化。如哈特利·迪安提出兼顾当代人和下代人生计的主张；斯托尔·麦卡利斯特（Stolle-McAllister）分析了农民参与经济合作对可持续生计的意义；莫尔斯和麦克纳马拉（Morse & McNamara）试图跨越贫困研究结构主义与个体主义范式鸿沟，融合脆弱性与可持续生计基本观点，建立多维贫困分析框架；沙克尔顿（Shackleton）通过对发展中国家城市移民生计的探讨丰富了城镇化及贫困治理理论。还有些学者将可持续生计观念引入社会政策研究之中，试图进一步深化可持续生计研究。这些研究和观点反映了时代要求，虽然目前还未成为主流观点，但正逐步被理论界和实务界所重视。

（二）社会救助相关研究

社会救助制度是随着工业化国家反贫困理论与实践的不断发展而逐步建立的。特别是 20 世纪 70 年代中期，在整个工业化世界经济重构和社会转轨过程中出现新的城市贫困（New Urban Poverty）以后，社会救助已经成为人口学、社会学、经济学和政治学等跨越学科边界的研究主题。社会救助的相关理论来源较为丰富，主要有福利经济学理论、积极反贫困理论、人力资本理论、社会支持理论、中间道路理论等。需要说明的是，在 20 世纪 90 年代中期，面对日益严重的贫富差距及全球化的金融、文化、生态等危机，以梅志里、谢若登、尤努斯、吉登斯及阿马蒂亚·森为代表的学者提出了用发展型社会政策（Social Policy for Development）解释发展中国家持续性贫困的根源。这些学者继而提出了"发展型社会政策反贫困模式"，实现了反贫困模式研究由发展经济学向发展型社会政策学的转向，极大地丰富了反贫困理论。有关发展型社会政策的理论将在第一章详细阐述。

总体来看，西方学界对社会救助的研究相对较早，相应的理论体系也更加丰富多元。近年来，积极反贫困理论以及发展型社会政策等理论的提出使得社会政策当配角、经济政策唱主角的传统观念彻底改变了，也使得西方反贫困政策研究迈入了新阶段，极大地推动了西方社会救助理论与实践的发展。目前，西方发达国家对社会救助政策的研究已经日趋成熟和完善，积极的社会救助理念为越来越多的国家所接受，并在多国进行了有益的尝试与实践。

二 国内研究文献综述

（一）可持续生计相关研究

国内学界对可持续生计的研究起步较晚。相关研究主要围绕可持续生计思想和可持续生计分析框架（亦称"SL框架"或"可持续生计途径"）展开，并可以归结为以下主要方面。

一是以可持续生计分析框架为蓝本的农户生计研究。这是国内学界可持续生计研究成果中最丰富的部分。国内学界在对生计、可持续生计概念以及可持续生计分析框架进行全面介绍、评析的基础上，依据可持续生计分析框架对失地农民、退耕（草）还林（牧）居民、库区移民、农民工以及贫困农户等群体的可持续生计状况进行了多视角实证研究。第一，生计资本测量、评估及影响研究。生计资本是农户生计发展的核心和基础，也是国内学界生计研究关注的重点。李琳一等以SL框架五种生计资本为基础分别探讨了其在不同类型农户中的特征；杨云彦等对南水北调（中线）工程库区农户生计资本拥有情况进行了实证分析；李聪等运用实证分析方法分析了劳动力迁移对西部贫困山区农户生计资本的影响；周升强等运用中国家庭追踪调查（CFPS）数据对中国东部、中部、西部及东北四大区域农户的生计资本进行了测量。第二，对生计资本进行量化分析和探讨。李小云等在国内学界首先对农户生计资本进行了量化分析；赵雪雁运用定量分析方法对甘南高原农户的生计资本性质及其对生活满意度的影响进行了分析。

2020 年中国脱贫攻坚取得全面胜利，反贫困的重点从绝对贫困转向相对贫困，一些学者对脱贫农户的可持续生计进行了探讨。如匡后权等提出实现西部地区贫困户"脱贫摘帽"后可持续生计要完善社保体系，发挥生计资产效能，软硬件政策要协调配合，阻断贫困的代际传递；赵雪雁等通过建立脱贫农户可持续生计评价指标体系对贫困山区脱贫农户可持续生计进行研究，认为要将生计资本提升、生计环境改善、生计策略优化三者融合在一起，对脱贫户采取多维生计干预，巩固脱贫成果；陆远权等利用重庆市三个贫困县脱贫农户家庭的入户调查数据对脱贫农户可持续生计的扶贫政策效应进行了实证研究，提出了实现脱贫农户可持续生计的对策建议。

二是生计脆弱性研究。SL 框架包含了对脆弱性的理解及其与可持续生计其他部分的动态关系。目前，国内对农户生计的脆弱性研究主要包括以下三个方面。其一，生计风险分析。脆弱性环境/背景是 SL 框架中农户难以控制的部分，构成了生计的外部环境。如黄伟对贫困农户脆弱性风险进行了分类，并以脆弱性为视角建立起风险与贫困关系的研究框架；张国培等运用定量分析法着重探讨了自然灾害对农户贫困脆弱性的影响；久毛措基于贫困脆弱性理论探讨了西藏地区的扶贫长效机制。

其二，抵御生计风险的能力分析。学者们从生计资产的角度对农户抵御风险的能力（生计脆弱性）进行了分析。安迪认为，降低农户生计风险、提高农户风险应对能力对农户更有意义；李小云等发现农村不同群体的脆弱性具有一定差异性，生计资本单一直接导致农户产生脆弱性；刘金新以脱贫脆弱户为研究对象，较为系统地分析了脆弱性脱贫生成原因和测度方法，提出了脱贫脆弱户可持续生计的实现路径。

其三，生计风险适应性分析。阎建忠等对青藏高原东部样带农牧民生计脆弱性进行了定量分析，认为脆弱环境、生计资本缺乏和适应能力差是农牧民生计脆弱的根源。孙晗霖等从生计动态转换视角探讨了精准脱贫户家庭可持续生计风险，提出贫困户脱贫后的两年是脱贫保障的重点"观察期"，这一时期人力资本和金融资本积累对生计尚不稳定的精准脱贫户尤为重要。

三是生计策略研究。生计策略是目前国内农户生计研究的重点之一，主要研究内容大致有以下三个方面。其一，生计策略的影响因素研究。左停等对塞尼有关生计策略的四种类型划分进行了研究；蒲春玲等以新疆南部地区棉农为研究对象，实证分析其生计策略的影响因素；梁义成等根据农户调查数据，通过计算多个指标识别农户的非农生计策略和农业多样化生计策略，分析了农户多样化生计策略的影响因素；赵弘等运用可持续生计分析框架理念分析了环京津贫困带的成因，提出了相应的减贫策略；庞洁基于鄱阳湖区调研数据分析了湿地生态补偿对农户生计策略的影响。

其二，生计多样化的相关研究。黎洁等认为兼业户风险应对能力更强，贫困程度较低；张丽萍认为，构建可持续生计的核心应该是以非农活动为主的生计多样化；金晓霞、吴旭鹏等对生计多样性与农村居民点布局进行分析后发现，生计方式的变化使得农村居民点向着生计优化的方向发展；程秋旺等以福建省477户农户调查数据为依据，实证分析了不同生计策略类型对农户林种选择意愿的影响。

其三，生计资产与生计策略之间的关系研究。苏芳等以中国西部地区为例，通过构建生计多样化指数对农户的生计资本与生计策略之间的关系进行了研究；赵雪雁等通过对生计资产与生计策略的关系研究发现，生计资产对生计策略具有重要影响，重要生计资本的缺乏将影响和限制农户生计多样化；周丽等以湖南搬迁户为研究对象分析生计资本对生计策略的影响；王恒通过对连片特困地区农户生计资本对生计策略影响分析发现，生计资本存量最大的是非农型农户，生计资本存量最小的是纯农型农户，而且人力资本、社会资本和自然资本对农户生计策略具有显著影响。

目前，国内有关生计策略的研究主要局限于狭义生计策略领域，对于经济活动（生产活动、投资策略）、消费模式、生育行为等广义生计策略的研究还相对匮乏。

四是农户生计与生态环境的相互关系研究。国内有关农户生计与生态环境的关系研究尚处于起步阶段。如盛科荣通过对案例区农户生计的基本特征分析，认为中国大江大河上中游相对贫困地区生态环境问题产生的基本原因是不可持续的农户生计；马海寿分析了生态环境与新月社区回族生计方式之间的互动关系；苏磊等认为应通过农户生计类型细分的方式协调不同生计方式农户与生态建设的关系，实现农村生态的改善与保护；翟彬等对甘肃省天水贫困地区贫困农户的可持续生计进行了研究；和月月等基于云南省 5 县 10 镇 1605 户农户的入户调查数据，实证分析了生态扶贫政策对农户生计策略的影响。

目前，农户生计与土地利用关系的研究也受到国内学界的关注。张丽萍通过对青藏高原东部、大渡河上游的研究发现，农牧交错区生态十分脆弱，土地利用方式不当不仅制约农户生计发展，还将产生严重的生态环境问题；朱利凯等通过对内蒙古鄂尔多斯市农牧户的生计策略和土地利用关系的研究，发现脆弱的生态环境对其生产活动十分敏感；马聪等以上海市青浦区为例，实证分析了快速城镇化地区农户生计策略与土地利用行为的耦合协调度；卢名河等根据会宁县农户土地流转现状，分析了生计资本对农户土地流转意愿的影响。

当前，国内学界以可持续生计分析框架为蓝本的研究刚刚起步，还缺乏整体性，重点也仅限于生计资本和生计策略等方面，尽管如此，学界普遍的共识是，生计资本、生计策略、生计结果相互影响，生计资本决定生计策略类型，导致某种生计结果，生计结果又将反作用于生计资本，对其形成或消耗产生作用。

（二）中国化可持续生计分析框架建构研究

可持续生计分析框架的特点是从微观层面研究农户决策行为的形成机理，为广大发展中国家开展反贫困干预活动提供了新视角。但是，这一框架并不针对特定问题，而是一种指导性框架。在生计分析中人们关注更多的不是框架本身，而是框架蕴含的思想，因而，运用这一框架具有很强的灵活性。

国内学界主要通过两种方式来建构中国化可持续生计分析框架。一种方式是通过嵌入新的理论或视角实现对原有框架的拓展与改造。如李聪、李树苗利用新迁移经济学理论，将可持续生计分析框架改造成一个用于分析劳动力迁移影响农户生计的分析框架；梁义成结合里尔顿（Reardon）和沃斯特（Vost）等学者的研究将人口因素引入可持续生计分析框架中，对中国农村的生计策略形成机制进行了系统研究。另一种方式是通过对贫困研究不同框架的比较与融合实现对原有框架的创新。如唐丽霞、李小云、左停将社会排斥分析框架、脆弱性分析框架和可持续生计分析框架整合成可持续生计—脆弱性—社会排斥三维的贫困分析框架。但是，李雪萍、王蒙认为可持续生计、脆弱性、社会排斥三种分析框架未能实现贫困研究结构主义范式与个体主义范式的有效融合，对结构性致贫因素与个体性致贫因素内在相互建构机理解析不充分。他们提出要跨越贫困研究结构主义范式与个体主义范式的鸿沟来阐释结构性致贫因素与个体性致贫因素的内在关联机理，并建立多维贫困"行动—结构"分析框架。胡原、曾维忠将抗逆力纳入可持续生计—脆弱性—社会排斥分析框架，分析稳定脱贫的科学内涵、现实困境与机制重构。

通过以上可持续生计的研究综述可以看出，目前有关可持续生计的研究还存在以下主要问题。

第一，理论体系还不够成熟，有待完善。从 20 世纪 90 年代至 21 世纪初的 10 年间，以 DFID 的科学家们为代表的大量学者对可持续生计分析框架及其理论进行了深入研究。而 2005 年至今，鲜有对可持续生计理论方面的探讨，突破性的理论成果则更为缺乏。国内许多关于生计的研究是"拿来主义"的偏重实践的研究，采用可持续生计分析框架进行实证研究有待加强；一些成果虽然采用可持续生计分析框架研究特定的问题，并利用数据进行验证，但缺乏可持续生计分析框架与相关理论的结合，特别是在分析农户生计决策的研究中需要特定的理论来支撑，而在这方面尚没有同主流经济学的决策理论实现真正的融合。

第二，研究方法和技术手段不足，影响研究结果。目前常见的研究方法是通过构建生计资产的指标体系，辅以权重的人为赋值，对生计资产进行定量评估。虽然方法简单易用，却难以反映农户生计资产与生计策略之间、资源环境与社会经济系统之间的相互作用机理与变化规律。

第三，以静态评估为主，缺乏动态预测。目前有关可持续生计的研究多数是对某一个时间节点或者某一段时间内的可持续生计进行研究，缺乏对长时间序列脆弱性背景、生计资产、生计策略之间相互作用机理的深入分析和动态预测。

第四，以农村地区点状研究为主，缺少城镇化过程中农民可持续生计以及宏观层面的研究。目前大多数的研究是针对农村地区的点状研究，但仅对可持续生计进行农村地区的点状研究是远远不够的，在中国当前快速城镇化和城乡二元结构的背景下，针对大量"半城镇化"农民的可持续生计及其市民化问题的研究还较为缺乏。

（三）农村社会救助研究

近年来，国内学界有关社会救助的研究成果丰硕，囿于篇幅，本书基于研究主旨，选择三个层面对农村社会救助研究进行综述。

1. 发展型社会政策视角下的农村反贫困研究

目前，国内学界从发展型社会政策视角进行农村反贫困的研究相对较少。现有研究主要集中在辨识和阐释发展型社会政策对中国农村反贫困的积极功能、可行性及实施路径等方面。魏留强认为中国的农村贫困从本质上看属于自由、生存能力和生存发展机会三方面匮乏的可行性能力贫困，发展型社会政策的应用为中国的农村扶贫工作提供了社会政策新模式。李晓辉等提出，在新常态背景下制定科学的反贫困政策是打开社会政策创新以及反贫困的机会通道。社会扶贫创新与发展型社会政策的完善具有互构作用，国家扶贫政策措施的创新增强了社会政策工具的经济性，也颠覆了以往对于社会政策非经济性的认识，将发展型社会政策推向更加高级的版本。左停在对中国农村社会救助存在的问题进行分析后认为，目前中国低保制度是简单消极的、保护性的，要在这一制度之中以及制度之外创新发展型社会救助项目，并把救助对象的"赋权""增能"落到实处。通过制度创新达到既减少非制度对象的攀比，又减轻政府公共财政压力的目的。但唐兴霖、方巍、徐道稳等认为，发展型社会政策对中国农村反贫困提供的启示更多的是一种新思维，由于其对特定文化和结构背景等具有依赖性，不能过度夸大其价值。

部分学者提出了发展型社会政策嵌入中国农村扶贫的基本路径。张新文提出发展型社会政策在嵌入农村扶贫的过程中，要注重对人力资本的积累与建设，加强教育、培训和健康照护；以资产为本加大农村社会福利政策的实施力度；以非营利组织与政府的外部嵌入为支点；农村扶贫的项目参与和生计转型；农村基本公共服务均等化与政府扶贫角色的转型。沈君彬对发展型社会政策视域下支出型贫困救助模式的目标定位进行了分析。姚云云基于人文贫困维度以发展型社会政策视角对中国农村扶贫政策进行了重构，为我们开拓了反人文贫困的政策路径。她提出在反贫困政策方面，要实质性地提高贫困群体的反贫困能力，而这需要切实提高贫困者的生计资本、生计能力和可行能力。此外，随着支出型贫困的出现，国内部分学者以发展型社会政策视角对其进行了初步探讨。谢宇、谢建社认为，以收入型贫困救助为核心的社会救助体系具有制度上的困境和救助逻辑上的矛盾，存在救助水平过低、救助成效有限等一系列问题。张浩淼对发展型社会救助的内涵进行了阐释，认为发展型社会救助是指社会救助除了要满足受助者的基本生活需要并使其适度共享经济社会发展成果，还要具有并发挥积极促进贫困群体发展的功能和作用，使受益者最终从根本上摆脱贫困、融入社会。

总体上看，国内学界对于发展型社会政策的研究时间不长，相关研究亟待深化。但是，学者从发展型社会政策视角探讨农村反贫困还是形成了一些较为一致的结论：从战略层面来看，运用发展型社会政策解决农村贫困问题要具有中长期战略眼光，要进行"上游干预"，建立多元行动主体，增加人力资本和社会资本投资等；从社会救助制度的完善层面来看，在坚持低保满足最低生活需求保障性质的同时，有必要对弱势对象加强关注与投入，进一步提升救助方式的可及性与人性化水平。强化低保对象的行为条件要求，提升其进行自救的能力，加强社会救助与扶贫开发等制度的衔接，实施预防性社会保护等措施。

2."后脱贫攻坚时代"社会救助发展方向与策略研究

脱贫攻坚战取得决定性胜利后，中国消除了绝对贫困，进入了相对贫困治理阶段，一些学者基于这一背景对新发展阶段社会救助的目标定位和发展策略等进行了研究。林闽钢认为在脱贫攻坚战取得决定性胜利后，中国社会救助重点建设方向应从"弱有所扶"出发，调整救助目标定位；从"积极救助"出发，提升救助针对性和有效性；从"整合性治理"出发，增强救助的合力。杨立雄认为，在共同富裕背景下，社会救助需要从兜底保障转向适度的分配正义。许小玲等提出进入新时代，中国社会救助步入"民生共享化"阶段，未来需要在政策理念上坚持双重价值取向，增强社会救助"兜底"及"预防"功能。仲超基于"对象—需求—目标—体系—机制"的贫困治理分析框架指出，未来中国社会救助制度的转型，应确立保障生存与促进发展相结合的目标定位。陈业宏等认为，进入相对贫困治理阶段，社会救助在救助驱动上以增强外生动力向增强内生动力转变，救助功能上从解决生存型贫困向兼具满足发展型需求转变，救助方式上由单一性物质救助向"综合性物质+服务救助"转变，运行机制上从政策性工具制度完善向提升治理效能转变。关信平提出，要建立"大社会救助"模式，扩大社会救助范围，提高社会救助水平以及政策发展的精准性，还要更加重视服务式救助与预防式救助。

此外，还有学者从就业促进、资产建设等具体层面探讨了未来社会救助发展路径。王增文探讨了社会救助制度与再就业激活机理，其研究发现异质类社会救助群体各自呈现迥异的家庭内生再就业决策机制，提出社会救助的"上游干预"理论，建议对有完全劳动能力或者部分劳动能力的受助者实施"社会救助+再就业培训"政策，对未达到劳动力年龄的群体实施"上游干预"政策，对完全丧失劳动能力的受助者实施"下游干预"政策。何振锋以资产建设理论为研究视角，提出"资产型社会救助"这一新型社会救助共济方式，建议通过设立家庭发展账户提升贫困群体金融资产，通过提供个案管理服务提升贫困群体社会资本，通过提供社会工作精细化服务提升贫困群体的人力资本，实现贫困群体的可持续发展。

3. 可持续生计视角下的社会救助制度改革研究

由于国内学界在可持续生计研究中尚缺乏微观生计系统与宏观政策互构的深入探讨，目前鲜有学者对可持续生计理念下的社会救助进行专题性研究。现有的研究主要集中在对以可持续生计为取向的社会救助制度建设必要性的论证和需要把握的政策要点等方面。冀慧珍提出以可持续生计为指导，对中国社会救助政策进行改革。王三秀认为可持续生计理念是以贫困者脱贫能力建设为核心、以其生计持续改善为诉求的反贫困政策理念，对反贫困政策的转型创新具有重要意义，并建议以可持续生计为基本理念，进行农村低保与扶贫开发的有机衔接，实现该制度功能优化。谢勇才等则基于可持续生计视角，从制度的价值取向、制度设计的原则、制度的构建以及制度构建中应注意的问题四个方面对失独群体的社会救助制度进行了深入研究。王磊等从可持续生计视角探讨了社会工作介入农村社会救助的途径，提出要注重对救助对象的赋权，满足贫困者精神需求和社会需求，加强对儿童和家庭的投资。

学者在运用可持续生计视角探讨社会救助制度改革时形成了一些较为一致的观点：社会救助以提高受助者可行能力为目标，社会救助制度建设要重视贫困农户的直接参与，应通过采取预防性措施改善贫困农户可持续生计，并为消除贫困营造一个社会的、物质的和制度的支持环境。

通过对社会救助相关研究成果的梳理和总结发现，在具有中国特色的社会救助相关概念与理论体系初步确立的大背景下，国内社会救助的研究在很多方面取得了显著的成就。福利经济学、人力资本理论、福利国家理论、可持续生计理论、发展型社会政策理论等已经进入了国内学者的研究视野，越来越多的研究将西方反贫困研究的最新理论成果与中国特色社会主义反贫困实践相结合，试图建构本土化的社会救助理论；对社会救助制度的目标定位、实施方式以及发展方向等制度建设中的一些方向性问题形成了较多的学术共识；越来越多的研究基于中国国情探讨社会救助制度在实践过程中所产生的问题及相应的对策建议；相对贫困视野下社会救助制度发展与转型的有关问题正日益受到重视；等等。

然而，不可否认的是，中国农村社会救助研究还存在明显不足。国内学界在社会救助研究中尚缺乏宏观政策与微观生计系统互构的深入探讨；对于受助者多元需求满足、能力提升、可持续生计的关注度依然不够；对社会救助制度实施绩效的实证研究较少；对脱贫攻坚取得决定性胜利后，在实现巩固拓展脱贫攻坚成果与乡村振兴有机衔接中，社会救助如何通过进一步调整和完善才能与之相适应缺乏研究；对医疗、教育、低保等社会救助体系构成要素的专项研究多，对社会救助的整体性研究不足，从中长期层面探讨社会救助发展方向和实践路径的研究仍待加强；等等。本书正是从对现有研究成果的梳理与评析出发，将可持续生计理念嵌入中国农村反贫困战略，力图准确把握相对贫困形势下农村社会救助制度的目标定位与发展方向，从中长期战略层面构建农村社会救助制度可持续发展的框架、模式与路径。

第四节　研究思路与研究方法

一　研究思路

本书遵循以下研究思路：一是从发展型社会政策的缘起、核心观点入手，将发展型社会政策与可持续生计理论相结合，对可持续生计分析框架进行改造与拓展，构建本书研究的理论分析框架；二是在对中国贫困形势和反贫困战略进行分析的基础上，运用实证分析方法系统分析农村社会救助制度实施状况及存在的主要问题；三是通过运用双重差分法和因子分析法等构建不同类型的数据模型，分析农村低保的减贫效果及农村低保与经济发展的适应性，以此对农村社会救助实施绩效进行评估；四是在从宏观层面对中国农村社会救助制度发展症结进行剖析后，侧重从微观视角对相对贫困农户的生计资本、生计策略及其相互关系进行分析，揭示相对贫困农户生计策略的形成机制与影响因素；五是通过构建家庭发展能力评价指标体系，全面评估农村相对贫困家庭发展能力，科学识别制约农村相对贫困家庭可持续生计的短板和问题，提出对社会救助制度转型的政策启示；六是借鉴发达国家社会救助实践经验，并基于全面建成小康社会后中国农村反贫困治理的重心已经由绝对贫困治理转变为相对贫困治理的国情，从中长期战略层面提出可持续生计视角下破解农村社会救助制度发展症结，实现其转型升级的路径与对策（见图2）。

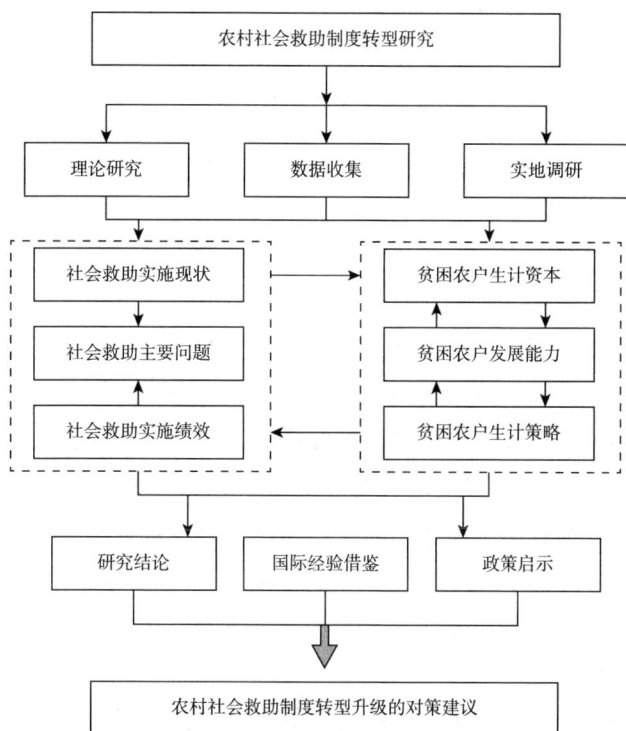

图2　本书研究思路

需求说明的是，考虑到 2020 年是中国农村贫困治理的一个分水岭，此前主要为绝对贫困治理，此后进入相对贫困治理阶段，本书也相应地从绝对贫困视角和相对贫困视角开展研究。具体而言，本书第二章和第三章着眼于相对贫困对社会救助实施状况及实施绩效进行分析；第四章、第五章和第七章则着重对相对贫困农户生计资本、生计策略及发展能力进行实证分析，并以此为基础提出相对贫困治理阶段农村社会救助制度转型的对策建议。

二 研究方法

规范分析和实证分析相结合是贯穿本书始终的研究方法。本书通过规范分析丰富和发展了可持续生计有关概念和理论，构建了项目研究的理论框架，探索了可持续生计理念嵌入中国农村反贫困的必要性、可行性及机理，对进入全面小康社会后中国社会救助制度转型发展提出了规范的意见与建议。同时，本书运用实地访谈资料、问卷调查数据及统计部门、民政部门、研究机构等权威数据对现行社会救助制度实施状况进行测量和评估，准确把握其发展的症结，在此基础上，科学分析了相对贫困农户生计资本与生计策略及其关系，测度了相对贫困农户发展能力，得出了相对贫困农户可持续生计的政策启示，提出了可持续生计视角下农村社会救助制度转型升级的路径与对策。实际上，本书在研究过程中还综合运用了其他多种研究方法，力图使研究能够较为深刻和系统。

第一，文献研究法。由于目前对可持续生计视角下的农村社会救助制度建设研究还缺乏较为系统的理论构架，项目研究需要大量的社会学、人口学、经济学等理论文献，需要对可持续生计、发展型社会政策、反贫困、社会救助等领域的政策文献进行梳理和分析，把握相关要素的基本概念，厘清可持续生计与社会救助制度的发展思路，明确各分支的最新理论成果。在项目研究中，笔者查阅了国内外有关发展型社会政策、生计、可持续生计的代表性文献，大量收集了国内外有关反贫困、社会救助以及低保救助等方面的文献资料。

第二，问卷调查法。本书的问卷调查分两个阶段进行。2018 年 6~8 月开展了第一阶段调研。选择省级贫困县——辽宁省抚顺市新宾县和朝阳市建平县、喀左县，采用分层随机抽样方法对农村低保对象的家庭收支、社会保障（主要是低保救助）、生计资本、生计活动与策略、生计需求以及生活满意度等情况开展了问卷调查。在辽宁省抚顺市新宾县发放问卷 500 份，在辽宁省朝阳市建平县和喀左县发放问卷 600 份，两市累计发放问卷 1100 份，回收 1050 份，有效回收率为 95.5%。2023 年 7~9 月开展了第二阶段调研。选择辽宁省沈阳市、丹东市、阜新市和葫芦岛市，采用分层随机抽样方法，对辽宁省在册农村困境儿童开展问卷调查，了解农村困境儿童及其家庭的生活状况、人际交往、福利享有、发展需求、社会救助等情况。调查使用的问卷自编完成。问卷共分为"儿童填答问卷"和"儿童监护人填答问卷"两部分。其中，在"儿童填答问卷"部分，12 岁以上儿童，自主完成问卷填写；7~12 岁儿童，在其监护人的指导下完成问卷填写；7 岁以下儿童，由其监护人代替填写问卷。此次调查累计发放问卷 3000 份，共收回有效问卷 2916 份，有效回收率为 97.2%。

两次问卷数据均利用 SPSS、AMOS 等软件进行处理分析。问卷调查为客观揭示农村社会救助实施状况及主要问题、探讨农村社会救助发展走向以及农户可持续生计提供客观依据。不仅如此，为了弥补问卷调查的不足，本书在研究过程中还充分利用中国家庭营养健康调查数据（CHNS）对农村低保的减贫效果进行全面评估，采用北京大学中国社会科学调查中心的中国家庭追踪调查数据（CFPS）对贫困农户的生计资本、生计策略及家庭发展能力进行实证分析。

第三，实地访谈法。在研究过程中，分别在贫困县以及其他地区进行了实地访谈。访谈地区涉及辽宁省沈阳市、抚顺市、丹东市、葫芦岛市、辽阳市、阜新市，四川省大邑县，吉林省敦化市，内蒙古兴安盟阿尔山市等地。分别选择低保户、低保边缘户、普通农户及农村困境儿童就社会救助实施状况及生计需求等问题进行实地访谈；与市、县、乡镇民政及有关部门的负责人进行座谈，了解社会救助实施的基本情况，把握社会救助工作现存的主要问题，并收集他们对完善社会救助制度的意见和建议。

第四，数量分析法。数量分析法是本书使用较多的方法之一。本书基于双重差分法对农村最低生活保障制度减贫效果进行了实证分析；运用因子分析方法对农村低保与经济发展的适应性进行了实证分析；运用多分 Logistic 回归模型从相对贫困视角分析了生计资本与生计策略的关系；基于可持续生计理论构建了农村相对贫困农户发展能力测度指标体系；利用因子分析方法从相对贫困农户发展能力的综合水平和家庭类型结构两个层面对相对贫困农户发展能力进行了多维测度。通过数量分析，客观揭示农村低保制度的减贫绩效、影响因素及经济适应性，运用 CFPS 2018 数据从相对贫困视角客观揭示了贫困农户三项关键生计要素及其相互关系，有效弥补规范了研究的不足，防止其主观随意性。

第五，比较分析法。本书利用比较分析法，以历史时间为线索考察了中国共产党成立 100 多年来国内农村社会救助制度的纵向发展过程与效果，横向比较了国外社会救助的实践与经验。本书试图通过比较分析探求中国农村社会救助制度发展的轨迹及运行规律，揭示农村社会救助制度实施现状、问题及成因，探讨可持续生计理念嵌入农村社会救助的可行路径。

第六，多学科综合研究方法。相对贫困农户可持续生计与社会救助制度转型研究是一个跨越学科界限的综合研究项目。在研究中，综合运用社会学、人口学及公共管理学等多学科方法，探讨了农村社会救助现状、问题，科学评估了农村社会救助制度实施绩效，实证分析了相对贫困农户生计资本、生计策略及发展能力，从社会、经济和制度等多层面探讨了农村社会救助制度未来发展方向，提出了农村社会救助制度转型升级的对策建议。

第五节　主要创新及不足

本书的主要特色可以用三个"新"来概括。第一，研究角度新。目前，可持续生计的概念及分析框架在国际发展研究和实践中，特别是在非洲和亚洲部分发展中国家的扶贫开发和可持续生计建设项目中得到运用和实证检验。而国内学界对可持续生计的研究起步较晚，迄今只有十余年时间。相关研究主要围绕可持续生计思想和可持续生计分析框架展开，鲜有学者对可持续生计理念下的社会救助进行专题研究。本书在准确把握中国农村社会救助制度症结的基础上，尝试将可持续生计理念嵌入中国农村反贫困战略，并基于全面小康社会建成后中国农村贫困形势发生的新变化和新特点，从宏观和中观层面提出破解社会救助制度发展难题、实现社会救助制度转型升级的对策建议。实现相对贫困农户可持续生计是贯穿本书始终的一个核心议题，从这个意义上来说，本书实现了研究角度的创新。

第二，研究方法新。本书研究方法的创新主要体现在两个方面。一方面，多学科的交叉综合。根据相对贫困农户可持续生计问题的性质和特点，应用社会学、经济学、人口学、统计学及生态学等学科知识进行研究和分析，并主要在这些学科范围内进行交叉综合和科际整合。另一方面，构建新的数理模型。目前国内学界对相对贫困农户关键生计要素间的具体关系缺乏深入细致的科学论证，对生计规律的研究更鲜有亮点。本书通过构建相对贫困农户生计资本与生计策略的数据模型，探究相对贫困农户生计策略形成机制。同时，本书还通过因子分析法和双重差分法等构建不同类型的数据模型，对农村社会救助实施绩效进行科学评估；通过构建相对贫困家庭发展能力测度指标体系对其发展能力进行综合测度。不仅如此，调研中还根据受访对象特点尝试使用网络调查分析方法，丰富了研究方法和手段。

第三，研究提出的观点新。作为一项探讨如何将可持续生计理念嵌入农村反贫困战略，并由此提出社会救助制度转型升级对策建议的应用研究，本书的研究重点主要集中在三个方面：一是将发展型社会政策与可持续生计分析框架耦合形成研究框架，利用改进后的 SL 框架对相对贫困农户生计状况进行系统综合评估；二是通过对相对贫困农户生计资本、发展能力和生计策略等关键生计要素关系和规律的探索，把握相对贫困农户生计策略的形成机制；三是从中长期战略层面构建符合中国国情的农村社会救助制度可持续发展路径。本书围绕这些重点内容进行新的理论研究与实践探索，在相对贫困农户生计资本特征、发展能力、生计策略形成机制以及中国社会救助制度可持续发展路径建设等方面提出了一系列创新性观点。

创新与不足往往是相伴而生的。本书利用改进后的 SL 框架对相对贫困农户可持续生计状况进行了分析。SL 框架是　个复杂的分析系统，涉及脆弱性的背景/环境、相对贫困农户生计资本、变革中组织机构和程序规则、农户生计策略、生计成果等诸多要素。因而，在研究中不仅需要我们准确把握要素内涵，厘清要素之间的相互关系及影响因素，还需要对微观生计系统与宏观政策互构进行深入探讨，以此揭示贫困成因并提出多种解决方案。但是，由于可持续生计视角下的社会救助研究在中国刚刚起步，无论理论研究还是政策实践都明显不足，相关基础性研究不多，研究又需要从宏观、中观和微观层面进行统筹考虑和系统分析，虽然本书在具体的研究中尽了最大努力，但仍存在浅尝辄止、挂一漏万之处。而且，当前中国已经进入相对贫困治理阶段，在社会救助制度发展与完善过程中还面临着缩小阶层差距、城乡差距，实现城乡社会救助制度统筹和一体化等问题。2020年8月出台的《关于改革完善社会救助制度的意见》还特别提出要健全城乡统筹的中国特色社会救助体系。考虑到这将是一个十分宏大的研究课题，需要进行专题研究，本书未对此进行过多探讨。

第一章

理论基础与分析框架

国内外学界分别从社会学、经济学、生态学、人口学及公共管理学等角度对可持续生计、社会救助制度进行了多层次研究，取得了一系列具有创新性、指导性、启发性的研究成果。本书拟通过对以往的文献、理论研究进行比较系统的梳理与评析，构建出相对贫困农户可持续生计与社会救助制度转型研究的理论分析框架。

构建相对贫困农户可持续生计与社会救助制度转型研究的理论分析框架主要涉及两个核心问题。一是作为一种贫困问题分析基本框架和实践政策工具，可持续生计分析框架与何种理论相结合才能为丰富可持续生计分析框架的理论内核，继而提出有价值的社会救助制度转型升级对策奠定坚实的基础？二是面对全面建成小康社会后中国反贫困形势发生的新变化，可持续生计分析框架如何改进才能既符合中国国情，又能体现可持续生计目标与社会救助制度转型的内在关联？有鉴于此，本书在阐明发展型社会政策理论和可持续生计相关理论精髓的基础上，阐释二者的内在逻辑，进而解构并重构可持续生计分析框架，建构本书的理论分析框架。

第一节　发展型社会政策理论

发展型社会政策的知识框架最早可追溯至 19 世纪末 20 世纪初的欧洲，但如果寻找最早的实践框架可以追溯至英国的非洲殖民地时期。联合国推崇发展型社会政策这一理念，并且自 20 世纪 50 年代就开始在全世界积极推广这一理念。然而，20 世纪 70 年代的石油危机、发展中国家不断增长的债务、飙升的通货膨胀和工业化国家普遍发生的经济停滞，阻碍了这一理念的实践，使发展型社会政策在发展中国家和工业化国家中的施行都面临严峻挑战。20 世纪 90 年代，联合国做出一系列制度调整，各国重新关注发展型社会政策。1990 年，联合国开发计划署发表《人类发展报告》，该报告指出，社会和经济发展目标在国家发展中起到重要作用，结合社会经济发展目标，国家的可持续发展战略将更有效地施行。1995 年，联合国以复兴社会发展政策为目的，召开了以发展型社会政策为主题的社会发展世界峰会并发布《哥本哈根宣言》，呼吁所有成员国整合社会发展战略，针对国家贫困问题采取有效的脱贫政策，提高社会发展水平。

一　发展型社会政策理论的代表性人物

在发展型社会政策理论的形成过程中，以下几位学者做出了重要贡献。

梅志里（Midgley）在《发展型社会政策》一书中创造性地提出了发展型社会政策理论。发展型社会政策理论突破了孤立看待经济与社会发展的传统社会福利政策的局限，充分揭示了经济与社会二者之间的内在联系。发展型社会政策理论的主张是：其一，发展型社会政策目标中心由福利转向生计，相应地，反贫困模式由福利转移模式转向可持续生计支持模式；其二，社会福利项目具有投资取向和生产主义，社会福利支出要注重社会效益和经济效益；其三，社会救助政策的对象不再仅仅重视受助者的生计救助和维持，还强调受助者具有一定自我发展能力，即社会福利政策要能实现"助人自助"的目标；其四，发展型社会政策强调政府、社区、企业和个人多元主体共同参与社会福利。这一政策继承了费边主义和社会行政学派政府干预的某些观点。

谢若登（Sherraden）曾经在其著作《资产与穷人———一项新的美国福利政策》中明晰了资产建设反贫困模式。谢若登指出，穷人导致贫困的原因既不是收入不足也不是资产不足，而应该是促进贫困人口的资产积累——股本占有。[①] 因此，他提出了建立名为"个人发展账户"或"个人发展和致富账户"的配款储蓄账户。谢若登提出的个人发展账户的概念是指反贫困的要点是促进未来取向、长远计划、储蓄和投资、个人创新、个人

① 〔美〕迈克尔·谢若登. 资产与穷人———一项新的美国福利政策 ［M］. 高鉴国译. 北京：商务印书馆，2005：8.

选择和实现生活目标。

孟加拉国经济学家穆罕默德·尤努斯（Muhammad Yunus）是发展型社会政策理论杰出的创立者和实践者之一，堪称里程碑式的人物。尤努斯指出，消除贫困可以采取小规模的社区发展项目，有利于贫困社区里低收入居民或团体发展其所拥有和经营的小型企业。尤努斯出版的著作中通过对其创立的小额贷款反贫困模式和社会企业反贫困模式的系统阐释，充分展示了发展型社会政策理论和卓有成效的发展型社会政策理论应用。

吉登斯提出了"第三条道路"理论。"第三条道路"理论主张积极的福利政策，强调无责任可以看作无权利。在福利主体参与方面注重国家、社会与个人多方共同参与、共担风险。该理论的具体观点有：要改变传统福利型国家为社会投资型国家，建立起积极的社会福利政策。要在经济、教育和培训等方面加强政府与个人投资，以此建立一个使得福利可以持续、所有人要承担相应责任与风险的社会福利政策。吉登斯倡导的是一条超越左右理论的中间道路。可以说，"第三条道路"理论，既超越了把国家当作敌人的右派，也超越了认为国家是答案的左派。"第三条道路"理论的重要组成部分是积极福利。这条道路的最大特点是将积极福利观念嵌入社会框架之中，这无疑为福利国家的改革提供了一个可以借鉴的思路和范式。

阿马蒂亚·森提出应该从可行能力视角充分理解贫困及反贫困政策。他认为贫困者不仅收入水平低，而且被剥夺了基本可行能力。虽然从常规意义上来说，收入贫困与可行能力贫困存在重要联系，但仅减少收入贫困不能被简单地看作反贫困政策的终极动机。他认为，根本的问题是我们应该按照人们能够拥有的自由和享有的生活来理解贫困和社会剥夺。可行能力的发展则直接适应了这些基本要求。可以预计的是，如果一个人的可行能力提高了，那么其他能力如生产能力、发展能力和挣钱能力也自然相应地提高了。可见，可行能力与贫困剥夺之间存在一种非常重要的联系，增强可行能力可以使得剥夺情况减少、剥夺程度减轻。

二　发展型社会政策的核心观点

目前，发展型社会政策仍然是社会政策学者争论的焦点。不同的学术观点对发展型社会政策有不同的定义和界定，而且关于发展型社会政策各种干预措施和项目从制定到实施也大相径庭。发展型社会政策通常被学者们认为是一种折中主义和实用主义的方法。从发展型社会政策的理论发展来说，自 20 世纪 90 年代起越来越多的学者努力促使发展型社会政策的理念形成一个较为严谨、合理的概念体系。对于发展型社会政策需要做些什么，尤其是实际干预的方式，人们认识已经越来越清晰，特别是对作为发展型社会政策的基础和内涵的认识更深入。这些发展型社会政策概念化的理念密切关注社会变迁和社会进步、干预集体行为、社会包容以及经济与社会的和谐发展等问题。概括地说，发展型社会政策具有以下五个方面的核心观点。

（一）在社会变迁中追求社会进步

发展型社会政策对社会整体进步提出了较高要求。发展型社会政策的推行者对于只借助政府财政支出和资源转移来解决贫困问题的战略措施进行了严厉批判。他们指出，无论以宗教为核心建立的慈善团体，还是政府围绕社会服务采取的一系列福利制度，都只能保障贫困人口最基本的需求。发展型社会政策结合社会实际发展需求，将工作重心放在提高整体社会发展水平上，保证所有人的生活质量得到提高，并不是只采取静态方式进行国家资源的分配。

发展型社会政策的概念是在社会变迁与经济发展的相互推动之下才日渐明确的。第二次世界大战结束后，西方发达国家的发展实践使人们相信工业化将推动经济发展水平提高，而经济的发展将提高贫困人口就业率和收入水平，改善发展中国家贫困人口的生活境遇，缓解贫困问题。

发展型社会政策的倡导者同样赞同经济发展会推动社会发展的理念，但他们提出要根据公众生活水平的变化制定相应社会政策才能满足社会发展需求。也就是说要解决贫困问题必须综合运用经济政策与社会政策，只依靠经济政策或者社会政策都难以奏效，不能根除贫困。

（二）注重社会干预和采取集体行为

发展型社会政策十分重视社会干预措施对社会发展所起的重要作用。政策倡导者认为，在干预过程中人发挥着关键性作用。有效解决各种各样的社会问题需要发挥人的关键性作用，应坚持以人为中心，明确目标，制定一系列解决方案或规划。可以说，发展型社会政策的一个重要理念就是运用制度进行干预。而且，大多数学者认为，在干预过程中要充分发挥政府的作用，而不是仅仅发挥社区和社会组织的作用。因而，发展型社会政策在实施过程中，政府需要积极倾听和采纳公众的意见和建议，加大社会发展投入力度，进而不断提高社会发展质量。

19世纪，一些人倡导自由放任市场经济，宣扬贫困问题和剥夺问题会随着社会的发展而得到解决。他们指出，政府只要坚持对创业进行鼓励支持，实行市场自由竞争模式，国家生产力就一定会得到提高，就业机会与社会发展机会也会越来越多。同时，他们还提出，自由市场在政府干预下会失去创造繁荣的自然能力。此外，英国的社会达尔文主义者也对借助政府力量解决贫困问题提出了反对意见，比如斯宾塞等。他们认为，社会的选择应该是一个自然过程，也是社会组织的一个特征体现，而政府采取的社会干预计划打破了这一过程的平衡性，最终会造成整个社会结构的坍塌。

进入20世纪，这些理念逐渐发生了改变，政府加大了对经济和社会事务的干预力度。在整个西方世界中，凯恩斯及其支持者的论著成为政策制定的主要依据，这在很大程度上影响了第三世界的发展规划。在最初阶段，大众认为经济增长可以有效提高就业率，进而推动收入水平的提高。但倡导社会民主的群体认为社会服务的扩张一方面能满足社会需求，另一方面能提高社会发展的均衡性，这种思想逐渐被很多国家的政府机构接纳。在当时社会，西方很多"福利国家"被创建正是以上思想的集中表达和体现。

后来，社会问题会通过经济发展而自发解决的观点随着新自由主义思想的传播而复兴。在新自由主义理论中，自由市场将会提高动态经济的发展水平，进而有效解决贫困问题。该理论倡导者指出，政策干预经济市场化的动态增长过程应该被摒弃。他们认为，如果要借助市场加快经济增长速度，同时使生活质量得到保障，政府就不能参与经济规划，同时也不能开展规模化的社会服务活动。但是，发展型社会政策的倡导者并不认可这一观点。恰恰相反，他们认为，政府应该干预经济发展与社会建设，并做到政府干预与经济社会发展的协调一致。

（三）主张普遍主义、平等和社会包容并存

发展型社会政策理论的倡导者强调社会保障制度具有一定的普遍性和包容性。他们指出，社会发展干预不应该只针对贫困群体，而要保障社会整体利益，使所有社会成员享受社会发展的成果。与慈善事业和政府救助

项目相比，社会发展干预的普遍性较强，以全民福利的保障为根本追求。此外，主张发展型社会政策的学者还指出，对于国家中很多不公平的现象应该采取有效的解决措施，如果在经济发展水平提高的过程中，没有合理实施再分配政策，只是在少数群体中实现收入的增长，就很难保障所有人生活水平的提高。需要指出的是，尽管发展型社会政策具有普遍性的特点，但这种普遍性也认同将贫困群体、受剥削群体作为发展项目的重点。在社会发展事业中做出努力的执行者通常会对这些人的需求投入较多的关注，尤其对贫困人口集中的地区较为重视，包括农村社区、城市贫民窟等。同时，发展型社会政策对弱势群体也有较高的关注度，比如贫困妇女及其子女、少数民族部落、移民社区等。但整体的干预政策依然是以全民福利水平的提高为核心方向，遵循普遍性的基本原则。

经济增长但大众的福利水平却未显著提高被称为"扭曲发展"。主张发展型社会政策的学者对这种经济发展与社会繁荣脱节的情况提出了批评。为了避免出现这种情况，发展型社会政策倡导者认为要完善经济制度，并推出一些可以直接推动福利水平提高的政策或项目，扭转"扭曲发展"趋势。发展型社会政策坚持人本主义，非常重视人的作用，着力推动人的发展，并为所有群体创造有酬就业和创业机会，从而增加收入项目。他们还着重指出投资人力和社会资本的重要性，同时对贷款以及其他经济援助形式表示认可。此外，他们主张制定相应政策，提高社会公平性。虽然右派对这些机遇平等理念的主张表示极力反对，但发展型社会政策的支持者依然坚持，这些措施能有效推动社会的发展和进步，充分发挥每个个体的有效价值。

（四）充分协调社会和经济政策及项目

传统社会政策在处理社会政策与经济政策间关系时常常弱化经济政策的作用。剩余型与制度型社会政策模型建立的基础并不直接涉及经济主体。而发展型社会政策蕴含包容性理念，这为有效整合社会发展中的各种因素提供了新的视角。发展型社会政策倡导者提出，社会发展中经济因素和社会因素相互影响、相互渗透，因此，二者可以协调一致。发展型社会政策较好地兼顾了经济增长与国民福利水平提高的双重目标。

发展型社会政策秉持生产主义的价值取向。这类政策突破了传统社政策关注资源转移的局限，更加重视将社会投资集中在人的能力提高上，鼓励人们积极参与经济与社会活动。发展型社会政策将社会政策定位为投资性质的行为，主张借助生产性质的社会政策与项目，提高人力资本的投资，推动社会资本的产生，为低收入群体提供更多就业机会和创业机会；借助补贴性的储蓄，加快资产累积速度，打破经济参与壁垒，使社会服务的投入充分发挥其有效价值。正是这类社会投资，使有需求的群体得到实质性的帮助，进而有机会参与生产性经济活动，在为社会发展做出贡献的同时增加自己的利益和收入。由于这些发展项目具备生产性质，能对经济增长产生正向作用，因此不会被指责为损害经济发展。

从经济政策的角度来说，发展型社会政策的学者认为，如果大众的福利水平没有得到有效提高，那么经济增长的意义也就微乎其微。他们指出经济政策要加强对人的关注，保障大众有基本的经济收入，为大众提供更多就业机会和参与生产性经济活动的机会。此外，他们还倡导对经济腐败现象进行遏制，消除社会歧视和政治经济剥削现象。

（五）强调参与主体的多元化

从 19 世纪末期开始，特别是在第二次世界大战结束以后，在社会发展和福利制度建设上，发达国家政府组织承担了主要责任。但是从福利水平提高的层面来看，随着国民生活质量提高以及福利需求的多元化，仅仅发挥政府的作用显然是不够的，家庭、社区、亲友等的作用也越来越突出。发展型社会政策强调参与主体的多元化，重视非政府组织在福利服务供给方面的作用。

从供给的角度来说，多元主体及其活动主要包括以下三种类型。第一，国家实施税收减免等制度，鼓励社会组织承担一部分社会发展与社会福利方面的社会服务。这相当于国家在社会发展中只承担一部分责任和义务，并不是全方位负责。第二，邻里、社区等社会团体出于提高成员福利水平的目的，在道德约束下承担各项活动，包括对家庭成员的照顾等。第三，在宗教信仰下参与的慈善活动，以及非宗教性质的救助活动，这些活动被统一划分为"志愿部门"或者"第三部门"。

发展型社会政策实现了对传统社会政策的超越。在反贫困战略及政策选择领域，发展型社会政策在某种程度上甚至超越了从扶贫济困、社会保护等传统思路转向探讨社会政策的发展功能，引发了社会政策研究的范式革命。从宏观上看，虽然发展型社会政策尚未成为一种成熟的理论，其理论体系还有待进一步建构和完善，但其提出的人力资本投资、社会投资、多元主体以及可行能力建设等政策理念受到理论界和实务界的普遍重视，为世界反贫困开辟了新的社会政策道路。

第二节　可持续生计相关理论

如前文所述，可持续生计相关理论的基本思想来源于 20 世纪 80 年代至 90 年代早期对贫困问题的探讨，尤其是来源于钱伯斯、康威和阿马蒂亚·森的创造性研究。可持续生计概念明确了发展干预的目标，对于贫困人口而言，可持续生计不仅是目标，更是结果。近年来，可持续生计作为一种寻找脆弱性诸多原因并给予多种解决方案的集成分析框架和建设工具，逐渐在理论上得到开发和重视，构建了多种可持续生计分析框架。[①] 目前，较为成熟的可持续生计分析框架主要有：国际救助贫困组织（CARE）1994 年提出的以贫困人口的基本需要和贫困人口的权利为基础的可持续生计分析方法；联合国开发计划署（UNDP）1995 年提出的以政策、技术和投资为驱动因子的可持续生计分析方法；英国国际发展部（DFID）2000 年提出的以贫困人口、脆弱性人群为基础，基于贫困人口的生计资本结构和过程转变的贫困人口可持续生计分析框架。

这三个分析框架已在世界各地贫困人口的扶贫开发和可持续生计建设项目中得到了运用和发展。在马里、埃塞俄比亚、印度和巴基斯坦等国家，可持续生计分析框架正作为贫困人口扶贫开发项目的手册与指南用来指导贫困人口相关的生计实践和生计项目的调查与评估。通过对三者的比较可以发现，尽管三个分析框架各有侧重，但它们存在一些共同特点：一是三者以贫困弱势群体为主要分析对象，从而将人们对贫困人口生计的理解引入微观视角；二是三者均强调资本、能力、制度、环境等对可持续生计的影响和关键作用；三是实现贫困群体生计的可持续是一个复杂的系统工程，

---

① Martlia G. Roberts，杨国安．可持续研究方法国际进展——脆弱性分析方法与可持续生计方法比较 [J]．地理科学进展，2003（1）．

因此，三个分析框架均强调不仅要发挥贫困群体的能动性，还要发挥政府和社会的作用；四是虽然三个分析框架着重从微观层面探求贫困群体生计脆弱性的发生机理，却均认为实现可持续生计需要做好微观生计系统与宏观政策之间的互构与协同。

在诸多分析框架中，DFID 的可持续生计分析框架，体现了较为显著的贫困人口可持续生计理论基本内容，且较为符合中国实际，本书将以这一分析框架为蓝本构建相对贫困农户可持续生计与社会救助转型研究的理论分析框架。

一　DFID 可持续生计分析框架的形成与发展

DFID 的研究和项目实践所采用的可持续生计分析框架是由可持续农村生计咨询委员会在英国牛津大学、萨塞克斯大学的发展研究所及其他机构前期研究的基础上发展起来的。[①] DFID 的可持续生计分析框架最早见于1997 年英国国际发展部发布的《贫困人口可持续发展国际发展白皮书》。在该白皮书中，DFID 声明以消除贫困国家的贫困人口数量为目标。之后 DFID 不断对这一贫困人口的可持续生计分析框架进行补充和完善，形成了贫困人口的可持续生计分析框架（见图 1-1）。

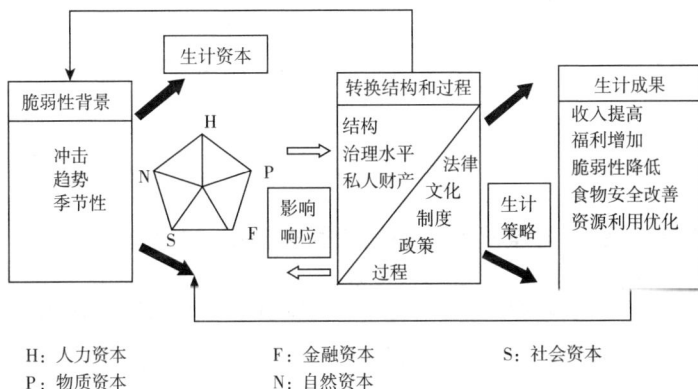

| H：人力资本 | F：金融资本 | S：社会资本 |
| P：物质资本 | N：自然资本 | |

图 1-1　DFID 可持续生计分析框架

① 赵锋. 水库移民可持续生计发展研究［M］. 北京：经济科学出版社，2015：44.

二 DFID 可持续生计分析的基本原则

DFID 设定了贫困人口可持续生计分析的基本原则。①

(一) 以人为中心原则

可持续生计分析框架把贫困人口放在发展的中心位置，优先关注的贫困对象是人而不是贫困人口使用的资源或为他们提供服务的政府。消除贫困政策的制定要以贫困人口为中心，特别是要高度关注对贫困人口的能力开发和创造潜能的激发。

(二) 可持续性原则

贫困家庭的支持在经济和机制上是可持续的，同时对其他家庭的生计不产生负面影响。由于人口的生计目标各有不同，因此可持续性目标也有多个评价视角和维度。这些维度就包括了经济的可持续性、体制的可持续性、社会的可持续性和环境的可持续性，同时还要保证各个维度之间的平衡性。

(三) 积极回应和参与原则

贫困人口迫切需要解决的生计领域问题的活动中，要更多地考察贫困人口的能力。政府、社会组织及相应的援助机构要能倾听贫困人口的声音并积极做出回应。可持续生计分析框架鼓励分享参与式发展的经验，找到倾听和理解贫困人口观点、看法的方法。

(四) 宏观层次与微观层次协调与互构原则

政策与制度会对人们的生计造成很大影响，它们能够限制人们的选择，改变人们对公共服务和资产的使用机会或权利。为了实现消除贫困的目标，政策制定者需要了解和考虑当地或基层实际并与公众建立对话机制。同时，要鼓励在不同层次工作的人互相交流，实现互动。

---

① DFID. Sustainable Livelihoods Guidance Sheets. London: DFID, 2001. http://www. livelihoods. org. 2008-1-17.

（五）多元主体参与与合作原则

在可持续生计分析框架下，多元主体在公共和私人之间、政府与非政府部门之间、可持续生计的研究机构与实践机构之间建立多主体参与合作伙伴关系极为重要。只有多元主体在各种层面建立强有力的合作伙伴关系，才能保证实现可持续生计目标的有效性。

（六）动态性原则

DFID 认为，生计及其影响因素是不断发展变化的，因此要积极注意外界环境的变化，特别是自然灾害、经济动荡等外部环境及其趋势的变化。理解家庭生计的动态性，从而扩展对家庭生计进行研究与分析的范围，揭示事务之间复杂、互为因果的关系和周而复始产生的链条；监测并适应新的变化，使计划和行动对变化做出及时的反应与调整。

（七）整体性原则

可持续生计分析框架可以分析那些制约或提供发展机会的诸多因素，如贫困人口面临的最紧迫的制约因素和最有希望的发展机会。整体性原则侧重于在分析和研究贫困问题时跨越行业部门、地理区域和社会群体的界限；认识影响人们生活的复杂、多样的因素，以及它们各自和合起来影响人们生计的关系；认识到贫困农户生计的多样化。

三　DFID 可持续生计分析框架的核心要素

从图 1-1 可以看出，DFID 可持续生计分析框架由 6 个部分组成，分别是脆弱性背景、生计资本、影响响应、转换结构和过程、生计策略以及生计成果。可持续生计分析框架对问题的分析不是直接从生计需求入手，而是着眼于资产、能力和行动策略。因而，生计资本和生计策略是这一框架的关键性生计要素。

DFID 把生计资本划分为自然资本、社会资本、物质资本、人力资本和金融资本 5 种类型。图 1-1 中资本五边形形象地表示出关于人们资本的信息，它能够说明这些资本的重要性及相互之间的互动关系。对于贫困人口来说，提高他们的资本获得性有助于奠定贫困人口开展生计的基础。DFID

将可持续生计策略分为可行策略、内在策略和关键策略 3 种类型。DFID 认为，贫困家庭所期望的生计成果可能包括贫困人口收入提高、贫困人口福利增加、贫困人口生计的脆弱性降低、贫困人口食物安全改善、贫困人口对资源利用优化等。

DFID 可持续生计分析框架揭示了一个理解贫困的概念模型，具有很强的解释力和指导作用。该分析框架虽然未提出解决具体问题的对策建议，但是通过展示构成生计的核心要素以及各个要素之间的关系，为我们揭示了相对贫困农户的生计现状，探求相对贫困农户生计策略和生计模式选择的内在机理，最终从中长期层面为构建符合中国国情的农村社会救助制度可持续发展路径提供了新的视角和思路。

第三节　发展型社会政策理论与可持续生计分析框架的耦合

一　发展型社会政策理论与可持续生计分析框架的内在契合性

可持续生计分析框架是发展型社会政策在反贫困领域中最为适切的政策实践工具，两者在形成过程、政策目标、干预重点和运行机制等多方面具有内在的契合性。

首先，从形成过程上看，两者都是在全球化背景下，随着社会不平等和社会风险加剧而孕育和发展完善的。经济全球化的推进给世界各国带来的负面影响主要体现在三个方面：一是导致了国内社会不平等加剧以及贫困（主要是相对贫困）问题增多，进而导致对社会保障需求增大；二是削弱了政府维持和提高社会保障及其他福利给付的动机，这也就导致了低收入群体、底层社会成员获得的保障和福利水平相对较低，进而使贫困人口相对贫困问题长期得不到解决；三是导致了风险的复杂性、不确定性、不可预见性和迅速扩散性都在日益增强。如何应对经济全球化带来的新型风险挑战就成为学术界和各国政府需要面对的一项重要课题。正是在这样的背景下，自 20 世纪 80~90 年代开始，以阿马蒂亚·森为代表的学者提出了以自由看待发展、可行能力等理念，在这些理念的推动下，发展型社会政策悄然出现，可持续生计也从学术概念转变为具有政策实践功能的可持续生计分析框架。

其次，从政策目标上看，发展型社会政策超越了以传统社会福利政策收入维持与福利服务供给为本的狭隘目标，扩展到更加关注增强维持生计能力，把可持续生计作为反贫困福利政策的基本目标。[①] 可以说，发展型社会政策把实现贫困群体可持续生计纳入政策目标范畴，这不仅极大地拓展了社会政策的目标，也使得发展型社会政策与可持续生计分析框架在目标上具有高度一致性。

再次，从干预重点上看，发展型社会政策重视人在社会政策中的作用，倡导社会投资，强调人力资本等生计资产建设。发展型社会政策"主张采取事先预防的措施以降低解决社会问题的成本。侧重于人力资本、社会资本，清除参与经济活动的制度障碍等方面。而在实施策略上则侧重于能力等措施"[②]。这些与可持续生计分析框架所坚持的以人为中心原则，以及强调多维生计资本建设及鼓励多元主体参与等干预重点具有高度契合性。

最后，从运行机制上看，发展型社会政策倡导的是一种跨部门、多元整合性社会政策机制。发展型社会政策视域下的社会政策是一个多维的概念，其围绕基本理念和目标，充分发挥政策组合性功能，有效应对多样化情境下的多样性需求。尽管发展型社会政策注重国家的社会投资功能，但其对多元主体具有极强的包容性，强调针对具体的情境条件，多元主体要发挥各自的比较优势进行跨边界、跨部门的整合协同。[③] 发展型社会政策主体包括国家、市场、非营利机构、社区以及更广泛的国际性组织。而可持续生计分析框架与发展型社会政策的统一性不仅体现在政策主体的多元整合上，还体现在政策分析的多维整合视角上，"可持续生计思路将经济、社会、环境，通过多种方式，直接或间接影响贫困人口福祉的维度，都纳入

① 〔美〕安东尼·哈尔，〔美〕詹姆斯·梅志里. 发展型社会政策 [M]. 罗敏译. 北京：社会科学文献出版社，2006：9-11.
② 张秀兰，徐月宾，梅志里编. 中国发展型社会政策论纲 [M]. 北京：中国劳动社会保障出版社，2007：10.
③ 高功敬. 城市贫困家庭可持续生计——发展型社会政策视角 [M]. 北京：社会科学文献出版社，2018：53.

贫困人口可持续发展项目的设计和实施中"①。概括地说，可持续生计分析框架具有的整体性、微观宏观互构以及动态过程性原则等与发展型社会政策所倡导的运行机制特征不谋而合。

总之，从形成过程、政策目标、干预重点和运行机制上看，发展型社会政策与可持续生计分析框架都是契合的，前者为后者提供了充分的理论基础，后者则是前者在反贫困实践领域的有效分析框架和政策实践工具。

二　发展型社会政策视角下的可持续生计分析

贫困主要与贫困者的生计紧密相关。生计不稳定不仅是贫困的一个征兆，也是一个诱因。实行发展型社会政策可以对贫困者生计起到支持与保护作用，从而最大限度地消除贫困，这也是发展型社会政策视角下社会救助制度转型升级的依据。具体来说，在发展型社会政策视角下，可持续生计分析的重点主要包括以下几方面内容。

（一）对贫困人口赋权增能

以往的贫困治理中，国家干预的重点主要集中在贫困群体的生产和生活领域，反贫困政策和措施的制定对贫困群体自身需求的重视和回应不足。发展型社会政策重视贫困群体的赋权增能，强调公众参与，关注贫困群体能力的提升。发展型社会政策视角下的反贫困政策与措施不仅能够提升贫困群体反贫困的内生动力，还使得反贫困政策、措施的制定实现了自上而下与自下而上的结合。

（二）强调与反贫困性质的经济政策保持一致

对于一个国家或地区而言，经济发展情况与社会政策有着密不可分的联系，除了对社会问题的广度和深度有影响，经济政策也会影响社会政策的有效性。发展型社会政策对经济发展所起到的正面作用更为明显。例如，发展型社会政策强调与劳动力市场的密切配合，它不但能帮助经济政策充分实现促进社会生产力提高方面的功能，而且能提高个人和家庭在市场化

---

① 〔美〕安东尼·哈尔，〔美〕詹姆斯·梅志里. 发展型社会政策 [M]. 罗敏译. 北京：社会科学文献出版社，2006：150.

交易过程中的公平性。

（三）重视"预防胜于治理"理念

发展型社会政策重视人力资本投资，强调通过对贫困家庭的人力资本投入提高贫困人口发展能力。发展型政策倡导者特别强调要重视贫困家庭中儿童和青少年群体的人力资本投入，改善其健康状况，提高其教育质量。这些政策理念实际上把对反贫困的干预提前到贫困风险的发生环节，有利于预防贫困发生，也有利于突破贫困陷阱，切断贫困链条。

阿马蒂亚·森从社会政策的角度审视了造成贫困的原因，认为造成贫困的最重要原因是自身生存能力不足，具体表现为人力资本和社会资本存量的双重短缺，最终导致贫困人口的发展能力和内在动力严重不足。因此，他认为解决贫困问题的重要举措就是实施发展型社会政策，并将社会政策作为一种投资行为，尽可能地投入人力资本，结束"贫困—人力资本投资不足—贫困"的恶性循环。具体到人力资本投资的领域，主要包括健康投入、教育投入和技能培训投入，通过人力资本投入，能够改善贫困人口的知识结构和技能结构，增强他们的技能创新能力，改善传统生活技能，以适应社会发展和社会用工需求。

（四）提倡整体性思路，蕴含善治理念

发展型社会政策重视贫困治理中政府部门、社会组织、机构以及公民个人之间的互动与协调，强调通过多元主体间共同参与、共同治理达到整体大于部分之和的贫困治理效果。发展型社会政策蕴含着善治理念，能够充分动员政府、社会、企业、公民等各方面力量共同进行社会治理，进而达到良好的社会治理效果。

（五）促进社会融合，消除贫困人口公平参与经济活动的障碍

发展型社会政策倡导者认为，必须采取有效的措施消除贫困人口参与生产性经济活动的障碍，给予贫困人口经济参与的公平待遇和机会。贫困人口就业时会面临很多挑战，如没有交通工具上班、负担不起托儿费或者寻找工作的机会成本高等，这些削弱了他们充分参与经济活动的能力。发展型社会政策将促进贫困人口充分参与生产性经济活动作为实现贫困人口

自我发展的重要途径。另外，政府要积极调动贫困群体的就业积极性，通过社会支持、就业扶持等措施为贫困群体参与经济活动提供更多的机会，以使有劳动能力的贫困群体经由就业提高收入，摆脱贫困。

第四节　改进后的可持续生计分析框架

可持续生计分析框架是对与农户生计特别是贫困相关的生计问题所存在的复杂因素进行整理和分析，并提出解决方案的一种方法。在具体的应用中，需要对它进行修改或适应性调整，使之符合当地的环境、条件，与实际情况结合，并符合当地的优先需求。本书以发展型社会政策为理论内核，以 DFID 可持续生计分析框架为蓝本，结合中国国情与研究目标对 DFID 可持续生计分析框架进行改进，提出项目研究的总体框架（见图 1-2）。

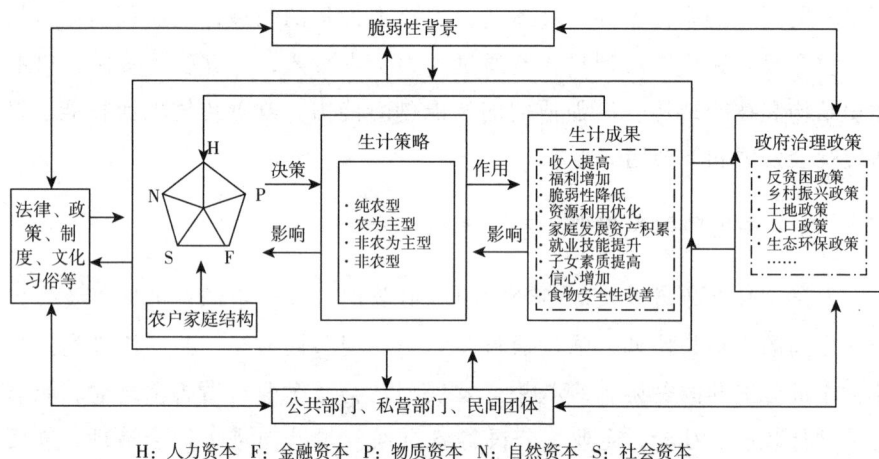

H：人力资本　F：金融资本　P：物质资本　N：自然资本　S：社会资本

图 1-2　本书研究框架

从图 1-2 中的研究框架可以看到，本书以相对贫困农户为研究对象，并着重从微观和宏观两个层面（这两个层面的分析也可以概括为内外两个循环）对相对贫困农户可持续生计与社会救助制度转型展开研究。内循环将从相对贫困农户家庭结构入手，分析相对贫困农户生计资本拥有与利用情况，生计策略的形成机理及家庭发展能力。外循环将基于脆弱性背景视角从宏观层面分析相对贫困农户生计资本利用和生计策略选择中受到的机构、政策、制度、社会环境、自然生态等诸多因素的影响，其中，尤其要关注新的反贫困形势下实现相对贫困农户可持续生计过程中社会救助制度建设面临的挑战及其未来转型的方向和路径。

内外两个循环并不是相互割裂的，而是相互作用、相互影响的，始终处于一种互构发展过程之中，即脆弱性背景、法律、政策、制度及文化习俗等外部宏观因素对相对贫困农户生计资本的形成与利用、生计策略选择、生计能力提升等有着重要影响，而法律、政策、制度、文化习俗等外部宏观因素也会受相对贫困农户生计现实情况的影响并进行相应完善。

对于本书研究框架还有以下方面需进一步说明。

（一）农户家庭结构

从现有研究来看，对农户异质性的分析仍只关注农户资源禀赋上的差异，对不同家庭结构农户的资源禀赋差异及生计策略的形成缺乏必要的探讨。本书将家庭结构引入分析框架，对不同家庭结构相对贫困农户的生计资本及其与生计策略选择的关系进行实证分析，从而可以较为深入地揭示生计策略的形成机理，为社会救助制度转型提供可靠的参考和依据。本书借用前人有关家庭分类的研究成果，将农村相对贫困家庭细分为哺育型、生产型、赡养型、负担型四种类型。①

（二）生计策略

农户的生计策略是多样的、动态的。对农户生计策略也有多种分类。本书基于农户主要从业领域将相对贫困农户的生计策略分为纯农型、农为主型、非农为主型、非农型四种。②

（三）生计能力

尽管该研究框架并未直接体现生计能力，但作为生计研究的核心要素之一，生计能力对生计资本的形成、生计策略的选择和优化具有决定性意义。可持续生计分析框架以农户为主要研究对象，生计能力主要指农户生

---

① 四种家庭分类标准详见第五章第二节。
② 生计策略分类标准详见第五章第三节。

计能力。相对贫困农户生计能力主要包括社会交往能力、风险应对能力、经济能力、学习能力、家庭凝聚能力、家庭支持能力等方面。

（四）生计成果

可持续生计分析框架下相对贫困农户期望的生计成果是多维的，不仅是最大限度地提高相对贫困农户收入，还包括福利增加、脆弱性降低、食物安全性改善以及资源利用优化等方面。而发展型社会政策具有生产主义的价值取向，强调贫困农户资产积累和人力资本投入，尤其是关注相对贫困群体和具备劳动能力贫困人口的技能水平提升，以及贫困农户中学龄儿童及青少年群体受教育水平和质量的提高等。所以，相对贫困农户的生计成果至少还应该包括家庭发展资产积累、就业技能提升、子女素质提高以及信心增加等方面。

（五）政府治理政策

可持续生计分析框架下促进相对贫困农户可持续生计的政府治理政策包含反贫困政策、乡村振兴政策、土地政策、人口政策及生态环保政策等。这些政策极大地影响着相对贫困农户从外部环境能否得到支持及支持的力度与效果。如前文所述，发展型社会政策强调经济政策与社会政策相互渗透和融合，可以在推动经济发展的基础上保障群众生活水平的提高，因而实施发展型社会政策可以对贫困者生计起到支持与保护作用，从而最大限度地消除贫困。因此，本书研究框架强调要构建支持相对贫困农户可持续生计蕴含发展型社会政策理念的反贫困政策群，推动农村社会救助制度转型升级。

（六）组织机构

发展型社会政策倡导福利多元主义，强调参与主体的多元化，公共部门、私营部门以及民间团体等都要积极参与反贫困工作。在反贫困实践中，公共部门扮演着反贫困政策制定与实施的重要角色，私营部门和各种类型的民间团体则是在资源传递和非物质资源供给方面发挥着难以替代的作用。因此，改进后的可持续生计分析框架重视多部门和组织共同参与相对贫困农户可持续生计的实践活动。

　　总体来看，改进后的可持续生计分析框架从家庭结构入手剖析贫困产生的深层次原因，并基于中长期视角提出全面小康社会建成后农村社会救助制度建设目标和路径。该分析框架以发展型社会政策为理论内核，因而在政策设计上重视经济政策与社会政策的融合，在政策理念上注重人力资本投资、上游干预、平等包容、赋权增能、多元参与和综合治理等。

第二章

农村社会救助实施状况

第一节 农村社会救助发展历程回顾

中国对贫困弱势群体进行社会救助有着悠久的历史。本书主要对中国共产党成立至今100多年间的社会救助发展历程进行了总结与回顾。总体上看，这一段时间中国社会救助大致经历了中国共产党成立至中华人民共和国成立、中华人民共和国成立至改革开放、改革开放至今三个发展阶段。

中国共产党成立至中华人民共和国成立这个时期，农村社会救助发展以探索与尝试为主线。农村社会救助的相关探索与实践是与中国共产党的革命发展历程同步进行的。在中国共产党的革命初期，其关注点在城市，对农村地区的关注度相对较低。农村地区社会救助对象主要被设定为贫困群体、受灾群体与孤老病残群体等。在具体的社会救助实践过程中呈现了以下三个方面的特点。第一，直接救助与生产自救相结合。既通过直接提供相关物资的方式救灾救急，又采取以工代赈等多元化的形式实现被救助对象的生产自救。同时，还通过义演、宣传等不同途径，充分调动各方的主动性与积极性，进一步增强群众在自救方面的意识与能力。第二，充分运用多元化的资源供给渠道。这一时期，尽管社会救助的物资与资金的主要来源是农村地区与根据地，但也包括节约募捐、赈灾义演、国际支援等其他外部支援，这些支援同样发挥了不可忽视的作用。第三，实事求是、因地制宜，根据客观现实与需求，成立了很多互助机构与救济组织。根据社会发展的客观实际，党和政府通过不断努力，以及与军队和人民群众的密切配合，开创性地成立了包括耕牛队、劳动合作队等在内的各类组织，这些组织成为开展社会救助工作的有效载体与重要保障。

　　中华人民共和国成立至改革开放这个时期，农村社会救助发展以"救急"与"重建"为主线。在中华人民共和国成立初期，受长期战争、自然灾害以及社会生产水平较低等影响，中国城乡都存在大量贫民、灾民、难民、孤老残幼及失业人员等亟待救助的贫困群体。这一时期社会救助更多地倾向于以"救急"与"应急"为主。1953年之后，中华人民共和国进入了社会主义建设时期，特别是在1956年社会主义改造完成以后，公有制经济的主导地位被正式确立。由于经济体制与社会发展等一系列改革的推进，这一时期社会救助以"重建"与"建设"为主，其主要方针是生产自救、群众互助，并辅之以政府的必要救济。然而，从1958年到1978年，中国农村地区社会救助制度发展遭遇了一系列重大挫折。总体来看，中华人民共和国成立至改革开放农村社会救助发展以"救急"与"重建"为主线。在此期间，社会救助逐步由应急式的非制度化向常态性的制度化转变，其在应对经济社会发展与变革带来的新变化与新问题上起到了重要作用。

　　1978年后，中国确定了改革开放的方针，经济社会开始了一系列重大变革，国家走上了快速发展的道路。因此，这一时期社会救助以"改革"与"发展"为制度建设的主线，在对改革开放前一些成功经验与措施逐步恢复的同时，也在具体政策措施上不断创新，进一步促进了社会救助制度的发展。需要指出的是，由于经济社会发展的客观需要，以及城乡差距等一系列现实原因，在改革开放初期，特别是社会主义市场经济体制建立初期，城市贫困问题在较长时间内一直是中国社会救助的核心与重点，农村社会救助的改革与发展相对滞后。

　　需要说明的是，在改革开放初期，特别是1992年经济体制改革目标正式确定为建立社会主义市场经济体制后，中国进行了国企改革，国企转轨与改制带来了下岗职工问题，并由此催生了一项全新的社会救助项目——最低生活保障制度（以下简称"低保制度"）。可以说，改革开放特别是20世纪90年代以后，中国社会救助制度发展演进主要是围绕低保制度的建立与完善展开的。因此，本书对于这一阶段农村社会救助制度的梳理回顾也以农村低保制度的建立与发展为主线进行。本书将这一时期农村社会救助的发展历程划分为农村低保制度探索阶段（1993～2007年）、农村低保制度的建立与高速发展阶段（2007～2014年）和中国特色社会救助体系定型与发展阶段（2014年至今）。

第一阶段，农村低保制度探索阶段（1993~2007 年）。中国低保制度起始于城市低保。1993 年，城市低保制度首次在上海试点，而后逐步在全国进行推广。1997 年，正式发布《国务院关于在全国建立城市居民最低生活保障制度的通知》，表明城市低保制度开始由局部试点转向全国推行。1999 年，《城市居民最低生活保障条例》的正式出台和中央财政对绝大多数省份低保制度的补助划拨，标志着中国城市低保制度走向规范化、法制化轨道。

事实上，农村低保制度的探索与城市低保制度基本同步，但在城乡二元体制框架下，农村低保制度发展十分缓慢。1994 年上海市批准在 3 个区开展农村低保制度试点。同年，第十次全国民政工作会议提出初步建立起农村社会保障制度。按照这一目标，山西、山东、浙江、河北、湖南、河南、广东等省开始了农村低保制度建设试点工作。特别是 1995 年 12 月 11 日，广西壮族自治区武鸣县（今南宁市武鸣区）颁布了《武鸣县农村居民最低生活保障线救济暂行办法》，规定从 1996 年 1 月 1 日起正式实施。这是中国第一个县级农村低保制度文件。在各地试点的基础上，农村低保制度建设试点的范围逐步扩大。1996 年底，民政部正式印发了《关于加快农村社会保障体系建设的意见》（民办发〔1996〕28 号），并制定了《农村社会保障体系建设指导方案》。该意见和方案的印发，推动了农村低保制度试点，使其范围扩大到 256 个市县。① 为了进一步提高认识，改变农村低保制度地区发展不平衡的局面，民政部于 1997 年 5 月开始分别在东部、北部和西部地区召开三次片会，对农村低保制度进行专题研究和安排。这几次会议对农村低保制度的推动作用很大。到 1997 年，全国已有 997 个市县初步建立了农村低保制度。②

然而，随着经济体制改革的深入，特别是企业改制带来了大量下岗工人等，城市地区的贫困问题逐渐成为国家关注的重点，城市低保制度获得了较快的发展。而农村低保制度发展陷入了相对滞后的状态，加之缺乏国家或省级层面的专项或指导文件，部分地区农村低保制度的试点工作基本上已经停止。

---

① 多吉才让.中国最低生活保障制度研究与实践［M］.北京：人民出版社，2001：230.
② 多吉才让.中国最低生活保障制度研究与实践［M］.北京：人民出版社，2001：232.

　　在这段时间，农村地区的社会救助制度以五保供养制度为主。但随着乡（镇）村基层组织的建立与农村家庭联产承包责任制的推广，农民所面对的风险因素逐渐增加，农村地区的困难群体也在逐步扩大，这些给五保供养制度带来了新的挑战，因此对这一制度的改革也就变得刻不容缓。中国关于五保供养制度的第一部法规《农村五保供养工作条例》就是在这样的背景下于1994年制定实施的。该条例的实施从政策法规层面确认和保障了五保供养制度的正常实施运行，也进一步提升了其制度化、规范化与科学化水平。

　　在此之后，中国进入建设社会主义新农村的历史新阶段，五保供养制度进一步完善。2006年3月1日，新修订的《农村五保供养工作条例》开始实施，其中明确规定："国务院民政部门主管全国的农村五保供养工作；县级以上地方各级人民政府民政部门主管本行政区域内的农村五保供养工作。乡、民族乡、镇人民政府管理本行政区域内的农村五保供养工作。村民委员会协助乡、民族乡、镇人民政府开展农村五保供养工作。""农村五保供养资金，在地方人民政府财政预算中安排。有农村集体经营等收入的地方，可以从农村集体经营等收入中安排资金，用于补助和改善农村五保供养对象的生活。农村五保供养对象将承包土地交由他人代耕的，其收益归该农村五保供养对象所有。具体办法由省、自治区、直辖市人民政府规定。中央财政对财政困难地区的农村五保供养，在资金上给予适当补助。农村五保供养资金，应当专门用于农村五保供养对象的生活，任何组织或者个人不得贪污、挪用、截留或者私分。"[①] 这意味着五保供养制度与国家财政供养责任对接，资金来源进一步拓展。此后，以该文件为指导方针，各地区结合自身实际，在制度运行的过程中建立了相应的供养模式，供养水平也获得了普遍提高。但在很长一段时间内受经济社会发展水平等现实因素所限，农村五保供养制度主要采用分散供养方式。2007年，全国大多数地区开始推广分散供养与集中供养相结合的方式（见表2-1）。

---

　　① 中国政府网．农村五保供养工作条例［EB/OL］．http：//www.gov.cn/zhengce/content/2008-03/28/content—6253.html.

表 2-1 2000~2019 年农村五保供养制度覆盖人数

单位：万人

年份	总人数	分散供养	集中供养
2000	50.3	50.3	—
2001	40.6	40.6	—
2002	48.5	48.5	—
2003	108.2	108.2	—
2004	207.8	207.8	—
2005	312.9	312.9	—
2006	455.9	455.9	—
2007	643.7	505.7	138.0
2008	528.7	372.4	156.3
2009	553.4	381.6	171.8
2010	556.3	378.9	177.4
2011	551.0	366.5	184.5
2012	545.6	360.3	185.3
2013	537.3	353.8	183.5
2014	529.1	354.8	174.3
2015	516.7	354.4	162.3
2016	496.9	357.2	139.7
2017	466.8	367.2	99.6
2018	455.0	368.8	86.2
2019	439.1	364.1	75.0

资料来源：根据 1999~2009 年《民政事业发展统计公报》和 2010~2019 年《社会服务发展统计公报》整理所得。

第二阶段，农村低保制度的建立与高速发展阶段（2007~2014 年）。进入 21 世纪，国家日益重视农村社会救助的建设与投入，特别是加速推进农村低保制度的建立。2007 年，《国务院关于在全国建立农村最低生活保障制度的通知》正式发布，这标志着农村低保制度在全国正式建立，农村低保制度进入了高速发展的新阶段。

鉴于农村低保制度建设长期落后于城市，城乡低保标准及实际补助金额的差距拉得越来越大，许多地方在建立城乡低保制度和制定社会救助政策上采取了"城乡联动、整体推进"的原则，缩小城乡低保和社会救助差距，力争在低保制度建设上实现城乡一体、城乡同步，使城乡困难人口享受同等、公平的待遇。2007年末，中国农村低保制度保障人口与覆盖面均超过城市低保制度，农村低保制度迎来了一个高速发展的黄金时期。从图2-1中可以看出，2007年是一个分水岭，2007年及以后，农村低保制度的覆盖人数全面超越城市低保制度的覆盖人数，且直到2013年，其覆盖人数呈现持续增加的趋势。同一时期，国家与各地方政府对农村低保在相关人力、物力与财力上的投入也在不断增加，农村贫困人口的生活状况逐步好转。可以说，这一时期，由于农村低保制度实现了广覆盖与高速发展，中国农村地区的绝对贫困问题得到了很大改善。与此同时，医疗救助、教育救助与灾害救助等其他社会救助制度也获得了较快发展，与低保制度形成互补与联动，一张覆盖农村的社会救助综合"大网"已经基本建立。部分有条件的地方已经开始城乡一体化社会救助的探索与实践。

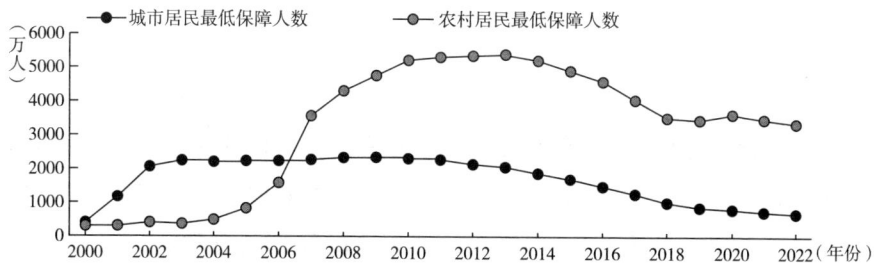

图2-1　中国城市低保与农村低保覆盖人数比较（2000～2022年）
资料来源：根据历年《民政事业发展统计公报》和《社会服务发展统计公报》整理所得。

2013年11月，习近平总书记到湖南湘西考察时首次做出了"实事求是、因地制宜、分类指导、精准扶贫"的重要指示，中国开始进入农村低保与精准扶贫并行的时期，两者间的配合与联动拉开了对农村绝对贫困问题展开"大决战"的序幕。

第三阶段，中国特色社会救助体系定型与发展阶段（2014年至今）。2014年，《社会救助暂行办法》正式实施，标志着中国特色社会救助体系基本定型。《社会救助暂行办法》的施行将社会救助上升为根本性、稳定性的法律制度，形成了包含最低生活保障、特困人员供养、受灾人员救助、医疗救助、教育救助、住房救助、就业救助和临时救助8项政府救助制度以及社会力量参与的完整清晰的社会救助制度体系，结束了长期以来社会救助发展中存在的体系不完整、制度碎片化状态（见图2-2）。

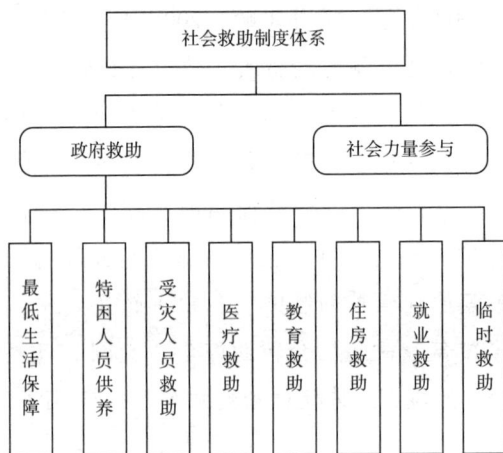

图2-2 《社会救助暂行办法》"8+1"框架体系

同年，国家提出"精准扶贫"工作机制，要求通过建档立卡做到对贫困农户的精准识别、精准帮扶和精准管理等，以农村低保为核心的社会救助体系成为精准扶贫的重要支柱。在此之后，国家加快推进以农村低保为核心的社会救助体系建设。2015年11月国家出台的《中共中央 国务院关于打赢脱贫攻坚战的决定》明确提出把农村低保作为精准脱贫"五个一批"措施的一个兜底性措施。针对农村反贫困领域低保与扶贫开发并存带来的制度整合问题，2016年9月，国务院办公厅转发民政部等部门的《关于做好农村最低生活保障制度与扶贫开发政策有效衔接指导意见的通知》，通过两项衔接形成政策合力，确保2020年脱贫目标的实现。而为防止因病致贫、返贫，2017年1月民政部等六部门出台了《关于进一步加强医疗救助与城乡居民大病保险有效衔接的通知》。2020年8月中共中央办公厅、国务院办公厅还印发了《关于改革完善社会救助制度的意见》，对统筹发展社会救助体系、巩固脱贫攻坚成果、切实兜住兜牢基本民生保障底线提出了指导意见。2020年12月中共中央、国务院出台了《关于实现巩固拓展脱贫攻坚成果同乡村振兴有效衔接的意见》，对脱贫攻坚取得决定性胜利后，进一步完善低保制度，充分发挥社会救助在健全农村低收入人口常态化帮扶机制中的作用提出了明确要求。目前，以农村低保为核心的综合性社会救助体系不断完善，一张保障群众基本生活、解决急难问题的社会安全网正不断筑牢。

综上所述，改革开放后农村社会救助发展以"改革"与"发展"为主线。在此期间，中国的社会救助制度经历了一次重大的变革与转型，带有恩惠色彩的传统社会救助制度被以低保制度为核心的具有中国特色的社会救助体系所取代，其特点主要包括以下几个方面。第一，坚持统一对待原则。最低生活保障制度划定一条明确的低保线，凡是家庭实际人均收入低于该线的公民，无论其是否具备劳动能力，均可获得差额补助。由此可以看出，社会救助对于各种类型的贫困家庭是统一对待的，都是给予现金形式的差额补助。后来虽然开始实施"分类实保"，即基于贫困人群所属的类别进行救助，救助对象按其所属类别可享受不同比例救助幅度的上调，但现实中由于人群较难界定、分类粗疏等原因，统一对待仍为主要的救助原则。第二，提供最低生活保障。这一阶段，社会救助制度主要提供满足最低生活保障的救助，这从社会救助的核心制度——最低生活保障制度的名称即可看出，最低生活保障标准通常根据低水平的生存需要来设定。制度实施中要避免提供慷慨的待遇以造成"养懒汉"问题的发生。第三，救助方式呈现多元化，并向综合救助体系迈进。这一阶段，社会救助除了现金救助外，还提供医疗服务、法律援助、廉租房等救助，在最低生活保障制度的基础上，还有医疗、教育、住房等专项救助和临时救助。2014年《社会救助暂行办法》的颁布正式确立了中国社会救助的体系框架和制度结构，包括最低生活保障、特困人员供养、受灾人员救助、医疗救助、教育救助、住房救助、就业救助和临时救助8项制度，意味着综合性新型社会救助体系已现雏形。这一体系不仅能够为贫困家庭提供基本生活保障，而且能够帮助贫困家庭解决最基本的医疗、教育、住房等方面的困难。第四，实现国民受助权益法治化。改革开放后，随着农村低保制度在全国范围内建立，特别是《社会救助暂行办法》的出台，中国贫困群体获得国家与政府救助有了法律保障。

第二节　农村社会救助存在的主要问题

中国农村社会救助制度建设取得了巨大的成就，数以千万计贫困群体的基本生活获得了保障。然而，在经济高速发展和社会快速转型的过程中，中国农村社会救助制度在设计与执行中仍然存在诸多问题。这些问题直接影响社会救助制度整体效果的发挥，需要在发展中予以解决。

本书基于可持续生计视角对农村社会救助问题进行较为系统的剖析。研究发现，从农村社会救助制度设计层面看，存在的主要问题是对受助者生计资本积累重视不够；救助制度激励性不足，"贫困陷阱"问题仍较为突出；对受助者救助多元化需求缺乏有效制度供给；从农村社会救助实施层面看，存在的主要问题是社会救助对象识别与瞄准失当、农村社会救助基层工作力量薄弱、农村基层财政困难增加社会救助制度可持续运行风险等。当然，作为一项政府转移支付制度，农村社会救助的问题研究还涉及社会救助的减贫效果以及救助水平与经济发展适应性等，这些问题本书将运用数理模型在下一章专门论述。

一　对受助者生计资本积累重视不够

相对贫困农户摆脱贫困的根本措施是实现可持续生计，而实现相对贫困农户可持续生计的关键则是从微观层面提升农户生计资本存量。生计资本通常包括人力资本、自然资本、物质资本、金融资本和社会资本5种。生计资本越多的农户，往往具有越强的处理冲击、发现和利用机会的能力，越能够创新生计行动，在各种生计策略中灵活转换，有效应对各种风险，实现可持续生计。

本书利用2018年辽宁省抚顺、朝阳两市农村低保对象问卷调查数据，对农村低保户的5种生计资本分别进行了测量（见表2-2），发现农村贫困群体生计资本极为匮乏。

表 2-2 生计资本测量指标

资本类型	测量指标	指标符号	影响权重	指标值	得分
人力资本	家庭整体劳动力	H1	0.562	0.4380	0.360
	成年劳动力受教育程度	H2	0.258	0.3298	
	成年劳动力培训情况	H3	0.110	0.1702	
	成年劳动力掌握手艺状况	H4	0.069	0.1436	
自然资本	户均拥有耕地面积	N1	0.333	0.1494	0.121
	户均实际耕地面积	N2	0.667	0.1071	
物质资本	住房情况	P1	0.500	0.4649	0.443
	家庭资产	P2	0.500	0.4002	
金融资本	家庭现金收入	F1	0.667	0.1968	0.167
	贷款或借款机会	F2	0.222	0.0824	
	参加社会保险情况	F3	0.111	0.1551	
社会资本	邻里交往频率	S1	0.250	0.7204	0.543
	社会网络支持状况	S2	0.750	0.4839	

第一，调查农户的人力资本测量得分为 0.360 分，其中成年劳动力受教育程度测量得分仅为 0.283，这反映出调查农户人力资本积累整体薄弱。从生计能力培养的层面来看，受访农民大多数并未参加过技能培训和指导，也未接受过必要的技能性教育。调查地区没有根据需要对贫困人口进行教育投入和人力资本投资，绝大多数农户并不具备人力资本提升和转型的基础。在问卷调查中还发现，有相当一部分贫困农户缺乏足够的资金支持孩子顺利完成学业，家庭成员有病也不能去大医院看病。这些情况使得农户可持续生计能力的塑造和提升受到很大制约。

第二，调查农户的自然资本测量得分仅为 0.121 分，是 5 种资本中得分最低的。这反映出贫困农户传统生计的实现基础比较薄弱。如调查的辽宁省抚顺市永陵镇山地多、平地少，人均耕地不足 2 亩。贫困农户对土地的利用比较单一，主要从事粮食作物种植，很少从事多种经营。从耕种土地获得收益的情况来看，虽然国家从 2006 年取消了农业税，有利于农民增加收入，但地块细碎化和分散经营导致土地的规模化效应缺失，在农业生产资料价格不断上涨的大背景下，农业的比较收益仍然低下。调研中受访农民也反映，当前种地不挣钱。生活成本不断攀升，一方水土养活不了一方人。

第三，调查农户的物质资本测量得分为 0.443 分，在 5 种资本中为第二高。这说明大部分贫困农户生产生活的物质条件基本具备，但结合实地调研可以发现，对大多数农户来说，物质资本主要是生产生活必需品，仅能用于维持简单生产和基本生活，而且由于物质资本的特征决定了其在面对生计风险时不具有变现能力，不能用来降低贫困农户生计的脆弱性。

第四，调查农户的金融资本测量得分仅为 0.167 分，在 5 种资本中得分仅高于自然资本。这一方面说明调查地区贫困农户货币性收入极少。调查也发现，农户家庭收不抵支情况比较突出。另一方面反映出农村正规金融机构服务严重滞后于农户的实际需求，农户对于正规金融机构的金融服务评价普遍不高。实际上，农户资金需求可以用亲朋好友互相拆借、民间高利贷等非正规金融方式来满足。但是，这些资金筹集方式并不很稳定，而且具有很高风险。

第五，调查农户的社会资本测量得分在所有生计资本中是最高的，达到了 0.543 分。需要说明的是，这一指标结果主要是通过农户对自身社会关系评价计算出来的。这一结果表明了农户对基于血缘和地缘关系形成的社会关系具有很高的认可度，这也是他们降低生计脆弱性、规避生计风险的现实基础。但通过对调研数据资料进一步分析发现，贫困农户社会关系的同质性很高，接触的人群一般也是中低收入群体。这也从另一方面反映出，调查农户的社会交际范围较窄、较为封闭，拥有的社会资本质量不高。在实地调研中，一些有劳动能力的贫困户反映，他们也想出去打工，但是对外面世界不了解，想出去没关系、没门路。

总体来看，农村低保户拥有的生计资本规模有限，主要表现为自然资源和禀赋的先天不足、发展生产所需资金筹集困难、劳动者知识技能水平不足、拥有的社会资本质量不高等。生计资本的匮乏将直接限制贫困农户生计优化选择的能力，更为严重的是，这将使低保户陷于不利的境地而难以自拔。

作为一项反贫困制度性安排，农村社会救助制度建设中应该注重从根本上消除贫困，重视相对贫困农户可持续生计，增加贫困群体生计资本积累。特别是在 2020 年以后，随着现行扶贫标准下绝对贫困的消除，中国的贫困问题会变得更加复杂，慢性贫困、能力低下型贫困会成为贫困的主要类型，贫困群体人力资本、自然资本、物质资本、金融资本和社会资本等生计资本的积累将更为重要。然而，目前中国农村社会救助制度仍然定位于满足贫困群体的基本生存需求上，对其生计资本尤其是社会资本、金融资本等的积累重视不够。2014 年国务院出台的《社会救助暂行办法》更多强调的是社会救助制度体系的整体性建构，制度体系的基本定位则是托底线、救急难、可持续。该暂行办法的出台使得贫困群体接受低保救助、医疗救助、教育救助、住房救助和临时救助等有了法律保障，但是，缺乏从可持续生计视角对贫困农户生计资本积累的考量。在此之后，国家出台的农村社会救助相关政策虽然在一定程度上考虑了贫困群体人力资本、物质资本的积累，但较为忽视其他资本的积累。目前，农村社会救助制度建设中对相对贫困群体生计资本积累重要性的认识不足，对于如何提高相对贫困群体生计资本积累缺乏系统性和整体性考虑。

二　救助制度激励性不足，"贫困陷阱"问题仍较为突出

社会救助制度的最终目标不是维持或"制造"一个低收入阶层，而是要鼓励具备劳动能力的贫困者经由救助阶段的缓冲，通过就业摆脱贫困，实现自立自强，即达到所谓的"助人自助"目标。然而，如果从"助人自助"视角来审视农村社会救助制度就不难发现，目前中国农村社会救助制度激励性不足，其在实施过程中的"贫困陷阱"问题仍比较突出，主要表现在以下几个方面。

第一，低保救助的"福利叠加"效应催生"福利依赖"问题。美国健康和人类服务部界定了"福利依赖"的标准，即一个家庭年收入中有 50%以上来源于社会救助项目，就可以认为这个家庭产生了"福利依赖"，这类家庭中的成员就是"福利依赖者"。本书所说"福利依赖"与美国的界定不同，指的是家庭中部分或全部成员处于劳动年龄阶段且具有劳动能力，但缺乏求职意向和求职行为，不愿意发展生产和自主创业，长期滞留在最低生活保障系统中依靠救助金为生的群体的生活状态和行为方式。其实，与其他国家相比，中国的低保救助水平较低，不利于形成"福利依赖"，但事实是中国低保救助领域的"福利依赖"问题较为严重。民政部"中国城乡困难家庭社会政策支持系统建设"项目数据分析显示，高达 96.38%的"福利依赖"家庭在进入救助制度后从未退出过。"福利依赖"问题产生的一个重要原因是低保救助的"福利叠加"效应。目前，低保救助实际上已经演

化成一种综合性的生活救助制度，教育救助、医疗救助、住房救助等救助项目都与低保制度挂钩。一些地区低保子女考上大学可以获得一定数额的教育救助，而且低保子女在大学读书期间还可以获得学校的相关补助。民政部"中国城乡困难家庭社会政策支持系统建设"项目问卷调查数据显示，有接近一半的低保家庭同时享受 2~3 项救助，还有 34% 的家庭同时享受 4~5 项救助。毫无疑问，这些大大增加了农村低保制度的"含金量"，使之成为很多人眼中的"香饽饽"。而在低保救助的"含金量"不断增加的情况下，一个低保家庭一旦失去低保资格，损失的不仅是低保金，还包含与之相关的各种救助补贴，其脱离低保后的实际生活水平可能还不如吃低保的时候。特别是对于刚摆脱贫困的低保边缘户而言，一旦失去低保资格就意味着失去低保金和与之相应的补贴与专项救助，生活水平会急剧下降，将产生所谓的"悬崖效应"。

近年来，中国农村低保制度救助水平不断提高，低保救助的"福利叠加"效应越发明显。从 2014 年出台的《社会救助暂行办法》中可以发现，医疗救助、教育救助、住房救助和就业救助等都与低保身份直接相关。低保救助的"福利叠加"对低保户形成负向激励效应，那些已经获得低保资格的低保户千方百计地想要保住低保资格，未获得低保救助的低保户想方设法进入低保队伍。而低保对象退保难一直是制约低保制度顺利实施的一大难题。与积极申请低保资格不同的是，几乎没有低保对象主动申请退出低保，大多数贫困者对低保制度具有很强的依赖心理，甚至部分低保对象认为低保制度是终身制。在调查中了解到，低保对象自身独立脱贫意识较弱，对低保救助存在较强依赖思想。有些低保户对于政府的动态管理抱有抵触情绪，甚至不惜采取隐瞒收入或者"寻找关系"等手段申请或保留低保资格。

低保救助中产生的"福利依赖"问题源于"福利叠加"效应，但是，从更深层次来看，"福利依赖"的产生源于长期以来中国农村低保制度定位不够准确。中国农村低保制度重视贫困群体的生存保障，轻视贫困群体的发展促进，而且在救助制度设计上采取的是一种消极的"下游干预"型救助模式。这种消极的救助模式缺乏对于贫困群体发展激励的充分考量，制度实践中与激励相关的低保对象退出、监管等机制发展较为滞后。

第二，低保家庭经济状况动态监测机制不完善。开展家庭收入调查是低保工作最基本的特征。通过家庭收入动态调查与监测可以把符合救助条件的家庭纳入低保，即实现所谓的"应保尽保"，同时把那些由于收入水平提高而不符合低保救助条件的家庭剔除救助队伍，即实现所谓的"应退尽退"。不断完善动态监测机制有利于激励有劳动能力的低保对象实现自立自强；但是，科学甄别低保救助对象一直是低保制度实施中面临的一个棘手问题。调查发现，迄今为止中国农村低保家庭经济状况动态监测机制尚不完善，监测过程还存在诸多难点。比如，由于中国目前还没有建立起与现实需要相适应的居民个人收入申报制度和金融信用体系，对低保对象个人收入和金融资产的调查和监控面临难题。再如，对于农村低保家庭经济状况缺乏科学规范的标准来衡量，制度实践中按照个人而不是按照家庭进行低保救助的情况屡见不鲜。从退保情况看，低保对象退出程序不规范，随意性很大。还有乡镇政府与受助对象之间存在信息不对称情况，对于受助对象提供的家庭收入证明材料难以准确核实，在实际工作中往往采取"基本差不多"估算其家庭收入。另外，随着农村人口就业领域的拓展，低保救助对象的就业形式更加灵活，对其就业收入很难有效监控，等等。问卷调查数据显示，31%的受访者反映所在地政府对低保对象没有进行监督考核，35%的受访者反映所在地乡镇和村干部没有对低保对象进行家访。低保对象监管乏力会提高低保对象识别误差率，也将给福利侵占者以可乘之机。缺乏有效监管的低保制度既无法做到"应保尽保"，也无法做到"应退尽退"，其救助资源使用是低效的，制度激励效应的发挥是极为有限的。

三　对受助者救助多元化需求缺乏有效制度供给

可持续生计视角下的社会救助制度建设强调贫困人口要密切地参与他们迫切需要解决的生计领域，关注其多元救助需求的满足。而且，随着社会经济的快速发展，农民对社会救助的需求日趋多样，要求也逐步提高。

其一，从救助项目来看，相对贫困群体对专项社会救助的需求不断增加。长期以来，农村社会救助的首要目标主要是解决贫困农户的吃穿等温饱问题。如今，随着经济社会的持续发展，相对贫困农户在解决温饱问题的基础上，对医疗、教育、住房和就业等专项救助的需求也日益凸显。

其二，从救助途径来看，对社会救助服务的需求日益提高。目前，社会救助的主要方式是发放现金和提供实物帮助。但从实际需求情况来看，相对贫困农户对各种服务型救助需求越来越强烈。如随着老龄化程度的加深，失能半失能贫困老人的照护需求明显增多；还有的贫困人员具有比较严重的性格缺陷和负面情绪，需要得到心理方面的慰藉与援助。

其三，从救助时效来看，需要不断提高社会救助的灵活性，加强对临时性救助制度的建设。农村贫困人口面对的贫困是不同的，有的是长期性贫困，有的是暂时性贫困，还有的是周期性贫困。如疫情对农村人口的生活形成一定冲击，部分农户因此陷入短期贫困，需要社会救助做出快速反应予以救助。这实际上对社会救助效率提出了更高的要求。可以说，相对贫困农户的社会救助需求呈现多元化、复杂化、高级化的发展态势。不可否认的是，面对这些需求，中国的社会救助制度已经有所回应，如《社会救助暂行办法》明确了构建包含最低生活保障、教育救助、医疗救助、住房救助、就业救助和临时救助等多种专项救助的综合救助体系；2020 年 12 月出台的《关于实现巩固拓展脱贫攻坚成果同乡村振兴有效衔接的意见》提出，要鼓励通过政府购买服务对社会救助家庭中生活不能自理的老年人、未成年人、残疾人等提供必要的访视和照料服务。然而，迄今为止，中国的救助方式仍然以发放现金与实物救助为主，与此相对的服务救助相对缺失。中国的社会救助相关政策法规包含一些社会救助服务的内容，但从其适用的范围看还只是局限于鳏寡孤独等特殊群体，对一般性贫困群体还不具有普惠性。而从长远角度来看，中国进入了乡村振兴阶段，在这一时期，农村社会救助人口结构将发生变化，老年贫困人口、中低收入家庭、监护缺失儿童等所占的比重将不断加大。对这些群体需要加强照料、康复、陪护、心理慰藉等服务性救助供给，还需要根据贫困家庭的实际情况拟定个性化的救助服务方案。显然，中国社会救助制度在这方面的建设仍任重道远。

四　社会救助对象的识别与瞄准失当

贫困对象的识别与瞄准是社会救助的一个非常重要的问题。当一个贫困家庭应该被社会救助制度覆盖，但实际无法获得有效救助时，对这个家庭就会产生非常大的负面影响。特别是目前中国的社会救助已经逐步向综合性救助转型，当一个应该获得相应救助的家庭却由于救助制度偏差而未获得救助时，他们与获得救助家庭的差距会陡然加大，其生活境遇将更为贫困，甚至掉入"贫困陷阱"。

同样以农村低保制度为例，中国低保制度十分重视对低保对象的精准识别。近年来，国家出台的一系列农村低保政策都明确规定了如何识别低保对象。《国务院关于在全国建立农村最低生活保障制度的通知》（国发〔2007〕19号）规定："农村最低生活保障对象是家庭年人均纯收入低于当地最低生活保障标准的农村居民，主要是因病残、年老体弱、丧失劳动能力以及生存条件恶劣等原因造成生活常年困难的农村居民。"《民政部关于进一步规范农村最低生活保障工作的指导意见》（民发〔2010〕153号）、《民政部、国家统计局关于进一步加强农村最低生活保障申请家庭经济状况核查工作的意见》（民发〔2015〕55号）明确将家计调查作为农村低保对象认定的主要方法，强调"按户施保、按标补差"的操作原则。2016年9月，国家还出台了《关于做好农村低保制度与扶贫开发政策有效衔接的指导意见》（国办发〔2016〕70号），对低保对象与精准扶贫对象的识别进行了规范。2020年12月出台的《关于实现巩固拓展脱贫攻坚成果同乡村振兴有效衔接的意见》又强调要完善最低生活保障制度，科学认定农村低保对象，提高政策精准性。

然而，在实地调研过程中发现，农村低保对象的识别很难做到精准，对低保对象识别还在一定程度上存在失当问题。问卷调查数据显示，农民在申请低保时，71%的受访者认为存在"找关系"现象；32%的受访者觉得所在地在确定低保和扶贫对象时不公平；73%的受访者认为当地存在应该享受低保救助却没有享受到的情况。

目前，农村低保对象识别偏差突出表现为以下几种情形。一是"人情保"与"关系保"。部分乡镇、村级低保工作负责人在低保确定时基于血缘亲疏，或者根据关系远近，把亲朋好友确定为低保对象，导致低保对象家族化、关系化，严重影响了低保制度的公正性。二是"冒名保"与"挂名保"。部分低保工作人员或者乡村的"强人"等往往以农村中 些老弱病残的名义申请低保，填写相关信息与材料，通过代领或者代办的方式将低保金据为己有。调查发现，这种情况越是在偏僻的地区越严重。三是"轮流保"。在一些农村地区，农户或个人之间的收入差别不是很大，如果把其中一些人确定为低保对象，则会招致另一些人的不满，引发社会矛盾。为了化解纠纷，维护稳定，乡镇或村干部会在将鳏寡孤独等典型弱势群体确定为低保对象后，将剩余的低保指标采取"轮流坐庄"的办法，在其他农户或个人中进行分配。四是"安抚保"。目前，在农村惠农资金或项目的分配、征地拆迁等过程中会出现由于分配不公或部分农民利益受损而导致上访或闹事等问题，为了息事宁人，安抚这部分农民，乡镇或村干部往往"花钱买平安"，将低保作为维护社会稳定的手段。五是"养懒保"。调查发现，农村中一些"游手好闲""好吃懒做"的人往往更容易获得低保。乡镇或村干部出于维护村庄形象等考虑，将低保指标分配给这些人，保障其基本生活。

那么，在中国对于农村低保对象的识别已有明确规定的情况下，为什么还会有凡此种种的低保乱象？本书经实地调查后认为，可以从四个方面解释。一是农村家庭收入核实比较困难。首先是农村家庭收入难以货币化衡量。计算农村经营性纯收入需按照各类农产品的价格和成本投入进行核算。这种核算会受到市场波动等复杂因素影响，增大了难度。其次是农村家庭有农业收入、打工收入、经营收入及转移支付收入等，收入类别多样，且不稳定，难以准确核实。这些特点使得如何准确核定农村低保申请人家庭经济状况成为一个难题。对农村低保申请家庭开展经济状况核查，其最终目的就是确定最低生活保障水平的低保补差数量。但实际上，低保申请家庭的经济状况核查结果并未成为低保水平量化补差计算依据。问卷调查结果表明，只有62%的农村低保家庭填写过低保申请书或收入调查表，还有约38%的低保家庭没有或"不清楚"是否填写过。大部分低保户是由镇干部指定的，只有28.6%的人是由村民评议确定的。很多省份在对低保申请家庭收入或需求的确定上只是采取推断的方式，如通过申请者的年龄、身体状况、家庭特点、生活需求等有限信息估计其收入或救助需求。

二是熟人社会复杂的关系网络。中国农村社会是一个熟人社会，而农村低保制度面向基层，自然难以摆脱熟人社会的干扰。在熟人社会中，人与人之间的"关系""人情"对低保制度的实施产生了影响。基层低保工作负责人会本能地照顾自己的亲友，否则就会受到来自亲友的压力。就是在这种主动关照与被动关照的过程中形成了所谓的"关系保"和"人情保"。在很多村民的眼中，低保成为低保工作负责人手中的特权。在调查中发现，在农村低保资格认定的诸多可操作性行动中，"关系"是最重要的资源，乡镇及乡村基层干部无疑是非常关键的人物。在一些贫困地区由于申请低保人数众多，不少条件接近低保资格的"边缘"家庭便开始尽量和基层干部拉关系。尽管基层干部一般只是负责向上级部门申报家庭申请，并没有实际的审批权力，但申报权也足以使村民和基层干部"搞好关系"。而且，调研中还发现，在一些农村地区特别是较为贫困的地区，人们获得低保救助非但没有羞耻感，反而觉得很有面子。有些人把获得低保称为享受低保"待遇"，获得低保救助成为个人能力的体现，受到人们的羡慕甚至是妒忌。相反，如果他们没有争取到低保救助就会觉得面子受到伤害。显然，在农村低保实施过程中掺杂了关系、人情、面子、能力等因素之后，低保对象甄别就变得不再是收入核实这么简单了，这些将直接影响低保对象识别的准确性。

三是低保成为一种乡村治理手段。在目前的社会治理中，乡村基层干部所掌握的资源极为有限，低保制度无疑是其中最为重要的一项。"农村低保对象的确立已远远超出了低保制度的救助目标，在村庄实践中演变为村干部的治理手段。"[①]

四是监督机制不健全。监督机制不健全也是低保对象瞄准出现偏差的一个重要原因。中国农村低保指标往往是由县级政府或乡镇政府掌握，但低保对象的确定、低保信息资料的提供甚至低保资金的发放等工作是在村组干部支持下完成的。为了避免在低保对象甄别和资金管理上出现偏差，各地不断摸索经验建立健全监管机制，如贵州黔西南布依族苗族自治州通过构建"六级构架"队伍、"三个系统"监督平台、"两项监督检查"工作、"一套制度体系"，实施民生监督特派员制度；还有的地区采取了"村级评议，乡镇审核，县（市）民政部门审批，省级监督"等程序。但目前对农村低保的监管还是不够有力，低保监管领域还存在形式化的问题。调研中发现，一些地区的农民对低保政策根本不了解，许多人道听途说略知一二，更谈不上群众对低保的监督。事实上，随着近年来中国对农村扶贫救助领域投入力度的不断加大，监管乏力所导致的低保对象甄别和扶贫救助资金管理问题屡见不鲜。在低保对象甄别中，监管不力导致的瞄准失当在相当范围内存在。而且，研究还发现，在扶贫政策的实施过程中作为政策基层执行人的村干部具有一定权力。他们在政策执行、低保对象的确定以及相关财务的管理方面也具有一定的权力。但目前基层监督机制还不健全，对村干部约束和监督不够严格，在低保救助实施中村干部还具有违规

---

① 贺雪峰，刘勤.农村低保缘何转化为治理手段［J］.中国社会导刊，2008（3）.

操作空间，导致违纪违法易发多发。统计数据显示，党的十九大以来，中央纪委国家监委网站共公开曝光发生在农村低保领域的"微腐败"典型案例达 156 起。各地也不断曝光低保领域的腐败案件。可见，低保制度要达到预期的目标，建立健全有效的监督机制势在必行。

五 农村社会救助基层工作力量薄弱

第一，基层工作人员严重不足。受政策、财力和人力资源等多种因素的制约，农村社会救助工作的管理与服务组织不健全，基层管理和服务队伍不整齐。就机构和岗位设置而言，特别是随着农村低保在全国推行以来，民政部门的社会救助业务工作量快速增加，但相关工作的管理机构却并未做出及时的调整。甚至一些乡镇将主管救助的民政机构牌子摘掉，由社会事务办来负责救助工作，有的乡镇仅配备 1 名民政助理员，而且是兼职，无法专注于救助工作。农村基层民政工作十分繁杂，需要大量的工作精力投入，但目前基层民政工作力量还比较薄弱，这就使得救助工作中难以准确把握救助对象的各种情况，对于救助资金和物资的发放情况等也难以及时准确核对，这些都将影响社会救助政策的充分落实。仍以农村低保制度为例，当前，农村低保机构不健全、基层管理队伍力量薄弱成为制约农村低保发展的重要因素。一个县（市、区）少则数千名、多则上万名低保对象，多数乡镇低保对象也可达上百人，基层低保管理和服务工作非常繁重。然而，目前一些乡镇还没有专门的人员编制，村委会同样没有专职人员，一般是分配给某位村干部代为管理。在抚顺市新宾县调查发现，该县 9 个镇 6 个乡几乎没有专门从事低保工作的人员，更没有稳定的农村低保工作队。该县民政局有 80 个编制，但是实际在编的仅有 64 个，缺编近 20 个，在编的人员一身兼两职的情况比较普遍，一些工作则要根据实际情况临时调配人手。当前，乡镇一级承担的工作任务比以往任何时候都多，与 10 年前相比，现在工作量增加了好几倍。事多人少成为乡镇工作的"新常态"。在村一级，"农村税费和乡镇综合配套改革后，乡村干部大幅精减，村干部的工作量明显增加"[①]，但乡村干部的工资收入却很低，一般为每个月 2000～

---

① 乐章等. 政治参与、基层领导与村民自治组织功能研究——基于 10 省农户调查数据的实证分析 [J]. 行政科学论坛，2015（3）.

3000 元。繁重的工作任务与微薄的工资水平之间形成了巨大反差，有些村干部为了维持生计不得不离家打工。农村干部队伍处于不稳定状态，直接影响低保工作的顺利开展。

第二，基层社会救助工作者专业素质不高。农村社会救助工作看似简单，实际则是一项具有较强综合性的工作。这项工作涉及面广、要求高，还会随时有一些新情况和新问题需要处理和应对。这就要求基层社会救助工作人员不仅要掌握扎实的专业知识，熟悉社会救助相关政策，还要具有一定的工作经验和工作技巧，能够妥善处理各种复杂问题，有效化解基层矛盾和冲突。以农村低保制度为例，目前农村低保工作者专业素质普遍较低。低保制度是规范化、制度化的社会救助，其管理工作人员必须具备一定的专业知识技能，对低保政策要有深入的理解和把握。低保管理工作更不能仅仅局限于简单执行，对低保对象的基本生活状况要有比较准确的测算和审核，要能够根据低保户的不同特点采取差别化的救助策略，帮助具备脱贫潜力的农户提高反贫困能力。总体来看，当前低保工作走向了专业化与精细化，这对基层工作人员提出了更高的要求。但在多地调查中发现，农村基层低保管理人员的素质能力还不能适应制度规范化的要求。在岗的基层低保工作者往往是兼职，对低保对象的处境缺乏专业化的认识，很难为其提供生计能力提升建议、心理辅导等专业化很强的服务。从调研的情况来看，村一级的低保工作者一般只具有初中以下学历，没有接受过专业教育和训练。如此低的从业素质再加上其收入相对较低，使得不少低保工作者不能以正确的态度面对低保工作。

第三，基层救助工作的信息化程度较低。社会救助工作要做到不断改进与创新，很重要的一点就是运用先进的科学技术来改进传统的工作手段与方法，达到救助工作的最佳效能。从管理角度来看，数字化、信息化将是社会救助工作发展的趋势。对于救助工作实施中形成的数据和信息进行资料保存、数据汇总和统计分析以及历史查询等都需要运用现代信息化技术。然而，目前各地区社会救助信息化建设水平具有明显差距，突出表现是一些地区社会救助信息化建设中存在较为明显的条块分割现象，社会救助信息化软件的模块之间不能兼容，无法实现资源共享，社会救助信息资源的整体效能提升受到很大限制。

六 农村基层财政困难增加社会救助制度可持续运行风险

农村基层财政是国家财政体系的重要组成部分，它不仅影响国家农村基层政权稳定，还直接关系到农村经济社会健康发展，对于社会救助的可持续运行也具有举足轻重的作用。然而，目前中国农村基层财政状况并不十分理想，部分地区基层财政资金供给面临巨大压力。农村基层财政存在的问题在很大程度上制约了农村社会救助制度资金的投入，增加了社会救助制度可持续运行的风险。这种风险在制度实践中主要表现在两个方面。一方面，救助资金负担压力存在地区差距。在经济发达地区，相对贫困农户的比例较低，财政实力较为雄厚，因此社会救助资金的投入压力较小；而在经济落后地区，相对贫困农户的比例较高，财政实力较为薄弱，社会救助资金的投入压力也就较大，资金缺口较为明显。另一方面，救助资金投入责任不够明确。特别是由于各级政府对社会救助资金投入比例缺乏法律约束，一些地方政府不能严格按照救助标准提供所需资金。社会救助实践中，地方政府少列支或者列支后滞后拨付乃至不支付的情况时有发生，更有甚者出现挤占挪用、克扣截留的现象。这些年中央财政不断加大农村社会救助资金的投入力度，但中央财政与地方财政投入的责任仍然不够明确，在中央和地方的博弈中，双方资金供给责任此消彼长，社会救助资金投入总量则不够充足。落实到基层社会救助的财政支出资金更是极为有限，基层社会救助资金捉襟见肘，其在农村低保的日常运行中表现得尤其明显。早在 2008 年民政部就曾经出台《全国基层低保规范化建设暂行评估标准》，对低保工作经费保障做出明确规定。然而，一些地区民政部门并没有为低保工作安排专门的经费。特别是在一些经济欠发达地区，及时、足额发放低保金已十分吃力，再为低保工作安排专项经费确实很困难。按照要求，低保救助资金应该被纳入财政预算，但在一些贫困地区行政运转经费尚且不足，低保经费支持自然很难满足需要。调研发现，农村低保工作经费的极度匮乏已经影响了工作的正常展开，镇村干部普遍强烈要求上级拨付低保工作经费。基层低保工作经费保障不足成为农村低保发展的掣肘。

第三节　典型调查：农村困境儿童社会救助问题

习近平总书记强调，"'一老一幼'是大多数家庭的主要关切"①，"全社会都要关心少年儿童成长，支持少年儿童工作"②。党的十八大以来，以习近平同志为核心的党中央高度重视农村困境儿童保护工作，出台了一系列救助和保护政策。2016年，国务院先后印发了《关于加强农村留守儿童关爱保护工作的意见》（国发〔2016〕13号）和《关于加强困境儿童保障工作的意见》（国发〔2016〕36号），使农村困境儿童关爱保护和农村困境儿童保障工作取得了重大进展；2018年9月，中共中央、国务院印发的《乡村振兴战略规划（2018—2022年）》明确将为农村困境儿童提供关爱服务提升到国家政策层面；2021年9月，国务院印发的《中国儿童发展纲要（2021—2030年）》提出了关于困境儿童关爱保护工作的目标和措施。党的二十大报告则再一次强调，要保障妇女儿童合法权益，促进人的全面发展。目前，中国农村困境儿童的基本生活已经得到全面保障，保障标准逐年提高；全国县级以上人民政府及其民政部门根据需要均成立了未成年人救助保护机构。31个省级行政区全部出台措施，将农村困境儿童关爱保护工作纳入《"十四五"民政事业发展规划》中，儿童主任已经基本覆盖所有的村居，全国农村困境儿童信息已在全国儿童福利信息系统内动态管理。总体来看，中国农村困境儿童关爱保护和救助政策持续出台，相关工作不断迈上新台阶。

然而，在困境儿童保护领域，现有的保护体制在发现、救助、预防方面仍需完善。与城市困境儿童相比，农村困境儿童所占比重更大，处境更为不利，脱离困境难度更大。本书综合运用问卷调查、实地访谈和数量分析等多种研究方法，剖析农村困境儿童生活现状、现实需求及社会救助与保障中存在的突出问题。

一　农村困境儿童生活现状

本书以2023年辽宁省4市问卷调查数据为主要依据分析农村困境儿童

---

① 习近平."一老一幼"是大多数家庭的主要关切［N］.人民日报，2024-08-13.
② 习近平.努力做祖国和人民需要的好孩子［N］.人民日报，2022-05-31.

生活状况。本次问卷调查中，受访对象男孩占比 51.92%，女孩占比 48.08%。按照学龄阶段划分，学龄前儿童（1~6 岁）、小学阶段（7~12 岁）、初中阶段（13~15 岁）、高中阶段（16~18 岁）的比例分别为 7.71%、35.22%、25.45%、31.62%。调查发现，农村困境儿童及其家庭生活状况如下。

（一）农村困境儿童监护状况

调查数据显示，仅有 59.99% 的农村困境儿童由父母双方共同监护，40.01% 的农村困境儿童生活在非父母共同监护的"非正常"家庭环境中。其中，由父母中一方实际监护（单亲家庭）的比例为 22.77%，非父母监护儿童的比例为 17.24%。可见，尽管绝大多数农村困境儿童仍然生活在家庭、大家庭之中，但有超四成的受访儿童生活在"非正常"家庭环境中（见图 2-3）。

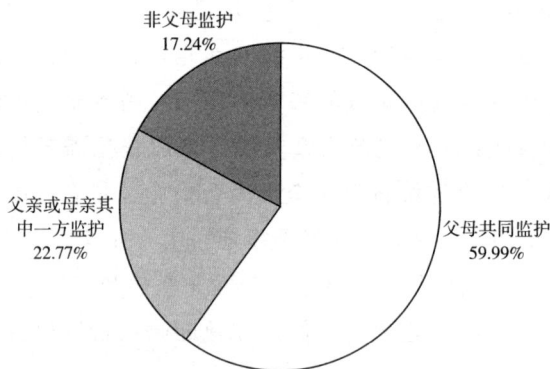

图 2-3　农村困境儿童监护人情况

（二）农村困境儿童健康状况

本次问卷调查数据显示，农村困境儿童中，健康的儿童占比为 78.33%，健康状况一般的儿童占比为 6.79%，有疾病的儿童占比为 6.24%，伤残儿童占比为 6.96%（见图 2-4）。

（三）农村困境儿童生活方式

由于得不到适当照顾与科学养育，部分农村困境儿童日常生活方式存在明显的不科学倾向。这一点可以从其每天早餐进食情况及周末与寒暑假生活

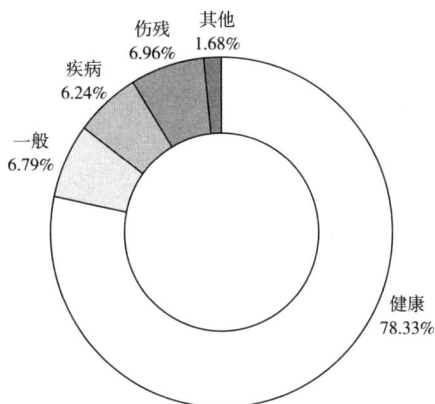

图 2-4　农村困境儿童健康状况

安排情况得到印证。问卷调查数据显示，82.92%的农村困境儿童能够按时正常进食早餐，但是也有 17.08%的儿童早餐进食不规律。早餐进食不规律的儿童中有 12.93%表示一周"有 1~2 天不吃"，2.33%表示一周"有 3~4 天不吃"，1.82%表示一周"5 天以上不吃"（见图 2-5）。

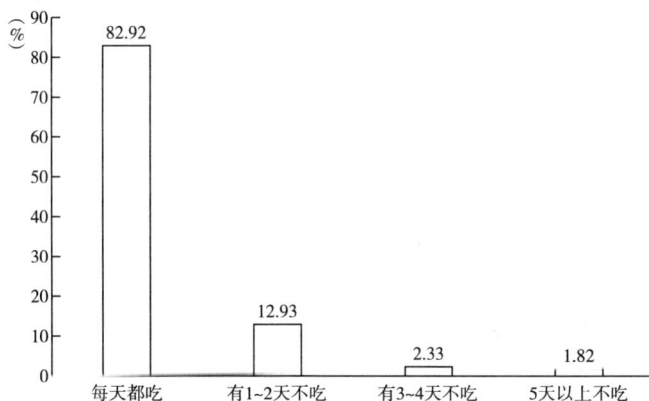

图 2-5　农村困境儿童一周内早餐进食规律情况

　　通过对农村困境儿童周末与寒暑假生活安排情况的调查发现，对于"周末和寒暑假如何度过"的问题，有 56.48%的受访儿童回答是"学习"，有 47.02%的受访儿童回答是"看电视"。其他的选择依次是"帮忙家务"（37.00%）、"上网"（26.51%）、"去同学家"（22.33%）、"在家周边闲逛"（19.38%）、"参加课外学习辅导或特长培训"（14.61%）（见图2-6）。
进一步分析发现，这一分布并无年龄差异。监护人文化程度越低，孩子
看电视的概率越高。儿童周末与寒暑假生活安排与家庭经济条件同样存
在关联。有鉴于此，在农村困境儿童关爱保护的实际工作中，要引导他们
养成健康科学的生活方式。

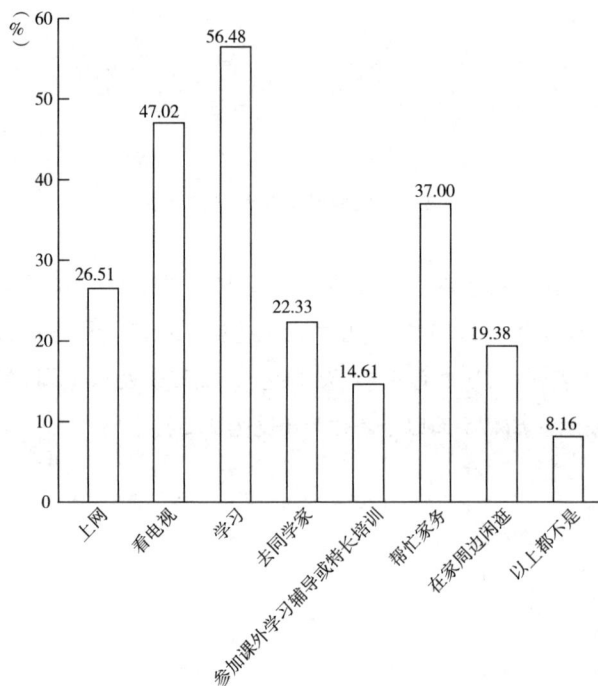

图 2-6　农村困境儿童周末与寒暑假生活安排情况

（四）农村困境儿童学习压力

与一般家庭儿童一样，不少农村困境儿童亦有较大的学业压力。调查
发现，有超三成受访农村困境儿童表示学习"压力非常大"和学习"压力
比较大"。其中，表示学习"压力非常大"的占比9.02%，这部分儿童的学
业负担和心理健康问题值得关注（见图2-7）。

进一步分析发现，随着年级增长，农村困境儿童的学习压力逐渐增大，
初、高中阶段的农村困境儿童学习压力明显大于低学龄段。

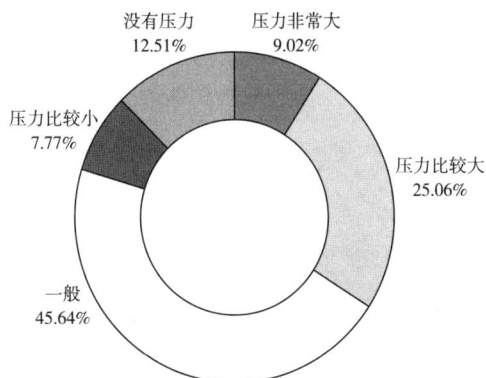

图 2-7 农村困境儿童学业压力情况

（五）农村困境儿童心理健康

调查发现，五成多的农村困境儿童表示"经常快乐"，27.09%的农村困境儿童表示"有时快乐"，6.72%的农村困境儿童表示"偶尔快乐"，2.91%的农村困境儿童表示"较少快乐"。当出现心理方面的烦恼时，58.20%的农村困境儿童选择"向家人诉说排解"，也有47.98%的农村困境儿童选择"向好朋友诉说排解"，有1.44%的农村困境儿童选择"攻击带来烦恼的人或东西"来排解烦恼，还有3.77%的农村困境儿童选择"无法排解则压在自己心里面生闷气"（见图2-8）。

问卷调查数据显示，7.03%的农村困境儿童表示"想过离家出走"，有1.65%的农村困境儿童"想过并计划过离家出走"，有1.41%的农村困境儿童"尝试过离家出走"。总体上看，绝大多数农村困境儿童目前的心理健康状况良好，与人交往的意愿强烈；但也有少部分农村困境儿童的主观幸福感弱、孤独感强、与人交往的意愿弱；个别农村困境儿童出现过严重的心理问题。

（六）农村困境儿童监护人教育和就业状况

问卷调查数据显示，农村困境儿童监护人的文化程度大多为初中及以下学历。其中，监护人为文盲的占4.95%，小学学历的占28.35%，初中学历的占47.16%。就业状况方面，有32.99%的受访农村困境儿童监护人"失业或未就业"；有36.90%的受访农村困境儿童监护人为"个体户或自由职业"（见图 2-9）。可见，农村困境儿童监护人的文化程度总体较低，就业状况较差，家庭缺乏稳定的收入。

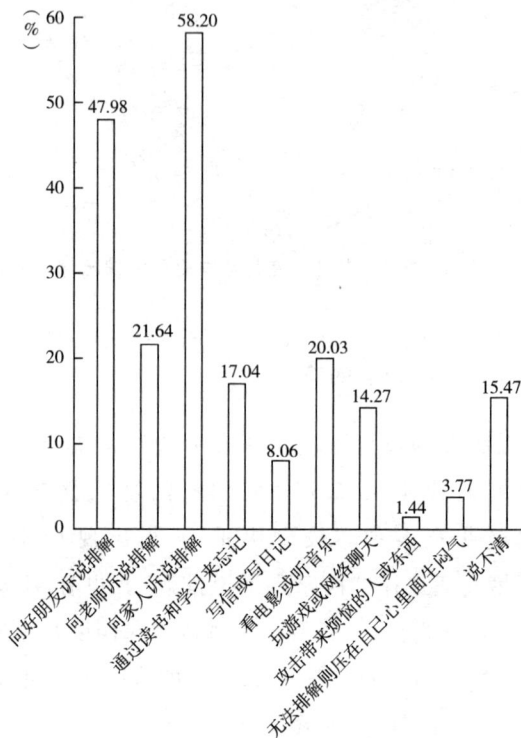

图 2-8　农村困境儿童解决心理方面烦恼的途径

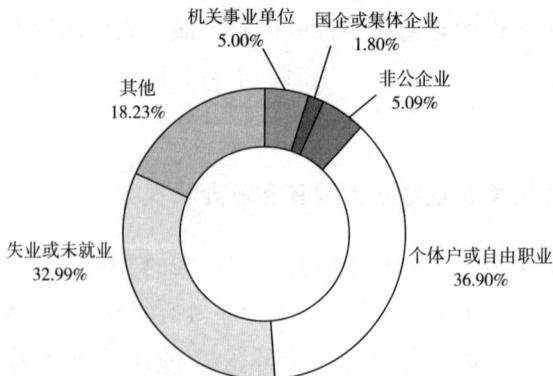

图 2-9　农村困境儿童监护人的就业状况

（七）农村困境儿童监护人健康状况

问卷调查数据显示，农村困境儿童监护人残疾的比例达 10.67%。残疾类型主要集中在肢体残疾（45.57%），其次是智力残疾（16.03%）、视力残疾（12.24%）、聋哑残疾（10.97%）、精神残疾（9.70%）等。而且，农村困境儿童监护人患病的比例也比较高，达 14.99%。其中，普通慢性病占 44.04%，严重慢性病占 24.21%，危重症占 7.72%，吸毒占 0.35%。生活在这些家庭的农村困境儿童可能得不到充分适当的监护，值得高度关注。

（八）农村困境儿童与监护人互动情况

良好的家庭关系是儿童健康成长的必要条件。调查发现，82.85% 的受访者表示"家人对我很好，很开心"；10.97% 的受访者表示"家人比较忙，较少关注我，但我经常和小伙伴一起玩，不会孤单"；但也有 6.17% 的受访者表示"家人比较忙，较少关注我，身边能一起玩的小伙伴也不多，会感到孤单"（见图 2-10）。可见，大多数受访儿童与监护人保持着良好的互动关系，有少数家庭亲子关系互动不佳。

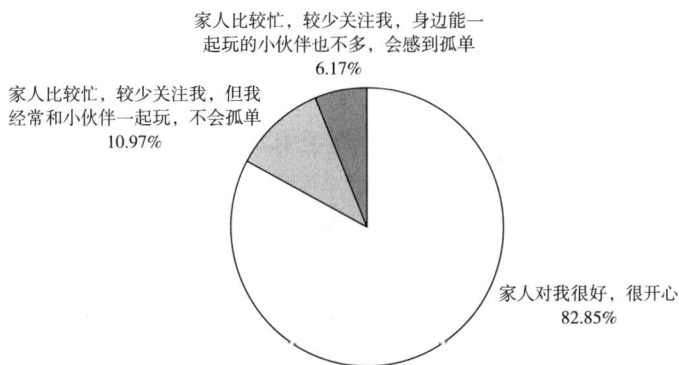

家人比较忙，较少关注我，身边能一起玩的小伙伴也不多，会感到孤单
6.17%

家人比较忙，较少关注我，但我经常和小伙伴一起玩，不会孤单
10.97%

家人对我很好，很开心
82.85%

图 2-10　农村困境儿童与监护人互动情况

（九）农村困境儿童被监护情况

身处困境，农村困境儿童及其监护人通常会面临更大的压力，并因此诱发暴力事件。访谈发现，在农村困境儿童家庭中，体罚儿童的现象并不

鲜见。问卷调查数据显示，在回答过去一年里是否"被父母或其他家庭成员体罚（包括罚站、打手掌、拳打脚踢等未造成明显身体伤害的行为）"时，1.82%的农村困境儿童经常被家庭成员体罚，偶尔被家庭成员体罚的儿童占比为12.62%。

除少数农村困境儿童遭遇体罚外，部分农村困境儿童在家中曾遭遇短时无人监护。在被问及"过去一年，你是否曾经被独自留在家里、没人陪伴"时，2.78%的农村困境儿童表示"总是被单独留在家里"，4.18%的农村困境儿童表示"经常被单独留在家里"，13.37%的农村困境儿童表示"有时被单独留在家里"，33.92%的农村困境儿童表示"偶尔被单独留在家里"，45.75%的农村困境儿童表示"从未被单独留在家里"（见图2-11）。

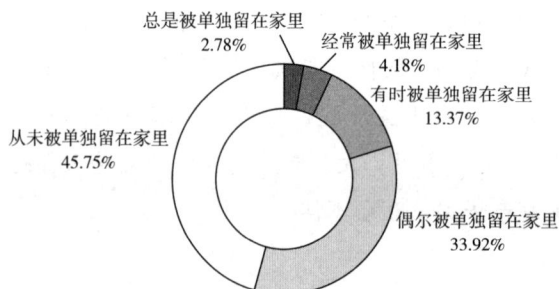

图 2-11　农村困境儿童曾经被独自留在家里、没人陪伴的情况

（十）农村困境儿童享有的政策支持情况

问卷调查数据显示，受访农村困境儿童家庭享有的国家政策支持中，低保补助占比最高，为49.82%；排在第二位的是医疗保险，为36.50%；学费补贴、学费减免的比重则分别有15.12%、14.27%（见图2-12）。另外，有83.35%的受访者表示在遇到困难时，村（或社区）提供了帮助；有15.17%的受访者经常参与政府、社工机构、福利机构等开展的相关活动；有33.80%的受访者偶尔参与政府、社工机构、福利机构等开展的相关活动。总体而言，大多数受访者认为政府、家庭、学校和社区等对特殊儿童提供了较好的支持。

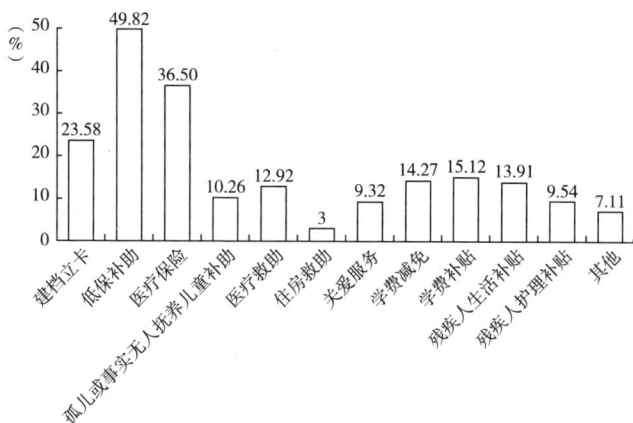

图 2-12　农村困境儿童家庭目前获得的国家政策支持

二　农村困境儿童需求分析

本部分利用问卷调查数据，从微观、中观和宏观三个层面对农村困境儿童的需求进行了分析。根据问卷数据分析发现，农村困境儿童及家庭的需求集中体现在以下几个方面。

（一）农村困境儿童家庭首要需求为经济援助

调查数据显示，农村困境儿童家庭中，迫切需要经济援助的家庭占比为 42.8%，其次是就学帮扶、就业帮扶和医疗照顾，占比分别为 16.5%、16.0% 和 15.0%，此外在家庭教育、居住环境改善、家庭关系改善等方面也有较强的需求（见图 2-13）。

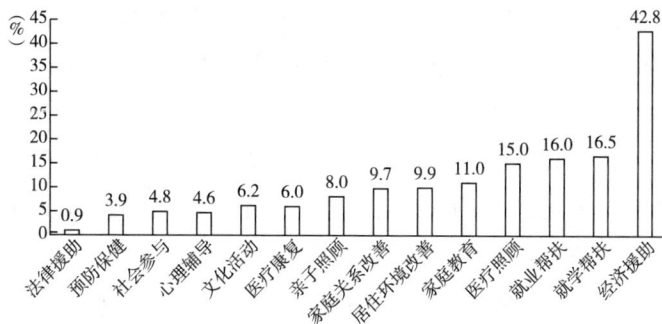

图 2-13　农村困境儿童家庭当前迫切需求

（二）农村困境儿童更需要家人情感关怀

情感需求是影响农村困境儿童健康成长的重要方面。从调查结果来看，在家庭中，农村困境儿童在家人陪伴、外出旅游、自由空间等方面需求较大，占比分别为30.2%、27.4%和21.6%（见图2-14）。这说明农村困境儿童对亲人陪伴、亲子活动的需求比较强烈。

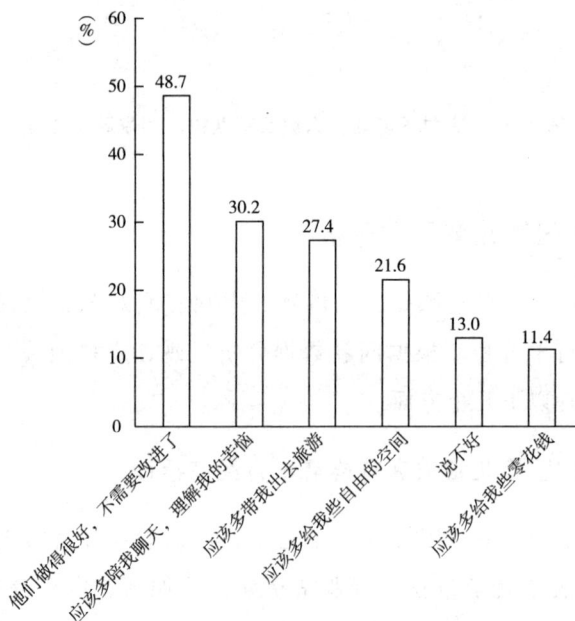

图 2-14　农村困境儿童希望父母改进的方面

调查显示，农村困境儿童由于个人健康程度的不同，快乐程度也有很大区别。总体而言，拥有健康身体的农村困境儿童快乐程度更高。其中，受访的健康儿童回答"经常快乐"的比例最高，达到了63.57%；身体状况一般的儿童回答"有时快乐"的比例最高，为37.88%；患有疾病的儿童回答"经常快乐"的比例为34.07%，"有时快乐"的比例为31.32%；伤残儿童回答"有时快乐"的比例最高，为46.62%，回答"经常快乐"的比例为25.31%（见表2-3）。由此可见，与健康困境儿童相比，疾病和伤残困境儿童快乐程度更低，更需要情感关怀。

表 2-3　农村困境儿童健康状况与快乐程度交互分析

单位：%

选项	经常快乐	有时快乐	偶尔快乐	较少快乐	从不快乐	说不清
健康	63.57	26.09	5.91	2.23	0.26	1.93
一般	36.87	37.88	10.61	4.55	1.52	8.59
疾病	34.07	31.32	9.89	6.59	3.30	14.84
伤残	25.31	46.62	7.39	4.43	0	16.26

（三）农村困境儿童的人际交往能力和意愿亟须提高

人际交往是维系关系情感的必要过程，儿童关系情感的建立主要来自父母、朋辈群体及老师等。良好的亲子关系、朋辈关系及师生关系对农村困境儿童尤为重要。然而，从农村困境儿童与家人交流频率的调查结果看，有三成多困境儿童表示与家人"偶尔聊天"或"很少聊天"，其中"偶尔聊天"的占比为27.6%，"很少聊天"的占比为7.0%（见图2-15）。

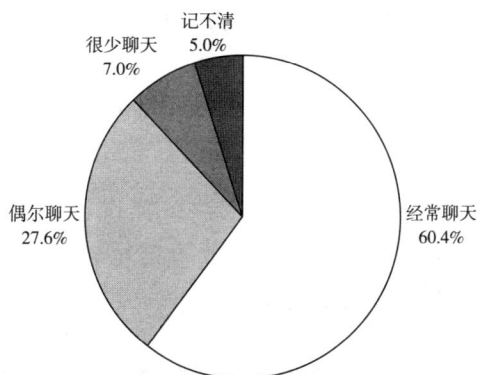

图 2-15　农村困境儿童与家人交往频率调查

从农村困境儿童与人交往的意愿看，调查显示有9.7%的儿童表示不愿意与人交往，其中表示"非常不愿意"的儿童占比为1.1%，"不太愿意"的儿童占比为8.6%。愿意与人交往的儿童占比超过了八成（见图2-16）。

以上调查数据显示三成多的农村困境儿童与家人缺少充分交流沟通，近一成的农村困境儿童不愿意与人交往，农村困境儿童的人际交往能力和意愿比较差。

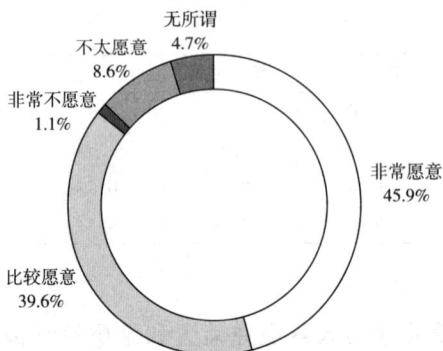

图 2-16 农村困境儿童与人交往意愿

（四）农村困境儿童安全稳定的家庭生活环境需进一步营造

安全稳定的家庭生活环境对儿童的健康成长十分重要。问卷调查数据显示，从家庭暴力事件发生的情况看，偶尔或经常发生家人摔东西、打架等暴力事件的农村困境儿童家庭占比为 9.5%，其中经常发生暴力事件的占比为 2.6%，偶尔发生暴力事件的占比为 6.9%。从农村困境儿童被独自留在家里的发生情况看，发生过农村困境儿童被独自留在家里、没人陪伴事件的占比超过了五成，其中，"总是被单独留在家里"的儿童占比为 2.78%，"经常被单独留在家里"的儿童占比为 4.18%，"有时被单独留在家里"的儿童占比为 13.37%，"偶尔被单独留在家里"的儿童占比为 33.92%。只有 45.75% 的儿童"从未被单独留在家里"（见图 2-17）。这说明农村困境儿童缺少陪伴的现象较为普遍。

（五）农村困境儿童监护人面临生活和育儿等多重压力

儿童健康成长最重要的影响因素是监护人，而农村困境儿童的监护人境遇多受身体健康状况影响。问卷调查数据显示，监护人由于个人身体原因，在抚养和教育孩子方面承受着不同压力。比较而言，虽然健康、残疾、患病等不同身体状况的监护人在育儿能力、育儿精力、家庭收入等方面的压力不同，但对上述压力的排序却基本一致，家庭经济条件不好均排首位，缺乏科学育儿的知识、方法和能力方面的压力次之（见表 2-4）。可见，大部分监护人在育儿方面是担忧的，但自身又缺乏解决问题的能力。

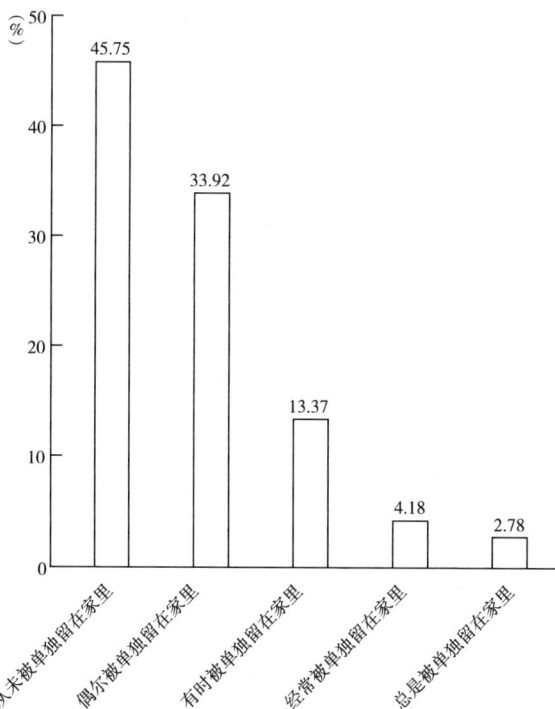

图 2-17 农村困境儿童被独自留在家里、没人陪伴的情况

表 2-4 农村困境儿童监护人身体状况与承受育儿压力的分析

单位：%

选项	缺乏科学育儿的知识、方法和能力	没时间精力照顾教育孩子	家庭经济条件不好	没什么问题
健康	24.98	13.85	31.75	28.86
残疾	22.43	9.51	56.65	10.27
患病	11.98	7.78	67.07	11.68

监护人在被问及育儿方面的需求时，除了希望家庭收入多一些，还有近五成选择了能更多地陪伴孩子，三到四成的监护人希望在孩子教育方面得到帮助。此外，还有近两成的监护人表示自身也需要得到心理、情感等方面的支持与帮助（见表 2-5）。

表 2-5　农村困境儿童监护人身体状况与生活服务需求交互分析

单位：%

选项	家庭收入多些	学习辅导	父母陪伴	心理、情感方面的倾诉与咨询	紧急情况下的短期住宿服务	其他
健康	67.47	43.19	45.88	14.36	3.11	1.49
一般	69.19	40.40	43.43	17.68	6.57	1.01
疾病	67.58	33.52	50.00	18.68	4.40	7.14
伤残	60.59	26.60	42.86	16.75	3.45	6.90
其他	69.39	26.53	42.86	24.49	0.00	6.12

三　农村困境儿童社会救助与保障问题分析

中国儿童福利体系中对困境儿童实施分层分类保障政策，具体实施部门为民政部门。分类保障主要体现在对不同类别儿童的兜底保障：孤儿、艾滋病病毒感染儿童、事实无人抚养儿童由民政部门按月发放基本生活保障费；家庭困难儿童、未满16周岁特困人员由民政部门按月发放低保金或救助金；重度残疾儿童由民政部门发放残疾人补贴；流浪儿童、家庭监护缺失或者监护不当儿童由民政部门的儿童救助保护机构提供临时监护和养育服务。除了基本生活兜底保障，民政部门围绕解决困境儿童生活、教育、医疗、监护、安全等方面问题还相继制定了临时救助、助学政策、助医项目、监护落实、安全保护、心理关爱等一系列政策措施，使农村困境儿童各项权益得到有效保障。调查发现，农村困境儿童社会救助与保障中存在的主要问题可以大致归结为以下六个方面。

（一）农村困境儿童识别上缺乏精准标准

现有政策对农村困境儿童的识别主要以儿童的家庭或监护人的情形为认定标准，缺少以儿童本人生存状态或家庭监护能力评估结果作为认定的标准。在实际工作中，经常会遇到儿童实际处在困境，但与文件规定的认定情形不相符，出现难以落实保障的空白地带。在 2016 年国务院发布的《关于加强困境儿童保障工作的意见》中，因家庭监护缺失或监护不当遭受虐待、遗弃、意外伤害、不法侵害等导致人身安全受到威胁或侵害的困境儿童类别，在实际认定时，对于儿童人身安全正在遭受威胁或侵害且产生了严重后果的情形容易识别。但对于还未造成后果的情形，在具体识别上就会出现操作层面的困难，这不但需要工作人员具备丰富的经验，提前判断儿童遭受侵害的概率，更需要强制性带离和保护儿童的证据和依据。实际工作中，没有对儿童伤害程度的判定标准，基层工作人员完全凭工作经验来判断是否对儿童进行强制保护。以上实例虽然有文件依据，但具体操作执行时缺乏指导标准。

（二）农村困境儿童分类不够细致

随着婚育观念的变化，困境儿童的类型越来越多元，困境种类十分复杂。现有政策多按困境儿童监护人及家庭经济收入进行分类，对于达不到分类标准但实际生活在困境中的儿童，基层工作人员在识别认定上遇到难题。实地调研发现，很多难以认定的农村困境儿童多数生活在非正常家庭中。比如，农村父母常年在外打工，将子女交由年迈的爷爷奶奶或亲属照料，从未给予抚养费。以现有文件依据，此类儿童属于农村留守儿童，是民政部门关爱的对象，但由于父母的情形不属于救助保障范围内，相当一部分实际上处于困境的儿童被排除在兜底保障范围外。此外，常见情形更多见于离异父母由于再婚或本身生活也不富裕的原因，逃避抚养义务，造成困境儿童难以被认定。还有少数农村困境儿童为非婚生子女，其父母的情形均达不到认定标准，得不到相应的保障和救助，但儿童确实生活在困境中。

（三）农村困境儿童缺乏良好的家庭监护和教育指导

家庭监护是农村困境儿童保障中的关键环节，也是极易存在风险隐患、落实难度最大的环节。在监护质量方面还存在家庭监护落实不到位、家庭监护能力和水平不足等问题。家庭监护缺失一般有两种情况。一种情况是父母主观不落实监护责任，有的生活困难家庭，父母忙于生计，导致子女存在安全风险；更严重的出现监护人侵害未成年子女的恶劣行为。另一种情况是农村困境儿童父母由于重病重残难以有效履行监护责任，有的一方或者双方存在智力残疾，未成年子女面临较大安全风险。从家庭教育指导层面来看，受文化水平与思想观念等因素的影响，多数农村困境儿童家庭仍会受到"重养轻育""重男轻女"等落后传统思想的影响，在儿童的成长过程中忽视了家庭教育与关爱关怀。特别是性知识与防侵害意识方面的培养缺失，代之以单纯的打骂甚至上升到家庭暴力，其结果往往是当农村困境儿童遭受到某些侵害时，其家庭难以给予充分理解和及时干预，使得困境儿童深陷困境不能自拔，甚至可能陷入更严重的困境。有些农村困境儿童的监护人患重病、重残或精神疾病，监护人本人就身处困境，没有多余时间学习，也不具备学习能力来获得良好的家庭教育知识，他们能满足子女的温饱已属不易，对子女的学习指导和品行教育根本无能为力。在无外部力量施以援手的情况下，生活在这样家庭中的儿童很难得到良好的教育指导，难以获得个人成长和发展的机会。处于这种情形下的监护人对育儿知识非常渴望，希望能得到政府的帮助，让子女摆脱困境，不再重复自己的人生。农村困境儿童由于得不到良好的家庭教育指导，对父母或监护人的行为理解不了或对家庭本身不认可，往往会向抑郁、自闭、暴力等多个极端发展，甚至会成为不良少年，危害社会。这样的问题不及时解决，最终可能会演变成社会问题。

（四）农村困境儿童缺乏精神关爱

中国农村困境儿童种类多、数量大、成因杂、变动快，对精神关爱提出了更高要求。当前还存在信息动态更新不够及时、政策衔接不够有效、关爱方式方法不够丰富、"最后一公里"不够通畅等问题。近年来，民政部门加强了对困境儿童的生活保障，使农村困境儿童的生活水平得到明显改善，但对农村困境儿童精神层面的关爱缺少相关政策支持。农村困境儿童与父母沟通少，他们渴望和同龄人交朋友，可在同龄人面前，其家庭特殊情况导致其自卑又害怕交往，有的农村困境儿童要承担家务农活，承受生活压力。特别是孤儿和事实无人抚养儿童，他们的心理和思想会因为家庭结构的不完整而受到很大影响，造成心理安全感缺失。这些儿童不能完全掌握人际交往的能力或是没有意愿与其他人接触，找不到情绪宣泄的出口，无法疏导内心想法，导致心理上的压力越积越多；又因为缺少正确的教育引导，他们的心理问题很容易越来越严重，甚至从单一困境进入多重困境，以致影响他们的一生，甚至影响下一代，从而形成恶性循环。由于生活环境中存在不利因素，农村困境儿童可能会遭受家庭暴力、虐待等创伤。这些创伤会对他们的心理健康产生严重的影响，使他们产生恐惧、抑郁、暴力倾向等不良情绪。这种心理创伤需要得到专业化的心理援助和支持，帮助他们重建健康心理。针对这些问题，我们既要出台相应的政府法规予以制度性保障，也要动员社会力量给予他们关爱和支持，提供适当的心理疏导和心理治疗，帮助他们克服困境，重建健康的心理和良好的人际关系，实现自身的发展和成长。

（五）农村困境儿童工作缺乏专业化基层服务队伍

民政部门基层儿童工作队伍主要由儿童督导员、儿童主任组成，儿童主任为村（居）委会两委委员、妇女主任或是大学生村官等人员兼任，负责农村困境儿童的摸排、信息更新、家庭走访调查、政策宣传落实、关爱保护等具体工作。目前的基层儿童工作队伍不但面临人数不足的问题，还面临专业性不足的问题。儿童工作是一项需要长期跟踪服务才能显现成果的工作，日常工作需要工作人员既富有耐心又具备细心，还要投入大量的时间。基层儿童工作人员均为兼职，工作任务繁重，很难合理地将时间分配到儿童工作中。对于辖区内的困境儿童需要每月、重点儿童需要每周甚至每天入户走访的工作要求，儿童主任难以应对繁重的工作量。加之，缺乏对儿童主任工作的考核激励机制，儿童工作辛苦且责任重，没有相应的补贴政策，造成儿童主任很难长期从事儿童工作，更换频繁。由于农村儿童主任待遇不高，招聘不到高学历的人才，儿童工作队伍在工作能力方面表现为业务水平不高。各地由于财政紧张，购买社会服务的能力有限，无法将社会工作者补充到基层儿童工作队伍中去，不能用社会工作者的专业特长带动提升儿童主任的工作能力和专业水平，进而影响了在发现、救助农村困境儿童工作中的质量。在经济欠发达地区此种矛盾尤为突出，其农村困境儿童数量相对较多，工作人员和资金严重不足，儿童类社会组织发展不足，社会工作者也相对缺乏。民政部门不断加大对基层儿童主任的培训力度，但由于工作队伍不稳定、人员更换频繁，经常发生培训后人员离职的情况。

（六）农村困境儿童缺乏高风险家庭的预警筛查机制

农村困境儿童的成因相对较为复杂，既包括家庭因素、个体因素，也涉及社会宏观因素；既存在一定的规律性与可预测性，也存在突发性与随机性。在源头治理方面还存在不足，缺乏对农村困境儿童进行事前预防的办法，如在村居加强对监护人的教育，对《中华人民共和国反家庭暴力法》《中华人民共和国未成年人保护法》等相关法律法规进行宣传，通过社会组织宣讲交流活动结合真实案例分析，让监护人了解法律责任以及其过失造成儿童受到伤害的严重后果，提高家庭依法履行监护义务的意识与能力，尽可能在事前预防上开展工作。现有政策主要体现在对既成事实的发现与救助方面，针对农村困境儿童高风险家庭的预警筛查机制尚不健全。近日，国务院办公厅转发了民政部等单位《关于加强低收入人口动态监测做好分层分类社会救助工作的意见》（国办发〔2023〕39号），加强了对低收入人口的监测，分类处置预警信息。通过打通各部门数据壁垒，将民政部门掌握的低收入人口数据与教育、人力资源和社会保障、卫生健康、医保、残联等部门掌握的家庭经济困难学生、登记失业人员、重病患者、重度残疾人等数据进行交叉比对，动态掌握低收入人口就业状况、家庭支出、困难情形等变化情况，根据困难类型和救助需求将信息分类推送至相关社会救助管理部门处理；情形复杂的，通过"一事一议"方式集体研究处理。对低收入人口进行动态监测，监测达到标准的实现主动预警，及时纳入保障。在此基础上，农村困境儿童的预警筛查机制将会逐步完善，各地区在预警筛查机制建设实践中，仍需加强部门协调、共享信息平台建设等方面的工作。

第三章

农村社会救助实施绩效评估

农村社会救助制度的实施对解除农村绝对贫困人口生存危机、促进社会稳定发挥了举足轻重的作用。然而,农村社会救助制度的运行绩效如何?其反贫困功能是否具有进一步提升的空间?如果有,应该着重从哪些方面入手?对这些问题的回答有利于抓住农村社会救助制度发展的症结,提高农村社会救助的功能和绩效,也有利于巩固拓展脱贫攻坚成果,补齐经济社会发展中的主要短板。由于农村社会救助以低保制度为核心,所以本章从农村低保的减贫效果及农村低保与经济发展的适应性两个层面对农村社会救助运行绩效进行评估。

第一节 农村低保的减贫效果分析

农村最低生活保障制度自 2007 年在全国范围内建立以来,已经运行了十余年,最低生活保障水平不断提高(见图 3-1)。农村最低生活保障制度的发展取得了历史性成就。那么,农村最低生活保障制度的实际减贫效果究竟如何?其制度反贫困功能是否具有进一步提升的空间?制度建设是否面临转型与拐点?对这些问题的回答既有利于提高农村最低生活保障乃至社会救助的功能和绩效,又有利于补齐经济社会发展中的主要短板,进一步巩固拓展脱贫攻坚成果。

一 相关文献回顾

随着农村最低生活保障制度在全国各地陆续建立,以及学界对农村最低生活保障制度研究逐步重视,国内学界对农村最低生活保障制度的研究

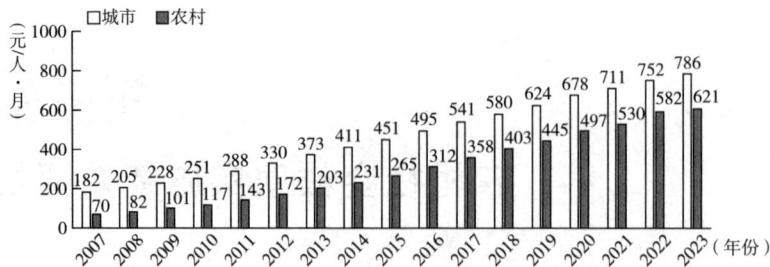

图 3-1　2007~2023 年城乡最低生活平均保障标准

资料来源：中华人民共和国民政部门户网站，https：//www.mca.gov.cn/n156/n2679/index.html。

日渐丰富。但是，由于数据资料缺乏，加之城乡二元结构下对农村最低生活保障制度研究有所忽视，国内有关农村最低生活保障制度减贫效果的研究成果屈指可数。概而言之，国内学界在农村最低生活保障制度的减贫效果研究中主要形成了以下三种观点。

其一，农村最低生活保障制度减贫效果显著。刘小珉认为，农村最低生活保障制度在降低贫困发生率、贫困距及评分贫困距指数方面具有明显效果。① 韩华为、徐月宾的研究进一步指出农村最低生活保障制度的反贫困效果受到家庭规模经济效应的影响，规模经济效应越大，反贫困效应也越大。② 李实等研究认为，降低低保瞄准贫困人群的误差率能增强其减贫效果。

其二，农村最低生活保障制度减贫效果有限。宁亚芳认为，农村最低生活保障制度缩小收入分配差距的作用大于降低贫困发生率的作用。③ 王增文通过构建和比较低保救助力度系数、生活救助系数的变化，认为中国农村最低生活保障的贫困救助效果没有达到预期目标。④ 张秀兰等经过测算发现社会救助形式只降低了 10% 的贫困率。刘洪银、李沁认为，虽然农

---

① 刘小珉. 民族地区农村最低生活保障制度的反贫困效应研究 ［J］. 民族研究，2015（2）.

② 韩华为，徐月宾. 中国农村低保制度的反贫困效应研究——来自中西部五省的经验证据 ［J］. 经济评论，2014（6）.

③ 宁亚芳. 农村最低生活保障制度缓贫效应：来自西部民族地区的证据 ［J］. 贵州社会科学，2014（11）.

④ 王增文. 农村最低生活保障制度的济贫效果实证分析——基于中国 31 个省市自治区的农村低保状况比较的研究 ［J］. 贵州社会科学，2009（12）.

村最低生活保障政策的实施取得了阶段性成果，但在政策实施过程中产生的低保对象认定偏误和执行标准偏低，造成农村低保制度的减贫效果有限。[①] 李春根、邹佳盈认为，农村低保政策基本满足了贫困对象的最低生活需求，但是还不能完全满足贫困对象的基本生存需求，特别是在满足贫困人口医疗需求等方面仍有较大提升空间。[②] 吴海涛、陈强认为，由于精准扶贫政策和农村低保制度之间的权利内涵、运行机制等不同，且存在本质区别，二者不能实现有效衔接，如两者的衔接对象范围界定不清、衔接标准调整困难、衔接部门冲突等存在，造成农村低保制度对减贫工作效果不明显。[③]

其三，农村最低生活保障制度减贫中存在负激励效应。李盛基等认为，农村最低生活保障支出对农村的减贫效果较差，且产生负激励效应。戴卫东通过比较负所得税法和差额补偿法的减贫效应得出中国目前实行的差额补偿法容易产生负激励效应。[④] 仇叶、贺雪峰认为，以福利扩散和福利捆绑为特征的泛福利化使低保制度背离底线救助的制度定位，造成低保指标在基层分配的困境，影响社会保障体系的良性运转，更使社会公平的价值目标遭受巨大冲击。印子认为，农村低保政策偏差的重点不再是"关系保""人情保""治理保"层出不穷，而是享有低保救助资源的农户获得了比低保边缘户更多的救助资源，引发了新的社会不公。[⑤]

综上所述，国内学者从不同视角对农村最低生活保障制度减贫效果进行了一定研究，但相关研究尚欠深入。而且，从现有研究对象选择上来看，几乎所有农村最低生活保障制度减贫效果的研究成果都是基于对国家级贫困县或已经明确定性为贫困人口集中地区的研究得出的。显然，偏重绝对

---

① 刘洪银，李沁. 农村低保政策执行中的问题与改进对策 [J]. 长白学刊，2017 (3).

② 李春根，邹佳盈. 农村低保政策与贫困对象需求的契合度研究 [J]. 社会保障研究，2019 (2).

③ 吴海涛，陈强. 精准扶贫政策与农村低保制度的有效衔接机制 [J]. 农业经济问题，2019 (7).

④ 戴卫东. 农村最低生活保障制度的财政支出分析——基于负所得税法和差额补助法的比较 [J]. 河南社会科学，2010 (5).

⑤ 印子. 农村低保政策"走样"及其整体性治理 [J]. 西北农林科技大学学报（社会科学版），2019 (2).

贫困地区农村最低生活保障制度减贫效果研究在一定程度上影响了研究结论的科学性。

可见，农村最低生活保障制度运行绩效特别是减贫效果如何亟须科学评判与总结，相关研究亟待深化与拓展。鉴于此，本书拟利用既涵盖贫困地区又涵盖非贫困地区的 CHNS 微观调查数据，运用双重差分法对农村最低生活保障制度的减贫政策效果及其影响因素进行科学揭示，其目的是客观评估农村最低生活保障制度的减贫效果，以期为提高农村最低生活保障制度功能和绩效、完善低保乃至社会救助政策提供客观依据和参考。

二 减贫效果实证分析

一般而言，基于宏观经济数据的传统政策评估方法有两种：一种是以年份为虚拟变量代表政策，利用回归模型估计该虚拟变量的系数，即为政策实施的边际效益；另一种是寻找与政策实施相关的替代变量，如将农村最低生活保障年度财政投入总额作为政策变量，然后利用多元回归模型估计政策效果。但是，第一种方法估计年份虚拟变量，其中包含了随时间变化的其他影响因素，如经济增长、技术进步等，导致政策效果高估。第二种方法虽然规避了第一种方法的弊端，但是在数据获取上存在难度。具体到本书，中国农村最低生活保障资金由各级地方政府财政预算负责，中央财政对财政困难地区给予补助，造成农村最低生活保障资金投入层级复杂化、统计困难、地区差异很大等问题，引起内生性问题，影响政策估计效果的精度。

双重差分法又称双重差分估计量（Difference in Difference estimator，DD），利用一个外生的公共政策所带来的横向单位（cross-sectional）和时间序列（time-series）的双重差异来识别公共政策的"处理效应"（treament effect）。[①]相比传统的政策评估定量分析方法，双重差分法在消除所有不随时间变化的选择性偏差的同时，弥补了上述传统政策评估方法存在的不足。使用双重差分法，首先要明确对照组（comparison group）和实验组（treatment group），并确保政策虚拟的严格外生性，才能得到一致估计量。该估计量即双重差

---

① Myoung-jae Lee, Changhui Kang. Identification for Difference in Differences with Cross-section and Panel Data[J]. *Economics Letters*, 2006(92).

分估计量（DD），即来自实验组的平均变化与对照组的平均变化之差。

（一）模型建立与计量方法说明

根据双重差分法的基本设计方法，构建以下基准回归方程：

$$Y_{it} = \beta_0 + \beta_1 plic_{it} + \beta_2 dt_{it} + \beta_3 plic_{it} \times dt_{it} + \lambda_i x_{it} + \varepsilon_{it} \tag{1}$$

式（1）中，Y_{it} 是主要关注的结果随机量，$plic_{it}$ 为 t 时期是否符合国家贫困人口政策标准的群体二元变量（属于国家贫困人口的为 1，不属于贫困人口的为 0）；dt_{it} 为 t 时期农村最低生活保障制度实施前后的时间虚拟变量（实施后为 1，实施前为 0）；$plic_{it} \times dt_{it}$ 为两者的交互影响，即农村最低生活保障制度的政策效应。x_{it} 为其他随时间变动、可能影响贫困发生率的变量。

由于 $plic_{it} = 0$，在农村最低生活保障制度实施之前，$dt_{it} = 0$，在最低生活保障制度实施后，$dt_{it} = 1$，β_2 估计系数因取值为 0 或 1 有明显变化。因而，农村最低生活保障制度实施前后，农村贫困人口发生率分别为：

$$Y_{it} = \begin{cases} \beta_0 + \lambda_{it} + \varepsilon_{it}, dt_{it} = 0 \\ \beta_0 + \beta_2 + \lambda_{it} + \varepsilon_{it}, dt_{it} = 1 \end{cases} \tag{2}$$

同理，对于实验组，农村最低生活保障制度实施前后，农村贫困人口发生率分别为：

$$Y_{it} = \begin{cases} \beta_0 + \beta_1 + \lambda_{it} + \varepsilon_{it}, dt_{it} = 0 \\ \beta_0 + \beta_1 + \beta_2 + \beta_3 + \lambda_{it} + \varepsilon_{it}, dt_{it} = 1 \end{cases} \tag{3}$$

从式（2）、式（3）可以看出，在农村最低生活保障制度实施前后，对照组的贫困发生率变化为 β_2；实验组在最低生活保障制度实施前后贫困发生率变化为 $\beta_2 + \beta_3$，因此，β_3 才是农村最低生活保障制度产生的净效应，是本书最关心的估计系数。如果 $\beta_3 < 0$，则说明农村最低生活保障制度实施与贫困发生率呈反比，即农村最低生活保障有助于降低贫困发生率，具有减贫效果；反之，则没有减贫效果。[①]

① 李立清，危薇. 新型农村合作医疗对农户减贫及增收的效果研究——基于双重差分法的分析 [J]. 湘潭大学学报（哲学社会科学版），2013（4）.

(二) 样本及数据说明

本书采用中国家庭营养健康调查（CHNS）2000 年、2004 年、2014 年和 2018 年的面板数据集。由于中国农村最低生活保障制度 2007 年以后基本覆盖全国，加上受数据采集的时间限制，本书无法使用地区作为划分对照组和实验组的依据，只能使用时间节点作为划分依据，即以 2007 年以前的数据为对照组、以 2007 年以后的数据为实验组。但是为避免时间节点划分的非自然实验性，在样本中进一步对贫困人口和非贫困人口做了划分，即变量 plic，以相应年度国家贫困标准线为依据，人均年收入在贫困标准线以上的为非贫困人口，作为对照组；人均年收入在贫困标准线以下的为贫困人口，作为实验组。以 dt 为政策实施的时间虚拟变量，对照组选择 2000 年、2004 年两年的数据，实验组采用 2014 年、2018 年的数据。

所采用的数据集，是采用分层随机抽样的方法获得，覆盖了 12 个省、市的 36 个县，共 4 年的跟踪统计与成员变动的增补，剔除异常观测值，如因被调研人在某些问题上主观回答为"不知道"及部分以往被调研人迁出或死亡等数据。由于调研地点为农村，户籍也为农村户口，最终形成了近 3 万人次的样本容量。

此外，在 CHNS 中并不区分社会救助制度和最低生活保障制度，但是提供了被调研人的年度收入情况，由 2000 年、2004 年、2014 年及 2018 年 CHNS 数据以及成人调查数据中农民收入计算得到，综合考虑了农户在农林牧副渔等产业的收入及其他收入。有的来自农业、渔业或者果园、小手工业等，通过与国家贫困线指标对比（2000 年、2004 年、2014 年和 2018 年的贫困线依次为年人均收入 625 元、668 元、2800 元和 3200 元），即户人均收入低于此标准的农户为贫困户，确定了贫困人口的群体数量。表 3-1 为统计后得到的贫困发生率数据。

表 3-1　样本群体中贫困发生率

单位：人，%

	年份	贫困人口	总人口	贫困发生率
对照组	2000	777	6128	12.7
	2004	253	4877	5.2

	年份	贫困人口	总人口	贫困发生率
实验组	2014	335	7921	4.2
	2018	317	9622	3.3
合计	—	1682	28548	5.9

本书用贫困发生率作为结果变量，反映了实施最低生活保障制度的影响，并将 2014 年前的年份标记为 0，之后的年份标记为 1；体现农户家庭特征的变量有年龄（实际值）、性别（女为 1，男为 2）、文化程度（数值越高，受教育程度越高）、是否患有慢性疾病或急性疾病（无为 0，有为 1）。

表 3-2　各变量的描述性统计

单位：人

变量	样本有效数量	均值	方差	最小值	最大值
性别	28548	1.503	0.500	1.000	2.000
受教育程度	28095	1.321	2.192	0.000	6.000
年龄	28114	45.112	17.082	0.050	94.300
健康状况	28548	0.152	0.679	0.000	1.000
贫困发生率	28548	0.042	0.068	0.033	0.126
时间虚拟变量	28548	0.312	0.365	0.000	1.000
收入群体虚拟变量	28548	0.291	0.384	0.000	1.000
时间与群体交互项	28548	0.059	0.371	0.000	1.000

（三）农村最低生活保障的减贫效果

根据上文分析，为评估农村最低生活保障制度在减少贫困方面的政策效应，以贫困发生率为结果变量，即式（2）中的 Y_{it}，以代表政策实施的时间虚拟变量 dt 和分组虚拟变量 $plic$，并引入代表个体特征的年龄、性别、健康状况及受教育程度等变量，使用稳健标准误差下的双重差分估计，得到表 3-3。

表 3-3　农村最低生活保障制度的减贫效果

	因变量：贫困发生率		组间差值	P 值
	对照组	实验组		
农村最低生活保障制度实施之前	0.101	0.209	0.108	0.000
农村最低生活保障制度实施之后	0.124	0.126	0.002	0.000
时期差值	0.023	−0.083	DID = −0.106	0.000

从表 3-3 可以看出，农村最低生活保障制度实施之后，由该制度实施对农村人口贫困发生率的净效应为 DID = −0.106，并且 P 值低于 0.01 的显著性水平，说明农村最低生活保障制度在一定程度上降低了贫困发生率，但是作用比较微弱。更进一步，估计农村最低生活保障制度在计量模型上的统计学意义，对该面板模型进行逐步回归，以判断交互项估计系数是否稳健，具体结果如表 3-4 所示。

表 3-4　农村最低生活保障制度对贫困发生率的影响

因变量：贫困发生率					
自变量	(1)	(2)	(3)	(4)	(5)
时间与群体交互项	−0.109 [*]	−0.101 [***]	−0.103 [***]	−0.106 [***]	−0.105 [***]
	(−1.82)	(−23.94)	(−12.72)	(−28.39)	(−6.17)
收入群体虚拟变量	0.124 [***]	0.121 [***]	0.119 [***]	0.109 [***]	0.125 [**]
	(9.55)	(21.43)	(19.64)	(20.87)	(2.27)
时间虚拟变量	0.187 [***]	0.192 [***]	0.201 [***]	0.186 [***]	0.199 [***]
	(32.16)	(29.39)	(71.24)	(39.82)	(1.99)
健康状况		−0.00426	−0.00485 [**]	−0.00504 [***]	−0.00565 [***]
		(−1.83)	(−2.36)	(−24.93)	(−52.48)
年龄			−0.00192 [**]	−0.00206 [**]	−0.00213 [***]
			(−2.28)	(−2.35)	(−29.18)
受教育程度				−0.0067	−0.0042 [**]
				(−1.77)	(−2.32)
性别					−0.0009 [*]
					(−2.21)

续表

<table>
<tr><td colspan="6" align="center">因变量：贫困发生率</td></tr>
<tr><td>自变量</td><td>（1）</td><td>（2）</td><td>（3）</td><td>（4）</td><td>（5）</td></tr>
<tr><td rowspan="2">常数项</td><td>0.0621 *</td><td>0.0714 *</td><td>0.0970 **</td><td>0.1130 ***</td><td>0.1190 ***</td></tr>
<tr><td>（1.97）</td><td>（2.06）</td><td>（2.21）</td><td>（68.83）</td><td>（32.74）</td></tr>
<tr><td>样本量</td><td>28548</td><td>28548</td><td>28114</td><td>28095</td><td>28095</td></tr>
</table>

注：括号内为 t 值，* $p<0.05$，** $p<0.01$，*** $p<0.001$。

正如式（2）所揭示的，时间虚拟变量与群体虚拟变量的交互项，即 β_3 估计值，才是反映农村最低生活保障制度在减贫过程中的净效应。从逐步回归结果看，该估计值与贫困发生率显著负相关，而且估计值保持在 -0.106 左右，并不随更多控制变量的加入而出现较大波动，因此估计结果是稳健可信的。农村最低生活保障制度的实施，使贫困发生率降低了 0.106 个单位。同时，在其他控制变量中，健康状况对降低贫困发生率也具有积极作用，在其他影响因素不变的情况下，贫困发生率降低了 0.00565。受教育程度与贫困发生率呈负相关，在 5% 的显著性水平下，估计参数为 0.0042，说明提高受教育程度、增加人力资本投入能够降低贫困发生率。

三　研究结论及政策启示

本书在对农村最低生活保障制度减贫效果研究成果梳理的基础上，利用 CHNS 2000 年、2004 年、2014 年和 2018 年的数据，结合双重差分法，对中国农村最低生活保障制度实施以来的政策减贫效果进行了实证分析。从政策减贫绩效来看，农村最低生活保障制度的减贫效果的确存在，但其作用程度较低。根据所选取的样本数据，以 2000 年 0.126 的贫困发生率为例，在农村最低生活保障制度实施之后，能够带来 0.106 的减贫效果，到 2018 年贫困发生率下降了 84.13 个百分点。研究同时发现，影响农村贫困人口人力资本的相关因素对降低贫困发生率具有显著相关性。具体而言，健康状况在降低贫困发生率方面的作用，仅次于农村最低生活保障制度实施带来的影响，健康的身体为贫困人口提供了最基本的生存基础。同时，受教育程度越高，贫困发生率越低。这意味着健康程度越高、受教育水平越高的贫困人口，越有可能在低保制度实施中走出贫困。

本研究结论具有如下政策启示。

第一，关注贫困人口的健康水平，提升贫困人口医疗卫生水平。研究发现，健康状况对降低贫困发生率具有积极作用。因而，从提高反贫困制度绩效层面来看，应该加大对贫困人口医疗卫生和健康照护服务等人力资本的投入力度，以最大限度地降低因病致贫和因病返贫的风险。同时，应加强对贫困家庭的健康教育，通过健康知识的传播，影响乃至改变个人和家庭行为，减少因健康风险因素而陷入贫困。低保户的社会资源更为贫乏，因此扶贫政策应适当地向低保户倾斜。

第二，增加教育投入，提高抵御贫困发生能力。实证结果显示，在 5% 的显著性水平下，受教育程度与贫困发生率显著负相关，说明教育投入即人力资本投入，能够提高人口抵御贫困发生的能力；而且贫困往往制约贫困家庭在子女身上的投资，由此导致贫困的代际传递。所以，从提高反贫困长期效果层面来看，还应该加大对生活在贫困家庭中儿童的人力资本投入力度。重视和增加贫困家庭子女的健康教育和素质教育投入，有利于其应对未来更多的不确定因素冲击，使贫困家庭摆脱陷入贫困循环的怪圈。同时，为了避免"福利陷阱"的发生，应当促使低保户通过自身努力实现脱贫增收。[1] 通过构建适当的利益诱导机制和政策激励机制，让低保户积极参与脱贫工作，鼓励低保通过不懈努力奋斗获得自我的可持续发展。

第三，进一步提升社会救助的综合救助功能。研究发现，作为一种最低层次的社会保障，农村最低生活保障制度的减贫功能是极为有限的。因而，只有秉持"助人自助"理念，建立综合性的社会救助制度，才能使有劳动能力的贫困者经由社会救助制度的缓冲最终摆脱贫困。在综合性社会救助制度的建设中，要在准确甄别贫困人口、完善农村最低生活保障制度的同时，做好农村低保与医疗救助、教育救助、就业救助等专项救助的衔接，积极建立有劳动能力的贫困人口就业激励机制，为有劳动能力但没有劳动机会的人口提供职业技能培训，实施再就业鼓励政策，平衡救助与就业之间的关系，激励有能力的农村贫困群体摆脱贫困，避免其陷入"低收入陷阱"无法自拔。

---

① 吴海涛，陈强．精准扶贫政策与农村低保制度的有效衔接机制［J］．农业经济问题，2019（7）．

第二节　农村低保与经济发展的适应性分析

一　相关文献回顾

目前国内学界对于低保与经济发展的适应性研究主要集中在两方面。一方面，基于经济发展水平确定低保标准。学界主要是运用贫困线法、恩格尔系数法、基本需求成本法、马丁法和扩展线性支出系统数学模型法等确定最低生活保障标准。采用多元线性回归分析、扩展线性支出模型（ELESM）等方法研究城乡低保标准。学者普遍认为各地经济发展水平不同，在确定最低生活保障标准时参照的系数应该与经济发展水平相一致。

另一方面，从收入和消费的视角对低保实际给付水平进行评估。这类研究主要是利用各种指标展开分析。一些学者使用单一指标对低保水平进行评估，另一些学者则从绝对水平和相对水平选择多指标对低保水平进行评估，还有学者引入低收入群体食品替代率和消费替代率对低保标准适度性进行研究。比较一致的看法是，各省低保水平差距仍然较大，低保水平与经济发展水平很不相称，中央财政转移支付应该为实现区域社会救助公平发挥更大作用。

毋庸置疑，现有研究无论理论探索还是实证分析都对中国农村低保制度的完善和实施绩效的提高具有重要意义，但这些研究也存在一定不足。其一，在研究范畴上，现有研究仍局限于低保标准与经济发展水平的适配性上，而非具有更广泛实践意义的低保水平。其二，在研究方法上，尽管部分学者突破了单一指标片面性的缺陷，使用多指标评价低保水平与经济发展水平的适配性，但是并没有指出指标之间的逻辑关系，也没有解决运用多指标进行评价时不同指标评价结果相互矛盾的问题。因此，本书利用全国31个省（自治区、直辖市）农村低保水平的面板数据，采取多指标综合评价的因子分析法在充分提取信息的前提下，将具有错综复杂关系的多元指标体系综合成一个或几个因子，对中国农村低保水平与经济发展水平的适配性进行综合评价，而且对两者间动态变迁特点进行探索。

当然，农村低保水平的确定会受到经济、政治和社会等多方因素的影响，农村低保水平与经济发展水平相适应也并不一定意味着农村低保水平就是合理的。作为一项关于农村低保与经济发展关系的实证性分析，本书试图通过研究实现以下三个目标：其一，客观揭示当前中国各地区农村低保给付水平；其二，探讨农村低保水平与经济发展水平的适应程度及特征；其三，从经济发展水平层面来回答中国是否应该进一步加大农村社会救助资源投入力度，提高农村居民的低保水平。

二　测度指标选取、方法说明

（一）农村低保水平测度的指标选取

目前对农村低保水平测度的研究较少，大多数研究散落在农村低保制度的实施效果评价和低保标准的合理性评价中。在这些研究中，学者较多地将低保消费替代率、低保生活救助系数或低保救助力度系数等单一指标作为农村低保水平的衡量标准，而单指标测度存在测度值对所选指标变动敏感、无法综合考虑各个测度指标之间的关系和无法全面衡量低保水平等缺陷。有鉴于此，本书构建了多指标的综合指标体系对农村低保水平进行测度，通过指标体系来间接对低保水平进行检验和判断。

本书从以下三个方面选择指标。一是从农村低保收入维持水平方面，选择农村低保救助力度系数（农村低保救助力度系数＝农村低保标准÷前一年的农村居民家庭人均纯收入），该指标反映了政府对农村低保人口的实质救助力度。该指标越大，说明低保受助者所获得的救助水平越高。二是从农村低保的生活救助水平上，选择农村低保生活救助系数（农村低保生活救助系数＝农村低保标准÷农村居民家庭平均每人食品消费支出）和低保标准与最低消费差距作为衡量指标。但是考虑到无法集齐 31 个省（自治区、直辖市）按收入五等分农民家庭人均消费支出情况，因此选择农村低保标准占农村居民家庭平均每人消费支出和农村低保标准占农村居民消费支出水平作为替代指标。三是从农村低保的政府救助深度和广度水平上，选择农村低保财政实际救助深度（农村低保财政实际救助深度＝农村最低生活保障人均支出水平÷地方财政人均支出水平）、财政计划救助深度（财政计划救助深度＝农村低保资金全年计划支出÷市县两级财政支出）和低保覆盖面三个指标作为衡量指标。

（二）农村经济发展水平测度的指标选取

经济发展水平具有丰富的内涵，是综合反映一个地区在一定时期内国民经济各方面的发展状况和经济持续发展的能力。因此，单纯使用人均GDP或者其增长速度来评价农村经济发展水平存在一定缺陷。本书从农村居民生活水平、农村经济实力和农业生产力水平三个层次选择8个经济指标来反映农村经济发展水平。农村居民生活水平方面选择农村居民家庭人均消费性支出、农村居民消费水平和恩格尔系数①；农村经济实力方面选择农林牧渔业总产值、地方财政一般预算收入和农村居民人均纯收入；农业生产力水平方面选择农业劳动生产率和人均机械总动力。

（三）方法说明

对于以上具有内在相关性的指标体系，本书选择因子分析方法，将具有错综复杂关系的多元指标变量，在充分提取信息的前提下，综合成少数的一个或几个不相关的因子，并根据因子的重要程度进行加权平均，以求得中国31个省（自治区、直辖市）农村低保水平和经济发展水平的测度值。

三　实证分析

（一）数据来源

农村低保制度2007年在全国范围内正式建立，而全国31个省（自治区、直辖市）较为完整、规范的数据是从2008年开始统计的，因此本书所使用的数据是2008~2017年全国31个省（自治区、直辖市）的农村低保数据和农村经济发展数据。所有原始数据均来源于对应年份的《中国统计年鉴》、《中国民政统计年鉴》和民政部网站2008~2018年分省（自治区、直辖市）社会服务统计数据，并运用统计软件SPSS 20.0，对31个省（自治区、直辖市）农村低保和经济发展水平分别进行因子分析。

---

① 考虑到恩格尔系数是负向指标，因此在因子分析时对其进行了正向化处理，选择1-恩格尔系数作为分析指标。

（二）基于因子分析的农村低保和农村经济发展水平综合测度

从因子分析的适配度检验来看，各年度农村低保水平因子分析的 KMO 值都在 0.506~0.774，各年度经济发展水平因子分析的适配度都在 0.544~0.706，Bartlett 球形检验都是拒绝原假设，说明各年度农村低保水平和农村经济发展水平可以做因子分析。

本书根据因子的累计方差贡献率大于 80% 的信息准则选择公因子，并估计公因子的得分，作为综合计算农村低保水平和农村经济发展水平的依据，进一步按照因子的方差贡献率设置权重，对因子得分进行加权，以此综合得分为农村低保水平和农村经济发展水平的测度值。从表 3-5 的农村低保因子方差贡献率看，2008~2017 年的因子分析中都提取两个公因子，因子的累计方差贡献率都超过了 80%，说明充分提取了原始指标体系中变量的信息。从提取的两个公因子含义看，公因子 1 主要反映了低保的收入和生活维持水平，因此可以将公因子 1 命名为救助因子；公因子 2 主要反映了财政救助水平，因此将公因子 2 命名为财政因子；各年农村经济发展水平的因子分析结果表明，提取三个公因子累计方差贡献率已经接近 90%，达到充分提取信息的标准。经济发展水平的三个公因子分别体现了生活水平、经济实力和生产力水平，因此分别命名为生活水平因子、经济实力因子和生产力水平因子。

表 3-5 2009 年、2011 年、2013 年、2015 年、2017 年旋转后的因子方差贡献率

单位：%

年份		农村低保水平			农村经济发展水平		
		特征根	方差贡献率	累计方差贡献率	特征根	方差贡献率	累计方差贡献率
2009	公因子 1	3.496	58.268		3.970	49.619	
	公因子 2	1.885	31.414	89.682	1.731	21.642	88.673
	公因子 3				1.393	17.412	
2011	公因子 1	3.402	56.693		3.911	48.882	
	公因子 2	1.840	30.668	87.361	1.742	21.772	89.367
	公因子 3				1.497	18.713	

年份	农村低保水平				农村经济发展水平		
		特征根	方差 贡献率	累计方差 贡献率	特征根	方差 贡献率	累计方差 贡献率
2013	公因子 1	3.079	43.993	81.515	4.250	53.123	84.931
	公因子 2	2.207	37.522		1.451	18.142	
	公因子 3				1.093	13.666	
2015	公因子 1	3.137	48.819	88.682	4.298	53.719	85.510
	公因子 2	2.090	39.863		1.392	17.395	
	公因子 3				1.152	14.396	
2017	公因子 1	3.078	47.965	86.214	4.275	53.438	85.195
	公因子 2	1.977	38.249		1.358	16.973	
	公因子 3				1.183	14.784	

注：由于时间跨度较大，该表中仅包括 2008~2017 年间奇数年的因子方差贡献率数据，偶数年的数据见附录 1。

在农村低保水平因子分析中，选择 Bartlett 因子得分估计方法，得到公因子的估计值，并用公因子的方差贡献率占累计方差贡献率的百分比为权重，可得中国 31 个省（自治区、直辖市）2008~2017 年的低保水平和经济发展水平因子综合得分值。本书中以此因子综合得分为各地区农村低保水平和经济发展水平测度值，具体结果见表 3-6。

表 3-6　2009 年、2011 年、2013 年、2015 年、2017 年 31 个省（自治区、直辖市）农村低保水平与农村经济发展水平测度值

地区	农村最低生活保障水平测度值					农村经济发展水平测度值				
	2009 年	2011 年	2013 年	2015 年	2017 年	2009 年	2011 年	2013 年	2015 年	2017 年
北京	-0.45	0.40	0.25	0.68	0.72	1.45	1.19	1.29	1.08	1.01
天津	1.60	1.04	0.38	0.45	1.01	0.30	0.51	0.86	0.69	0.63
河北	-0.40	-0.04	-0.25	-0.56	-0.59	0.31	0.35	-0.25	-0.32	-0.26
山西	-0.27	-0.18	-0.01	-0.10	-0.13	-0.27	-0.32	-0.28	-0.55	-0.57
内蒙古	0.17	0.79	1.24	0.52	0.58	0.14	0.22	-0.23	-0.28	-0.31
辽宁	-0.28	-0.43	-0.34	-0.47	-0.44	0.44	0.36	0.24	-0.15	-0.20

续表

地区	农村最低生活保障水平测度值					农村经济发展水平测度值				
	2009 年	2011 年	2013 年	2015 年	2017 年	2009 年	2011 年	2013 年	2015 年	2017 年
吉林	-0.23	-0.77	-0.99	-0.72	-0.36	0.17	0.14	-0.27	-0.52	-0.55
黑龙江	-0.33	-0.57	-0.57	0.48	-0.37	0.40	0.24	-0.25	-0.56	-0.47
上海	-0.38	-0.50	-0.28	0.74	0.75	1.54	1.39	1.53	1.59	1.50
江苏	0.37	0.57	0.39	0.07	-0.39	0.94	1.17	1.11	1.29	1.26
浙江	-0.09	-0.08	-0.40	-0.26	-0.57	0.90	0.90	1.16	1.18	1.24
安徽	0.12	0.33	0.26	0.08	-0.05	-0.15	-0.15	-0.13	-0.09	-0.08
福建	-0.82	-1.17	-1.34	-1.18	-1.07	0.01	-0.05	0.47	0.44	0.55
江西	-0.06	0.07	-0.16	-0.27	-0.46	-0.34	-0.33	-0.09	-0.08	-0.12
山东	-0.91	-0.84	-0.64	-0.61	-1.06	0.78	0.76	0.35	0.41	0.49
河南	-0.47	-0.60	-0.87	-0.84	-0.70	0.24	0.19	-0.19	-0.25	-0.23
湖北	-0.65	-0.58	-0.73	-0.38	-0.14	-0.08	0.11	-0.04	-0.08	0.00
湖南	-1.08	-0.76	-0.56	-0.86	-1.12	-0.25	-0.18	-0.12	-0.07	-0.08
广东	-0.04	-0.42	-0.44	-0.18	0.15	0.24	0.24	1.10	1.37	1.40
广西	-0.21	-0.42	0.38	0.18	-0.13	-0.57	-0.49	-0.42	-0.39	-0.36
海南	2.22	1.90	0.76	0.81	-0.31	-0.70	-0.70	-0.31	-0.24	-0.11
重庆	0.73	0.51	-0.18	-0.68	-0.20	-0.73	-0.63	-0.11	0.02	-0.05
四川	-0.67	-0.60	-0.87	-0.88	-0.49	0.00	-0.22	0.06	0.26	0.31
贵州	1.29	1.62	1.15	1.12	1.03	-0.86	-0.96	-0.62	-0.60	-0.60
云南	0.34	0.64	0.77	0.73	0.53	-0.70	-0.71	-0.44	-0.40	-0.48
西藏	0.28	0.11	1.08	0.56	0.64	-0.97	-1.13	-1.26	-0.35	-0.49
陕西	-0.17	0.73	0.45	0.09	-0.06	-0.29	-0.11	-0.39	-0.59	-0.60
甘肃	0.44	0.32	1.63	2.22	2.36	-0.64	-0.74	-0.77	-0.80	-0.83
青海	0.73	0.27	0.32	0.29	0.16	-0.54	-0.59	-0.70	-0.74	-0.68
宁夏	-0.94	-0.80	-0.03	0.02	0.10	-0.44	-0.34	-0.68	-0.73	-0.77
新疆	0.17	-0.55	-0.41	-0.46	0.63	-0.30	-0.12	-0.63	-0.55	-0.56

注：由于时间跨度较大，该表中仅包括 2008~2017 年间奇数年的农村低保水平与农村经济发展水平测度值，偶数年的数据见附录 2。

（三）农村低保救助力度与经济发展状况分析

从农村低保水平的各个因子测度值看，在低保综合水平高于全国平均水平的省份中，仅有海南、贵州和青海三个省份的公因子 1 和公因子 2 均高于平均水平，有一半左右的省份财政救助水平（公因子 2 得分）较高才导致综合救助水平较高，而这些省份无一例外地属于农村经济发展落后的省份。这说明对于经济发展滞后的地区而言，公共财政投入水平对于维持农村最低收入群体起到了至关重要的作用。从另外的角度看，部分经济发达的省份，例如 2008 年的北京和上海，2009 年的浙江、辽宁和上海，2010 年的北京、上海、辽宁、广东和河北，2011 年的河北、浙江和上海，2012 年的辽宁和上海的低保收入和生活维持水平高于全国平均值，但是由于财政救助水平低，低保综合水平低于全国平均水平，而这些省份也是未来具有改善最低生活保障水平潜力的省份。

（四）农村低保水平和农村经济发展水平的适应性分析

为了进一步分析不同地区农村低保水平与农村经济发展水平的适应性，本书将各年不同农村低保水平综合测度值和农村经济发展水平综合测度值绘在一个散点图中，同时时间序列也动态地展示了各地区农村低保水平和农村经济发展水平的变化特征。

鉴于各年农村低保水平综合测度值和农村经济发展水平综合测度值的平均值都为 0，因此用全国平均经济发展水平这一纵线和全国平均低保水平这一横线就将整个散点图分成了四个象限。其中，第一象限表明该地区农村经济发展水平比全国平均发展水平高且农村居民最低生活保障水平高于全国平均水平；第二象限表明农村经济发展水平比全国平均发展水平低，但农村居民最低生活保障水平高于全国平均水平；第三象限则表明不论农村经济发展水平还是农村居民最低生活保障水平都低于全国平均水平；第四象限表明农村经济发展水平高于全国平均水平，但是农村居民最低生活保障水平低于全国平均水平。这四个象限的农村经济发展水平和农村低保水平的含义可以从图 3-2 中看到，第一象限和第三象限是经济发展水平与低保水平相适应的状况，而第二象限和第四象限则是经济发展水平和低保水平不相适应的状况，其中第二象限是低经济发展水平、高保障水平，这样的低保政策的可持续性受到挑战；而第四象限则是高经济发展水平、低保障水平，这样的农村具有改善低保状况的经济能力，因此农村居民的最低生活保障状况应逐步改善。

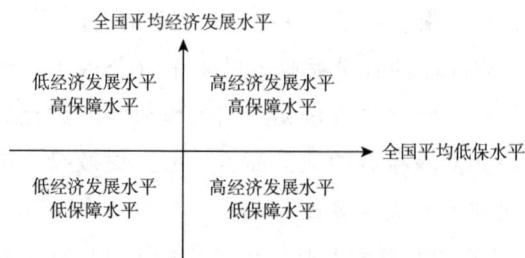

图 3-2　四个象限农村经济发展水平和农村低保水平的含义

从横向对比看，以 2017 年 31 个省（自治区、直辖市）的经济发展水平和最低生活保障水平适度性分析为例，从图 3-3 的统计结果可以看到，2017年，上海、广东、北京和天津属于高经济发展水平、高保障水平；有 6 个省份属于高经济发展水平、低保障水平；7 个省份属于低经济发展水平、高保障水平；14 个省份属于低经济发展水平、低保障水平。综合来看，农村居民最低生活保障力度弱的省份占多数，而且在第三、第四象限内保障水平弱的省份中第三象限占比超过 60%，这表明这些省份短期内大力提高低保水平不具有可行性。而在最低生活保障水平较高的 11 个省份中，绝大多数的经济发展水平较差，说明这些省份未来高低保水平的可持续性将面临挑战。

从时间序列动态看，2008~2017 年各地区的农村经济发展水平与农村低保水平呈现不同的变化模式。一方面，从农村经济发展水平看，尽管各省份的经济发展差距呈现了持续扩大又逐步缩小的态势，但是各省份的经济发展水平相对位置并没有发生较大变动。具体表现为，2008~2014 年，中国农村经济发展水平的差距一直在拉大，经济发展最好的地区与最差的地区的综合得分差值从 2008 年的 2.45 扩大到 2014 年的 3.49。而从 2015 年开始各省的经济发展差距又呈现缩小的态势，经济综合得分差值从 2015 年的2.39 降低到 2017 年的 2.33。另一方面，各省份低保水平的差距呈波动状况。2016 年达到最大差距，低保水平最高的省份得分与最低省份得分的差值为 3.54，这主要是由于 2016 年福建省的低保综合得分出现了较大幅度下跌。

年份：2009

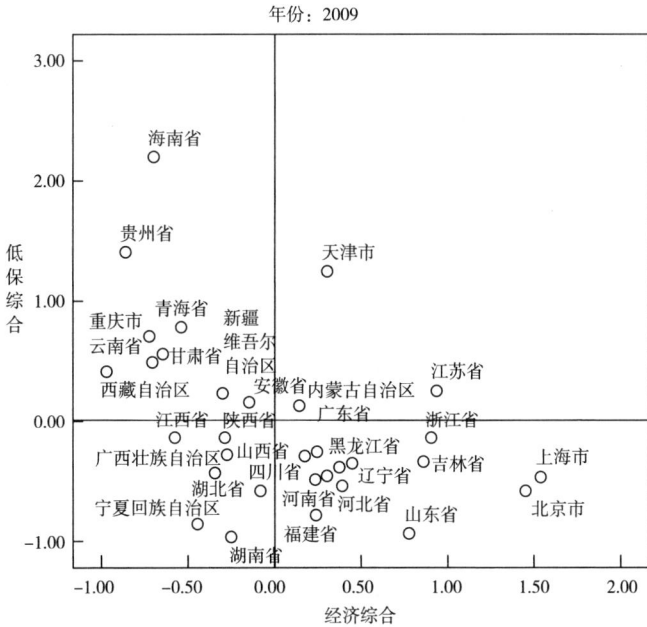

年份：2011

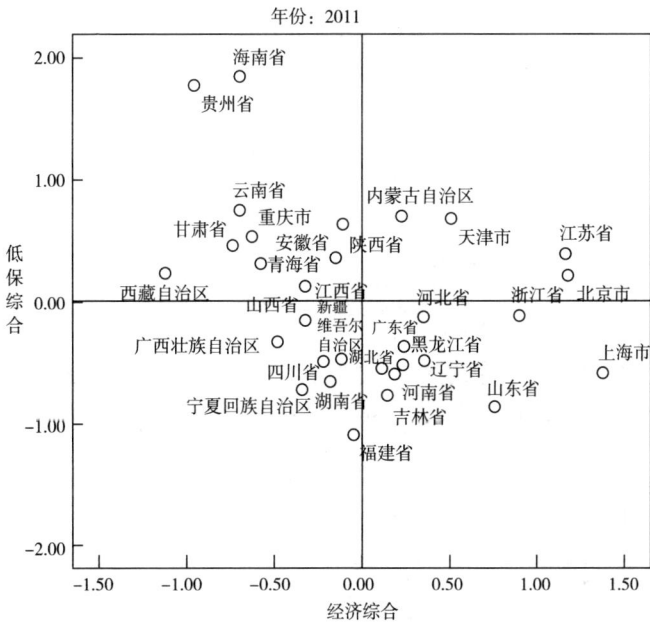

年份：2013

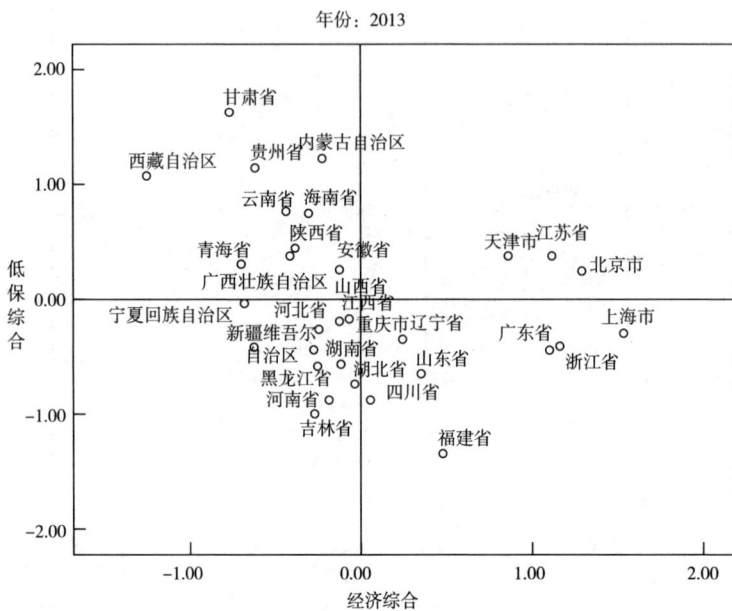

年份：2015

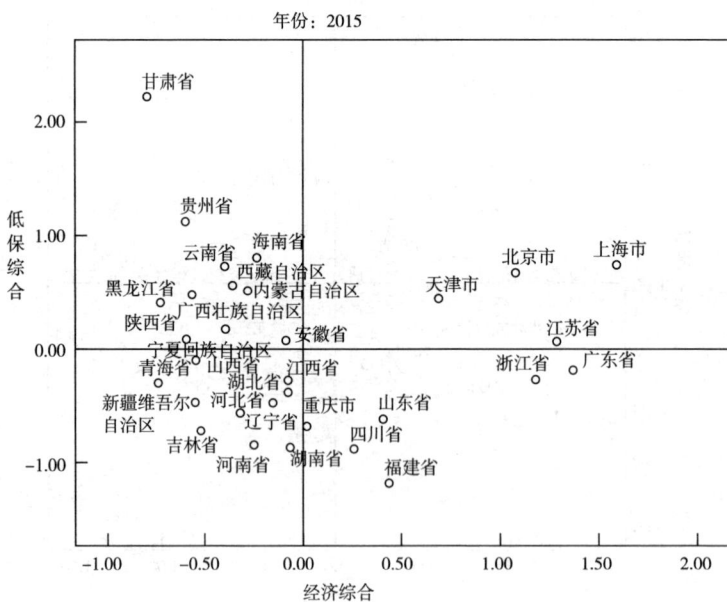

年份：2017

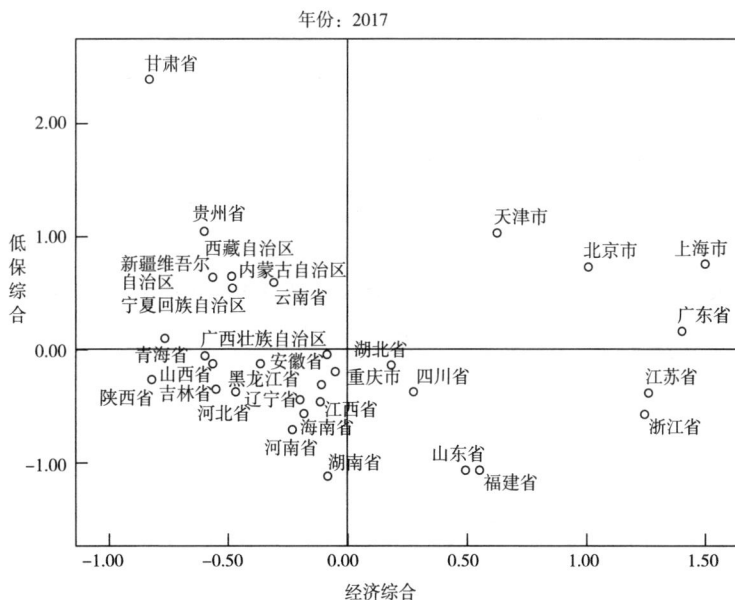

图 3-3 2009~2017 年全国 31 个省（自治区、直辖市）的农村经济发展水平和农村低保水平分布

注：由于时间跨度较大，该图仅包括 2008~2017 年间奇数年的农村经济发展水平和农村低保水平分布图，偶数年的分布图见附录 3。

从经济发展水平与低保水平适应性看，表 3-7 显示，除了少数年份，天津和江苏这两个地区几乎始终属于经济发展水平高、低保水平高地区，北京从 2008 年到 2010 年经济发展水平高、低保水平低，但从 2011 年开始北京提高了低保水平，从而步入了经济发展水平和低保水平均较高的行列；安徽、海南、贵州、云南、甘肃和青海这 6 个地区则较长时间内经济发展水平落后于全国平均水平，但农村居民最低生活保障水平远高于全国平均水平；而河北、河南、辽宁、吉林和黑龙江这 5 个省开始年份经济发展水平徘徊于全国平均水平之上，但是后劲不足，最终还是滑向经济发展水平和低保水平都相对低的第三象限；山西、湖南、湖北、江西、宁夏和新疆这 6 个省（自治区）除少数年份外，经济发展水平持续较低，低保水平在全国也处于较低的状况；西藏、陕西、广西和重庆则经济发展水平一直较低，但是低保水平一直波动不稳定，其中西藏、陕西和广西有向第二象限波动的趋势，而重庆则向第三象限波动;内蒙古从 2013 年开始经济发展水平下滑,但是低保水平依然高于全国平均水平;四川的发展与内蒙古恰好相反,从 2015 年以后经济发展水平提高,但低保水平没有相对改善;在经济发展水平较高的上海、浙江、福建、山东和广东中,仅有上海的低保水平获得了改善,逐步与经济发展水平相适应,而浙江、福建、山东和广东的低保水平普遍低于全国平均状况,与其经济发展水平不相适应。

表 3-7 2008~2017 年 31 个省(自治区、直辖市)农村经济发展水平
与农村低保水平所属类别

地区	2008 年	2009 年	2010 年	2011 年	2012 年	2013 年	2014 年	2015 年	2016 年	2017 年
北京	4	4	4	1	1	1	1	1	1	1
天津	1	1	1	1	1	1	1	1	1	1
河北	4	4	4	4	4	3	3	3	3	3
山西	3	3	3	3	3	3	3	3	3	3
内蒙古	4	1	1	1	1	2	2	2	2	2
辽宁	4	4	4	4	4	4	4	3	3	3
吉林	4	4	4	4	4	3	3	3	3	3
黑龙江	1	4	4	4	4	3	3	2	2	3
上海	4	4	4	4	4	4	1	1	1	1
江苏	1	1	1	1	1	1	1	1	4	4
浙江	1	4	4	4	4	4	4	4	4	4
安徽	2	2	2	2	2	2	2	2	3	3
福建	4	4	3	3	3	4	4	4	4	4
江西	2	3	3	2	2	3	3	3	3	3
山东	4	4	4	4	4	4	4	4	4	4
河南	4	4	4	4		3	3	3	3	3
湖北	3	3	3	3	3	3	4	3	3	4
湖南	3	3	3	3	3	3	3	3	3	3

续表

地区	2008 年	2009 年	2010 年	2011 年	2012 年	2013 年	2014 年	2015 年	2016 年	2017 年
广东	1	4	4	4	4	4	4	4	4	1
广西	3	3	3	3	3	2	2	2	2	3
海南	2	2	2	2	2	2	2	2	2	3
重庆	2	2	2	2	2	3	3	4	3	3
四川	3	3	3	3	3	4	3	4	4	4
贵州	2	2	2	2	2	2	2	2	2	2
云南	2	2	2	2	2	2	2	2	2	2
西藏	3	2	3	2	2	2	2	2	2	2
陕西	3	3	2	2	2	2	3	2	2	3
甘肃	2	2	2	2	2	2	2	2	2	2
青海	2	2	2	2	2	2	3	3	2	2
宁夏	3	3	3	3	3	3	3	2	2	2
新疆	3	2	3	3	3	3	3	3	2	2

注：表中 1、2、3、4 分别代表经济强高保障、经济弱高保障、经济弱低保障和经济强低保障四类地区。

四　结论与启示

研究发现，中国农村低保水平与农村经济发展水平不相适应。实证分析结果表明，农村低保水平与农村经济发展水平呈现一定程度的负相关关系，即经济发展水平较高地区的低保水平较低；低保水平较高的地区往往经济发展水平较低。具体而言，农村低保水平与农村经济发展水平二者关系大致可以分为四种类型：①经济发展水平高、低保水平低，如广东、浙江、山东和福建等。②经济发展水平低、低保水平高，如安徽、海南、贵州、云南、甘肃和青海等。③经济发展水平与低保水平相适应，如天津、江苏和北京属于经济发展水平和低保水平均较高地区；山西、湖南、湖北、江西、宁夏和新疆则属于经济发展水平和低保水平均较低地区。④经济发展水平与低保水平关系发生变动地区，如河北、辽宁、吉林、河南、黑龙江、西藏、陕西、广西、重庆、内蒙古和四川。宏观上看，中国农村低保总体水平仍然偏低，特别是经济发达省份对农村低保的财政投入较少，低保水平不高。中央财政对于农村低保的发展起着举足轻重的作用，中央财政应持续加大对农村低保的资金投入力度，并在全国范围内合理配置，以保证其整体水平位于合理区间。

相对贫困农户生计资本与生计策略分析

本书探讨的是如何将可持续生计理念嵌入农村反贫困战略,并通过微观生计系统与宏观政策互构来推动农村社会救助制度转型升级的应用研究。第二章和第三章从宏观层面分析了中国社会救助实施情况,接下来,本书将侧重从微观层面探讨相对贫困农户可持续生计的形成机理及对社会救助制度转型升级的影响。本书认为,生计资本、生计能力和生计策略是相对贫困农户实现可持续生计的三大关键要素,且生计资本是可持续生计的核心内容,生计资本既影响生计策略又影响生计能力,生计策略和生计资本均影响生计能力。因此,本书在第四章、第五章运用 CFPS 数据实证分析了相对贫困农户的生计资本、生计策略、生计能力及其相互关系,其目的是为社会救助制度转型方向的确定和政策的制定提供依据。同时,考虑到当前中国的绝对贫困问题已被彻底解决,反贫困工作的重心已从解决绝对贫困问题转向解决相对贫困问题,第四章、第五章均是基于相对贫困视角对贫困农户的生计资本、生计策略和生计能力进行的分析。

第一节　相对贫困农户生计资本状况分析

一　相对贫困农户的识别

(一)相对贫困农户识别方法

贫困既是一个复杂的、动态的、多面的客观现象,也是人们的主观建构。贫困概念从最初的只考虑经济维度的收入贫困,开始向发展能力的贫困进而到权利贫困转变。相对贫困农户（本书亦称为"农村相对贫困家庭"）的监测识别是解决贫困问题、构建反贫困长效机制的关键环节和首要任务。目前，相对贫困农户的识别方法主要有收入贫困、支出贫困和多维贫困的测度方法。本书采用多维贫困方法识别相对贫困农户。

关于多维贫困人口的识别一般包括两类：单维方法（the unidimensional approach）和双界线方法（the dual-cutoff approach）。其中，双界线方法又包含两种特例，即当 $k=1$ 时，为单一方法（union method）；当 $k=d$ 时，为截面方法（intersection method）。双界线方法由 Alkire 和 Foster 提出，一般也称为 AF 方法。该方法包括两个临界值：一是每个福利指标上的临界值，用来判断家庭在该指标上是否贫困；二是剥夺得分的临界值，通过计算家庭在所有指标上的剥夺加权得分，再同该临界值比较，用来判断个体是否属于多维贫困。多维贫困的测算方法可以提供相对贫困农户的多维贫困信息，从而有助于政策制定者更加细致地辨识农户的贫困状态及致贫原因，提高反贫困政策的瞄准效率。

假设矩阵 $X^{n,\,d}$ 代表 $n \times d$ 维矩阵，通过家计调查或者家庭个人调查可以获得每个维度上福利指标的取值，令 x_{ij} 为矩阵 $X^{n,\,d}$ 中元素，代表 i 家庭在维度 j 上的取值，$i = 1,\ 2,\ \cdots,\ n$，$j = 1,\ 2,\ \cdots,\ d$。矩阵的行向量 $x_{i\cdot} = (x_{i1},\ x_{i2},\ \cdots,\ x_{id})$ 代表家庭 i 在不同维度上的取值；矩阵的列向量 $x_{\cdot j} = (x_{1j},\ x_{2j},\ \cdots,\ x_{nj})$ 代表维度 j 上不同家庭的取值。剥夺临界值用于识别家庭在各个维度上的贫困状态，令 $z = (z_1,\ z_2,\ \cdots,\ z_d)$ 为剥夺的临界值向量，z_j 代表第 j 个维度被剥夺的临界值。从而对于任何矩阵 $X^{n,\,d}$，可以定义剥夺矩阵 $g^0 = [g^0_{ij}]$，其中的元素 g^0_{ij} 的定义为：当 $x_{ij} < z_j$ 时，$g^0_{ij} = 1$，代表 i 家庭在 j 维度上处于贫困状态；反之，当 $x_{ij} > z_j$ 时，$g^0_{ij} = 0$，代表该家庭在 j 维度上不存在剥夺。对于多维贫困的识别，通常设定各个维度的权重 w_j，令 $w = (w_1,\ w_2,\ \cdots,\ w_d)$ 为权重向量，代表各个维度的相对重要性，且 $\sum w_j = 1$。家庭 i 的加权剥夺得分为 $c_i = \sum_{j=1}^{d} w g^0_{ij}$，多维贫困的维度临界值 k 是判断家庭为多维贫困的最低剥夺得分，多维贫困的识别函数 ρ_k 与家庭 i 的福利向量 $x_{i\cdot}$、维度内剥夺临界值 z 以及跨维度被剥夺的状况 $c_i(w)$ 有关，当 $c_i \geqslant k$ 时，$\rho_k = 1$ 定义家庭 i 为多维贫困状态；反之，$\rho_k = 0$ 定义家庭 i 为非多维贫困。

（二）数据来源

本书使用北京大学中国社会科学调查中心（ISSS）开展的中国家庭追踪调查资料（CFPS 2018）。该调查是一项全国性的社会跟踪调查，调查样本覆盖全国 31 个省（自治区、直辖市），重点关注家庭、人口、经济和教育等诸多主题。CFPS 2018 家庭样本容量达 14218 户，调查对象包含样本家庭中的全部成员。本书选择了个人自答问卷、家庭经济问卷和家庭成员问卷三部分问卷的相关变量，基于国家统计局资料的城乡分类保留三部分问卷中的乡村人口数据，并将三份问卷按照 2018 年家庭编码进行匹配，剔除部分数据缺失样本，最终获得的有效样本包含 5947 户农村家庭。

（三）相对贫困农户识别结果

1. 多维贫困维度、指标与临界值

目前对于多维贫困评估的维度、指标选取、指标临界值和指标权重系数的确定并没有形成统一的标准。本书主要参考了国际机构发布的贫困指数，如联合国提出的人类发展指数（HDI）和发展中国家人类贫困指数（HPI）、联合国开发计划署（UNDP）使用的多维贫困指数（MPI）、世界银行提出的人类机会指数（HOI）中所采用的维度和指标。同时，参考国内外学界在多维贫困测度中维度与指标的选取方法，如 AF 贫困指数的 3 维度 10 变量、刘艳华的 6 维度 20 变量、王小林的 8 维度 8 变量。对于指标临界值的选取，本书也借鉴了联合国千年发展目标（MDGs）和人类发展报告中提到的发展中国家扶贫与减贫的指标与临界值标准。考虑到指标的政策可操作性与数据的可获得性，重点考察健康、教育、生活质量、医疗服务、收入 5 个维度（共 9 个指标）下的农村多维贫困状况。贫困维度和指标的确定、各维度下的指标及其剥夺临界值如表 4-1 所示。各维度下的指标说明如下。

（1）健康维度。在 CFPS 个人自答调查数据中，选择家庭成员的健康自评和身体质量指数来识别被调查者的健康贫困状况。其中健康状况自评取值为"非常健康"、"很健康"、"比较健康"、"一般"和"不健康"。因此，这里将"一般"作为健康状况的剥夺临界值；"不健康"则归为健康剥夺，赋值为 0。身体质量指数（BMI）是国际上用于研究公众健康的指标，根据世界卫生组织 2000 年的报告标准，将亚洲成年人在 18.5～22.9 kg/m² 视为正常，因为本书主要是识别个体的健康贫困，因此将 BMI 值为 18.5 kg/m² 选为临界值，低于临界值的个体识别为健康贫困。不难发现，本书的研究是以家庭为单位，而该指标的判定是以个体为单位，因此需要将以个体为单位的指标转化为以家庭为单位的指标。转化原则为，只要家庭中任意成员被识别为贫困，则该家庭在该指标下处于贫困状态。同理，其他维度的个体指标转化为家庭指标也适用于该方法。

（2）教育维度。该维度选择人均受教育年限和儿童辍学两个指标反映教育贫困。利用家庭 16 岁及以上成员的平均受教育年限来判断农村家庭教育程度。受教育年限的赋值为：未受教育为 0 年、小学为 6 年、初中为 9 年、高中及中专为 12 年、本科及以上为 16 年及以上。若家庭成员的平均受教育年限低于 9 年，则判定为存在教育贫困。利用家庭有 6～15 岁少儿没有上学，或有 16～18 岁未成年人没有完成九年义务教育作为儿童辍学的剥夺临界值。

（3）生活质量维度。参考 UNDF 的指标，选取生活燃料和用水状况两项指标。其中生活燃料指标，若家庭以"柴草"为做饭燃料，则赋值为 1，表示该家庭在该指标下处于贫困状态，否则为 0。生活用水指标，若做饭用水非"自来水"或"桶装水/纯净水/过滤水"则赋值为 1，判定该家庭为用水贫困状态；否则为非贫困，赋值为 0。

（4）医疗服务维度。本书中选择及时就医和医疗保险两项指标。其中，及时就医指标反映家庭成员身体不适时能够获得及时就医治疗，如果家庭成员自己感觉到所患伤病"严重"，而"没有看过医生"，则该家庭在该指标上处于贫困状态，否则该家庭处于非贫困状态。医疗保险指标反映家庭成年成员医疗保险参保情况，包括公费医疗、城镇职工医疗保险、城镇居民医疗保险（含"一老一小"保险）、补充医疗保险、新型农村合作医疗，如果年龄 16 岁以上的任一家庭成员没有购买任一医疗保险，则视为该家庭在该指标上处于贫困状态。

（5）收入维度。对于收入贫困，本书中使用农村家庭人均年纯收入进行衡量。家庭人均年纯收入的剥夺临界值以国务院扶贫办规定的农村年人均 2300 元（与 2010 年可比）为收入贫困临界值，低于该收入水平则存在收入贫困。

表 4-1　相对贫困农户多维贫困维度、指标、临界值和权重

维度	指标	临界值	权重
健康	健康自评 身体质量指数	若家庭成员的健康状况为"不健康",则该指标下存在剥夺; BMI 指数小于 $18.5 \, kg/m^2$ 为个体健康被剥夺	1/10 1/10
教育	人均受教育年限 儿童辍学	家中 16 岁及以上成员平均受教育年限低于 9 年为教育贫困; 家庭有 6~15 岁少儿没有上学,或有 16~18 岁未成年人没有完成九年义务教育	1/10 1/10
生活 质量	生活燃料 用水状况	若家庭以"柴草"为做饭燃料,则该家庭在该指标下处于贫困状态; 若做饭用水非"自来水"或"桶装水/纯净水/过滤水",则该家庭为用水贫困状态	1/10 1/10
医疗 服务	及时就医 医疗保险	如果家庭成员自己感觉到所患伤病"严重",而"没有看过医生",则该家庭在该指标上处于贫困状态; 如果年龄 16 岁以上的任一家庭成员没有购买任一医疗保险,则视为该家庭在该指标上处于贫困状态	1/10 1/10
收入	家庭人均年纯收入	将家庭人均年纯收入 2300 元(与 2010 年可比)作为贫困线,低于该收入水平则存在收入贫困	1/5

2. 相对贫困农户多维贫困测量结果

表 4-2 是 2018 年农户单指标贫困发生率,单指标贫困测度中比较突出的几个指标是:40.87%的农户家中至少有一名家庭成员健康状况为"不健康";依然有 38.17%的家庭以"柴草"为做饭燃料,不能使用清洁能源;有 35.86%的家庭处于生活用水贫困状态,甚至有 8.95%的家庭做饭用水只能使用"江河湖水、雨水、窖水、池塘水/山泉水",生活质量相对贫困状况依然突出;32.93%的农户家中至少有 1 名 16 岁及以上的成员受教育年限未满 9 年。但是从收入维度看,以绝对贫困线测度的贫困农户仅占 15.60%,这说明家庭贫困已经从单纯的收入低导致的生存性贫困向因病、因教育、因环境而导致的发展型贫困转变。

表 4-2 2018 年农户单指标贫困发生率

单位：%

维度	贫困发生率
收入	15.60
健康自评	40.87
身体质量指数	29.76
人均受教育年限	32.93
儿童辍学	1.18
生活燃料	38.17
用水状况	35.86
及时就医	3.13
医疗保险	13.30

利用中国家庭追踪调查资料，按照多维贫困的测量方法，选择各个维度等权重的加权方法，测算出中国农村多维贫困状况见图 4-1。当 $k \leqslant 40\%$ 时，家庭多维贫困发生率下降较快；而当 $50\% \leqslant k \leqslant 70\%$ 时，多维贫困发生率的下降幅度较小；当 $k > 80\%$ 时，多维贫困发生率为 0。这表明大多数的家庭存在 1.8~3.6 项的指标贫困，40.52% 的家庭存在 30%[①]的福利剥夺，家庭致贫的主要因素集中在因病贫困、因环境恶劣贫困和因教育水平低贫困等几个主要方面。

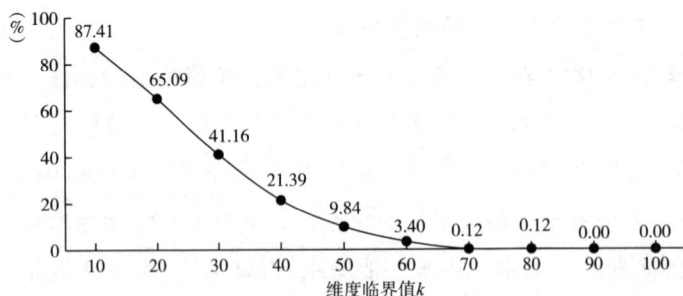

图 4-1 中国农村家庭多维贫困发生率

---

① 当 $k = 30\%$ 时，换算为具体的贫困指标维度为 $k \times 9 = 0.3 \times 9 = 2.7$。

　　因此本书以下将选择多维贫困的方法进行贫困识别，并取 $k=30\%$ 作为相对贫困农户的分界点，即如果农户的加权剥夺得分超过 30%，则认定该家庭为贫困状态。根据加权剥夺得分，本书识别出 2448 户相对贫困农户，相对贫困农户的地理分布如表 4-3 所示。

表 4-3　相对贫困农户的地理分布

单位：户，%

省（自治区、直辖市）	户数	百分比	累计百分比
北京市	1	0.04	0.04
天津市	7	0.29	0.33
河北省	129	5.27	5.60
山西省	100	4.08	9.68
辽宁省	282	11.52	21.20
吉林省	67	2.74	23.94
黑龙江省	37	1.51	25.45
上海市	3	0.12	25.57
江苏省	5	0.20	25.77
浙江省	12	0.49	26.26
安徽省	32	1.31	27.57
福建省	29	1.18	28.75
江西省	103	4.21	32.96
山东省	97	3.96	36.92
河南省	218	8.91	45.83
湖北省	21	0.86	46.69
湖南省	39	1.59	48.28
广东省	183	7.48	55.76
广西壮族自治区	71	2.90	58.66
海南省	1	0.04	58.70
重庆市	21	0.86	59.56
四川省	185	7.56	67.12
贵州省	121	4.94	72.06
云南省	111	4.53	76.59
陕西省	52	2.12	78.71
甘肃省	520	21.24	99.95
新疆维吾尔自治区	1	0.04	100.00

二　相对贫困农户的生计资本测度

（一）构建相对贫困农户可持续生计评价指标体系

根据 DFID 可持续生计分析框架，生计资本分为自然资本、金融资本、物质资本、人力资本和社会资本 5 个维度，本书在参考夏普（Sharp）和李小云等国内外学者对生计资本量化研究的基础上，选择了如下指标体系测度相对贫困农户可持续生计（见表4-4）。

表 4-4　相对贫困农户可持续生计评价指标体系

一级指标	二级指标	三级指标
相对贫困农户可持续生计	人力资本	家庭整体劳动能力 成年劳动力平均受教育程度 健康状况
	自然资本	土地拥有情况 出租土地所得 土地资产
	物质资本	家庭净房产 生产性固定资产 耐用消费品总值
	金融资本	家庭纯收入（与2010年可比） 现金和存款总和 贷款金额 社会保险状况
	社会资本	农户在本地的社会地位 农户获得工作是否受到过他人帮助 农户求职渠道的数量 农户对他人的信任度 农户社会组织参与状况

（二）生计资本量化

1. 人力资本量化

在农户生计资本中，人力资本的数量和质量决定了农户能否运用其他资本。人力资本的缺乏是造成农户贫困的主要原因之一。本书中对人力资本的测量有三个指标。第一个指标是家庭整体劳动能力，即处于不同年龄层次和健康状况的家庭成员所拥有的劳动能力总和。借鉴李小云的人力资源测定方法，首先将每个家庭成员的劳动能力赋值（见表4-5），然后将所有家庭成员的劳动能力求和。第二个指标是家庭中成年劳动力平均受教育程度。对这一指标的测量采用赋值法，首先对每个成年劳动力的受教育程度进行赋值（见表4-6），然后将所有成年劳动力受教育程度的赋值求和，再除以劳动力人数，得到平均受教育程度。第三个指标是健康状况。该指标的测量方法是首先将家庭成员的健康状况赋值，"不健康"赋值为0，"一般和比较健康"赋值为0.5，"很健康和非常健康"赋值为1，然后取家庭成员的健康状况中位数作为家庭健康状况指标值。

表4-5　家庭成员劳动能力的赋值

类别	解释	赋值
1. 儿童	年纪太小而不能劳动	0.0
2. 工作的儿童	可以做一些简单家务活或者简单农活	0.3
3. 成人的助手	能在地里帮忙的孩子	0.6
4. 健康的成年人	能够从事全部的成人劳动	1.0
5. 老年人	只能从事部分的成人劳动	0.5
6. 部分劳动能力者	轻度残疾、不太健康者	0.3
7. 丧失劳动能力者	年老完全不能劳动者、较重的慢性病或严重残疾者	0.0

注：上高中的孩子归入"成人的助手"，上初中的孩子归入"工作的儿童"，上小学的孩子归入"儿童"。

表4-6　成年劳动力受教育程度的赋值

类别	赋值（受教育程度单位）
1. 文盲	0.00
2. 小学	0.25

续表

类别	赋值（受教育程度单位）
3. 初中	0.50
4. 高中或中专技校	0.75
5. 大专及以上	1.00

注：该指标只对16~64周岁的劳动力的受教育程度进行计算。尽管法律规定的成年人为满18周岁的青少年，但是考虑农村地区已经有16~18周岁的未成年人外出打工，因此本书中将劳动力的年龄限定为16~64周岁。

2. 自然资本量化

在中国，土地资源是农户最重要的自然资本。本书中主要的土地类型包括耕地、林地、牧场、水塘等。在农村社区，农户拥有土地的状况直接影响其生计策略的选择，拥有更多土地资源的农户不仅可以通过土地带来农业经营收益，而且可以进行土地交易，从而获得资产收益。与富裕农户相比，贫困农户的自然资本相对匮乏或单一。因此，本书对自然资本的测量有三个指标。第一个指标为土地拥有情况，用家庭从集体分得的土地种类衡量。第二个指标为出租土地所得，在农村富裕农户由于有更多的生计选择，因此他们通常把自己的耕地转让给其他人耕种。第三个指标为土地资产，作为一种特殊的商品，在明确产权界定后，农村土地资产也成为农户重要的自然资本。

3. 物质资本量化

物质资本是指农户用于生产和生活的公共设施和物资设备。在同一农村社区，基础设施对于所有农户是无差异的，而不同家庭之间的消费性设备或生产性设备是有差别的。在本书中，物质资本被设定为三个指标：第一个指标是家庭住房情况，用家庭净房产（即家庭总房产价值剔除家庭总房贷后的余额）来衡量。第二个指标是生产性固定资产，指家庭拥有农用机械（如联合收割机、拖拉机、脱粒机、机引农具、抽水机、加工机械等生产性工具）的总价值。第三个指标是耐用消费品总值，耐用消费品指家庭所拥有的单位价格在1000元以上、自然使用寿命在2年以上的产品，如汽车、电脑、电视、首饰、古董、高档乐器等。

4. 金融资本量化

金融资本主要是指农户可支配、可筹措以及可保障的资金，包括三个

来源：自身的现金收入、从正规渠道和非正规渠道获得的贷款或借款以及农户社会保险的参与情况。自身的现金收入主要是农户通过自己的创收获得的，也是大多数农户金融资本的主要来源。从正规渠道获得的贷款是指从正规金融机构（农业银行、信用社）获得的现金；从非正规渠道获得的贷款是指从亲戚、朋友、邻居或者高利贷处获得的现金。农户社会保险的参与情况主要是反映农户在年老和发生意外时可获得的保障资金状况。本书将家庭纯收入、现金和存款总和、贷款金额以及社会保险状况作为衡量金融资本的四个指标。农户获得贷款金额包括代偿房贷本息、代偿银行和亲友及民间贷款。农户获得社会保险状况这一指标主要关注家庭成员参加养老保险的状况，包括参加基本养老保险、企业补充养老保险、商业养老保险、农村养老保险（老农保）、新型农村社会养老保险（新农保）以及城镇居民养老保险六种类型。首先将家庭成员参与的社会保险设定为二分变量，拥有赋值为 1，否则赋值为 0；然后将家庭成员拥有的保险加总并除以家庭成员数，得到家庭成员平均拥有养老保险数。

5. 社会资本量化

社会资本是指农户为了实施生计策略而利用的社会声望、社会网络、社会信任以及社会组织等信息、资源或优势。在本书中，社会资本主要用五个指标来衡量。第一个指标是农户在本地的社会地位，首先家庭成员对自己在本地的社会地位按照 1~5 分进行打分，分值越高表明社会地位越高；然后选择家庭成员打分的中位数作为家庭在本地社会地位的代表。第二个指标是农户获得工作是否受到过他人帮助，家庭成员中只要有 1 人及以上获得工作受到过他人帮助则赋值为 1，否则赋值为 0。第三个指标是农户求职渠道的数量，用家庭成员全部求职渠道数量的总和表示。第四个指标是农户对他人的信任度，首先家庭成员对父母、邻居、陌生人、本地政府官员和医生五类人群的信任程度打分，赋值为 0~10 分，0 分代表非常不信任，10 分代表非常信任，然后按照等权重法对打分进行加权平均，最后选择家庭成员信任度的中位数作为农户家庭对他人的信任度。第五个指标是农户社会组织参与状况，指农户参与党组织、团组织、宗教团体、工会组织和个体劳动者协会的类别数量，具体赋值如表 4-7 所示。

表 4-7　农户参与社会组织情况赋值

分类	赋值
参与三类及三类以上	1.0
参与两类社会组织	0.6
参与一类社会组织	0.3
没有参与任何组织	0.0

（三）数据处理及权重确定

本书采用极差标准化法对各指标进行标准化处理。农户生计资本测度的 18 项指标标准化公式为 $X'_{ij} = \dfrac{X_{ij} - \min(X_{ij})}{\max(X_{ij}) - \min(X_{ij})}$ ，其中 X_{ij} 为标准化之前的指标数值， X'_{ij} 为标准化之后的指标数值， $\min(X_{ij})$ 为指标最小值， $\max(X_{ij})$ 为指标最大值。根据各指标的权重及各指标标准化的数据，得出农户各项生计指标的数值，进而求出农户生计资本的总值，计算公式为 $HLC_i = \sum_{i=1}^{k} M_j X_{ij}^T$ ，其中， HLC_i 为第 i 个农户的生计资本总值， M_j 为第 j 项生计资本指标的权重， X_{ij} 为标准化后的第 i 个农户的第 j 项生计资本数值。

本书中计算生计指标的权重选择因子分析这一客观赋权方法，在因子分析模型中公因子包含了原始变量的绝大部分信息，而公因子所不能解释的部分由特殊因子所解释。本书按照特征根大于 1 的原则提取 9 个公因子，公因子的累计方差贡献率达到 93.62%，实现信息充分提取要求。进一步利用 Thomson 回归的方法可以得到潜在公因子的估计值，并根据因子的重要程度，利用因子方差贡献率为权重进行加权平均，从而可以得到农户生计资本的综合评价结果。具体的因子分析综合评价模型为：

$$Z = w'\widehat{F} = w'A'R^{-1}X$$

其中， w' 为提取的公因子的方差贡献率归一化处理后的向量， $\widehat{F}$ 为因子得分估计值，因此利用因子得分综合评价方法可以得到生计资本测度指标 X 在综合评价的权重向量 $w'A'R^{-1}$，对其进行归一化处理后就可以得到农户生计资本评价指标体系三级指标的客观权重（见表 4-8）。

表 4-8　农户生计资本评价指标权重

一级指标	二级指标	权重	三级指标	权重
相对贫困农户可持续生计	人力资本	0.137	家庭整体劳动能力 成年劳动力平均受教育程度 健康状况	0.060 0.033 0.045
	自然资本	0.107	土地拥有情况 出租土地所得 土地资产	0.016 0.029 0.062
	物质资本	0.264	家庭净房产 生产性固定资产 耐用消费品总值	0.043 0.095 0.127
	金融资本	0.311	家庭纯收入（与2010年可比） 现金和存款总和 贷款金额 社会保险状况	0.137 0.065 0.083 0.026
	社会资本	0.180	农户在本地的社会地位 农户获得工作是否受到过他人帮助 农户求职渠道的数量 农户对他人的信任度 农户社会组织参与状况	0.047 0.004 0.031 0.058 0.040

三　相对贫困农户生计资本特征分析

综合相对贫困农户各项生计资本的数值，可以得到 2448 户相对贫困农户的生计资本状况。可以看出，在五种生计资本中相对贫困农户的人力资本和社会资本数值较高，分别为 0.300 和 0.377；而物质资本、金融资本和自然资本的数值相对较低，其数值分别为 0.010、0.032 和 0.054（见图 4-2）。从相对贫困农户各项生计资本的得分以及生计资本构成指标数值可以看出，中国农村相对贫困农户总体呈现生计资本不足、生计能力差、生计策略选择有限等特征，这些特征使其可持续生计及生活质量改善面临严峻挑战。

第一，物质资本匮乏，劳动生产率提升动力不足。相对贫困农户的生

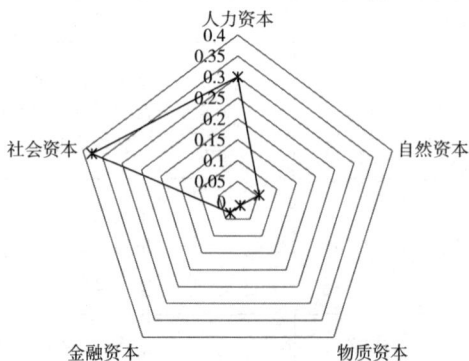

图 4-2 相对贫困农户生计资本状况

计资本不足体现在匮乏的物质资本上，相对贫困农户无论在生产性固定资产还是在生活性固定资产的积累上，都呈现了极度贫乏的状态，相对贫困农户的物质资产均值仅有 0.010，而且在数据分布上存在物质资产水平在较低值处密集分布的状况，50% 的相对贫困农户物质资本得分低于 0.005。而从物质资本构成上看，50% 的相对贫困农户家庭净房产低于 94500 元，与之相比，非贫困农户家庭净房产的中位数为 150000 元，是前者的 1.6 倍；在家庭耐用消费品拥有量上，50% 的相对贫困家庭耐用消费品价值低于 4000 元，而非贫困家庭的耐用消费品价值中位数为 10000 元。从生产性固定资产上看，整体上农村家庭生产性固定资产的户均拥有量非常低，一半以上的农户生产性固定资产的储备值为 0 元，仅有不足 10% 的农户生产性固定资产的储备值在 14000 元以上；相对贫困农户的生产性固定资产储备值就更低了，仅有 10% 的相对贫困农户生产性固定资产价值在 10000 元以上；拥有生产性固定资产价值超过 10 万元的相对贫困农户也仅有 52 户，占全部相对贫困户的 2.12%，农户生产性固定资产的短缺在一定程度上抑制了农业扩大再生产，降低了农民收入可持续增长的动力。

第二，金融资本在贫富农户内部呈现明显分层，拉大了农户内部收入差距。首先，相对贫困农户的金融资本不足，仅有不足 5% 的相对贫困农户金融资本得分在 0.081 以上，而非贫困农户的该得分为 0.112，CFPS 2018 数据显示，50% 的相对贫困农户金融总资产低于 3000 元，而非贫困农户金融总资产的中位数为 10000 元，是相对贫困农户的 3 倍多。从

表 4-9 的金融资本构成上看，相对贫困农户在金融资本获得能力和储蓄存款的积累水平上与非贫困农户存在较大的差距，在 2010 年可比的家庭纯收入指标上，非贫困家庭的 50% 分位数为 42200 元，而相对贫困家庭的仅为 20000 元，收入水平低是相对贫困农户生计资本不足的一个重要方面。其次，在金融资本的积累和增收能力上，非贫困农户的自有金融资本也远高于相对贫困农户，这进一步缩小了相对贫困农户通过资本转化为投资从而提升收入的通道。再次，在贷款金额上，尽管相对贫困农户的 75% 分位数高于非贫困农户，但是具体分析该项指标的构成可以看到，相对贫困农户的贷款主要来源于亲友间和民间的借款，这种非正规金融的资源配置效率不高，而且借款更多的是为满足相对贫困农户的生存与生活需求，最终转化为投资的寥寥无几。最后，养老保障是农村老年人口在年老后获得基本生活保障的重要方面，一半的相对贫困农户家庭仅能实现三口人中有一个人拥有养老保险，这意味着金融资本积累较少的农村老年人口在面临风险冲击时将很容易陷入贫困。

表 4-9　农户金融资本构成分位数差异

单位：元

指标	农户类别	分位数			
		25%	50%	75%	90%
家庭纯收入	非贫困	22600	42200	72360	110000
	相对贫困	5000	20000	46689	79700
现金和存款总和	非贫困	0	8000	40000	100000
	相对贫困	0	2000	15000	50000
贷款金额	非贫困	不适用	不适用	7000	80000
	相对贫困	不适用	不适用	20000	68000
社会保险状况	非贫困	0	0.50	0.80	1
	相对贫困	0	0.33	0.50	1

第三，自然资本相对较高，但土地综合利用效率不高。尽管从 CFPS 2018 统计数据看，相对贫困农户的自然资本比非贫困农户高 0.04，但是农村贫困地区普遍面临土地集约化程度低、农业土地资源禀赋不高、农村土地流转

困难、基础设施薄弱等一系列乡村衰退问题，其成为制约相对贫困农户可持续生计的主要瓶颈之一。具体来看，50%的相对贫困农户土地资产的价值都在 11718.75 元以上，而非贫困农户的土地资产中位数为 10312.50 元，比相对贫困农户土地资产低 1406.25 元，但是主要依附于土地的相对贫困农户产出效率并不高。数据表明，57.27%的非贫困农户会选择外出打工增加收入，而仅有 45.71%的相对贫困农户选择外出打工，相对贫困农户的生计策略更为单一。依赖于农业的相对贫困农户农副产品总值的平均值为 6221.07元，远低于非贫困农户的 8544.92 元。这说明在农村土地综合利用效率不高的条件下，仅依赖于土地生存的相对贫困农户难以实现土地生产效率的提高，并直接制约其生计资本水平的提升。

第四，人力资本数量相对较高，但是人力资本质量不高。数据表明，相对贫困农户的人力资本平均值为 0.302，而非贫困农户的人力资本平均值为 0.358，高出相对贫困农户 18.5%。但是，造成相对贫困农户人力资本数值低的主要原因是相对贫困农户的家庭成员人力资本质量不高，而非家庭劳动力数量不足，通过相对贫困农户与非贫困农户两组数据的对比可以发现，相对贫困农户的家庭劳动能力为 3.20，稍高于非贫困农户的 3.0。相对贫困农户的人力资本质量体现为两个方面：一方面，相对贫困农户的人力资本不足体现为教育贫困，相对贫困农户的家庭成员平均受教育程度为0.323，远低于非贫困农户的 0.428，相对贫困农户中仅有 10%左右的家庭其成员平均受教育水平为初中及以上，而非贫困农户中该比例超过 25%，因此教育贫困依然是相对贫困农户跨越贫困陷阱的阻碍。另一方面，家庭劳动力的健康状况较差也成为制约相对贫困农户人力资本提升的重要因素。CFPS 2018 数据中相对贫困农户的健康状况平均值为 0.485，比非贫困农户的健康状况平均值低 22%。

尽管数据分析显示相对贫困农户的社会资本得分相对较高，但是现实生活中弱势群体的社会关系网络同质性极强，相对贫困农户的社会关系往往在社会空间分布上存在集聚性。基于这一特征，我们想要实现对相对贫困农户的社会帮扶，便要超越其现有的社会资本所依托的社会关系，追寻社会资本增量产生的溢出效应。

第二节 不同类型相对贫困农户生计资本分析

可持续生计分析框架以相对贫困农户为研究对象，不同类型的相对贫困农户由于资源禀赋和所处生命周期阶段等具有差异而拥有不同的生计资本，并呈现不同特征。本书将从家庭类型差异的角度对相对贫困农户的生计资本状况及分布进行对比分析，以期进一步揭示相对贫困农户生计资本特征。根据 2448 户相对贫困农户的特征，将相对贫困农户划分为哺育型家庭、生产型家庭、赡养型家庭和负担型家庭①，具体家庭分布如表 4-10 所示。

表 4-10　相对贫困农户类型分布

单位：户，%

家庭类型	数量	百分比	累计百分比
哺育型家庭	631	25.78	25.78
生产型家庭	323	13.19	38.97
赡养型家庭	629	25.70	64.67
负担型家庭	865	35.33	100.00
合计	2448	100	

不同类型相对贫困农户的生计资本状况呈现明显差异。整体来看，负担型家庭和哺育型家庭的生计资本数值最高，分别为 0.141 和 0.138；赡养型家庭的生计资本数值最低，仅为 0.119；生产型家庭居中，生计资本数值为 0.128。负担型家庭整体的生计资本水平高主要是由于其自然资本和社会资本数值在四种类型的家庭中是最高的，而且其人力资本和物质资本水平也相对较高。哺育型家庭状况与之类似，哺育型家庭拥有四种类型家庭中最高的人力资本、物质资本和金融资本水平。与以上两种类型的家庭相比，生产

① 四种家庭类型的界定分别为：包含 16 周岁以下未成年人而不包含 60 周岁以上老人的家庭为哺育型家庭；完全由 16 周岁以上、60 周岁以下人口组成的家庭为生产型家庭；包含 60 周岁以上老人而不包含 16 周岁以下未成年人的家庭为赡养型家庭；既包含 16 周岁以下未成年人又包含 60 周岁以上老人的家庭为负担型家庭 [参见杜本峰、李碧清. 农村计划生育家庭生计状况与发展能力分析——基于可持续性分析框架 [J]. 人口研究，2014（4）]。

型家庭和赡养型家庭的生计资本状况则相对较差，赡养型家庭的生计资本最低，导致其可持续生计能力较差，而且这种状况在短期内很难扭转。

研究发现，赡养型家庭的生计短板主要在于人力资本、物质资本和金融资本，赡养型家庭由于面临老年人口劳动能力减弱，甚至是失去劳动能力，老年人口的身体健康状况较差等一系列问题，所以人力资本水平（0.241）非常低。具体来看，赡养型家庭的平均劳动力水平分值为 1.86，比负担型家庭低 2.08，赡养型家庭健康状况分值为 0.36，远低于哺育型家庭的 0.59，因此赡养型家庭是极易因病返贫的群体和边缘群体。与此同时，赡养型家庭物质资本和自然资本的基础也非常薄弱，从表 4-11 中的数据可以看到，赡养型家庭的物质资本分值仅为 0.007，远低于哺育型家庭和负担型家庭的物质资本水平。具体来看，仅有 25% 的赡养型家庭生产性固定资产超过 1000 元，而 25% 的哺育型家庭生产性固定资产价值超过 5000元，赡养型家庭的耐用消费品平均值为 9763.5 元，仅为哺育型家庭耐用消费品价值的 36%，对比可以看出赡养型家庭的农业再生产基础薄弱，而且家庭的发展型消费能力不足。当然决定农户家庭整体的消费能力最直接的要素就是家庭的金融资本水平，赡养型家庭金融资本水平与其他类型家庭间差距较大，赡养型家庭的金融资产平均值仅为 16440.18 元，是负担型家庭金融资产平均值的 53%；赡养型家庭的全部家庭收入平均值为32318.49 元，不足负担型家庭全部收入的 61%；而且赡养型家庭的社会保险状况平均值为 0.214，相当于家庭 5 个人中仅有 1 个人拥有养老保险；而生产型家庭的社会保险状况平均值为 0.551，相当于 2 个人中就有 1 个人有保险，因此对未来不确定性的风险预期对赡养型家庭的影响也要远高于其他类型的家庭。

表 4-11　不同家庭类型的农户生计资本状况

家庭类型	人力资本	自然资本	物质资本	金融资本	社会资本
哺育型家庭	0.340034	0.054607	0.011287	0.0376	0.3639
生产型家庭	0.292859	0.051785	0.007192	0.0361	0.3571
赡养型家庭	0.240722	0.052022	0.006836	0.0197	0.3763
负担型家庭	0.322875	0.057203	0.011104	0.0348	0.3947

尽管生产型家庭的生计资本水平不高，但是从生计资本构成来看，生产型家庭的生计资本低主要是由于自然资本与社会资本水平比较低，生产型家庭的家庭结构决定了在这种以家族或宗族为主要社会关系网络的农村，其社会资本自然不占优势，而自然资本水平较低也是受其家庭成员数量影响。中国农村土地的分配是以人口为基础的，因此生产型家庭在土地数量上并不占优势。但是生产型家庭除此以外的指标数值并不低，特别是金融资本。数据显示，生产型家庭外出打工或从事个体私营的比例比较高，在相对贫困农户中生产型家庭从事个体私营的比例为 3.47%，远高于哺育型家庭的 2.74%、赡养型家庭的 1.46% 和负担型家庭的 1.94%，这说明单纯地用收入来衡量贫困的状况很容易将这类人群界定为非贫困类型。但是由于没有更多的土地保障，这类人群在摆脱相对贫困的道路上更需要提升自身的人力资本水平和社会资本水平，保障其能有更强的生计策略选择能力，从而保障其生计资本稳定与可持续增长。

第三节　生计资本与生计策略关系分析

对相对贫困农户可持续生计的分析而言，仅仅对生计资本进行测量是远远不够的。相对贫困农户生计策略作为农民家庭为达到生计目标而进行的活动或做出的选择及其组合，是可持续生计研究的关键问题之一。从优化生计策略促进相对贫困农户脱贫的角度来看，还应该在可持续生计分析框架下揭示生计资本结构、生计策略与生计目标之间的交互影响及作用机制。

已有研究表明，农户在综合他们能够使用的资产，考虑脆弱的环境以及支持或阻碍的政策、制度和过程的情况下选择相应的生计策略，从而产出相应的生计结果。而生计输出一方面直接影响农户的生计状况，另一方面动态决定了农户生计资本及其可获得性。本书将运用 Logistic 回归模型探讨影响相对贫困农户最优生计策略选择的因素，旨在引导农户提高自身发展能力，优化家庭生计策略，从而降低生计脆弱性、增强可持续生计能力，为社会救助制度转型提供实证依据。

一　相对贫困农户生计策略分类与确定

DFID 和康威等学者在可持续生计分析框架下给出了生计策略的概念。

学者们对生计策略的划分大多采用农户的生计多样化程度、收入来源与结构以及对生计策略动态变化三类。本书将利用 CFPS 2018 问卷中的相关内容，从收入来源结构及家庭人口生计多样化特征两方面着眼，选用家庭农业收入占比、工资性收入占比、经营性收入占比以及从事农业人数在家庭人口中占比、从事私营业人数占比和外出打工人数占比为聚类指标，进行K-均值聚类分析，聚类结果如表 4-12 所示。

表 4-12　贫困农户生计策略 K-均值聚类结果

单位：户，%

类别	数量	百分比	累计百分比
1	383	15.65	15.65
2	479	19.57	35.22
3	1110	45.34	80.56
4	476	19.44	100.00
合计	2448	100.00	

为了进一步根据分类结果对生计策略进行识别，表 4-13 中列出了不同生计策略下各项分类指标的均值，可以发现，第一类生计策略的特征是家庭的农业收入占比超过 90%，达到了 94.2%，农业的从业人员占家庭总人数的比例也接近 60%，可以判断这类家庭的主要生计活动为农业活动，因此将采用这一生计策略的家庭识别为"纯农型"；第二类生计策略的特征是农业从业人数占比高，达到 75.0%，但是农业收入的占比低于纯农型家庭，将这类生计策略定义为"农为主型"；第三类生计策略的特征是工资性收入占比非常高，达到 82.0%，家庭成员外出打工的比例在四类生计策略中也是最高的，为 28.6%，这些特征是非农业的生计策略特征，同时考虑到其从事农业的人数占比为 37.2%，并没有完全脱离农业，因此将这类生计策略划分为"非农为主型"；最后一类生计策略的特征是农业收入的占比最低，仅为 7.0%，同时家庭从事农业的人数比例也最低，仅为 11.1%，而这类农户从事个体私营的人数占比最高，为 5.7%，将该类贫困农户的生计策略划分为"非农型"。

表 4-13 农户生计策略的分类

单位：%

指标	纯农型	农为主型	非农为主型	非农型
农业收入占比	94.2	23.2	12.2	7.0
工资性收入占比	12.7	9.4	82.0	8.7
经营收入占比	34.5	8.5	4.6	9.1
农业人数占比	59.5	75.0	37.2	11.1
私营人数占比	1.7	2.5	0.8	5.7
外出打工人数占比	4.9	5.8	28.6	4.6

二 相对贫困农户生计策略优化驱动因素分析

农户的生计策略是动态变化的，为了维持或改善生计目标，往往会选择转变其生计策略以适应新的状况，这种生计策略的优化转型在发展中国家普遍存在。当前研究生计策略转型的驱动因素分为内生因素和外生因素，内生驱动因素主要是从生计资本角度展开，而外生驱动因素的研究则主要集中于环境因素和政策制度因素。本书将从生计资本、生计资本区域异质性、生计脆弱性环境以及政策因素角度出发，研究其对相对贫困农户生计策略选择的影响。

（一）生计策略优化影响因素模型

本书采用多项 Logistic 回归模型对影响相对贫困农户最优生计策略选择的因素进行分析，同时利用极大似然法进行参数估计。

假设贫困家庭 i 选择 j 生计策略所能带来的随机效用为：

$$U_{ij} = x_i'\beta_j + \varepsilon_{ij}(i = 1,2,\cdots,n;j = 1,2,\cdots,J)$$

其中，解释变量 x_i 只随家庭而变，不随生计策略而变。当且仅当策略 j 带来的效用高于所有其他策略的效用时，家庭选择生计策略 j，故家庭选择生计策略 j 的概率为：

$$P(y_i = j|x_i) = P(U_{ij} \geq U_{ik}, \forall k \neq j) = P(x_i'\beta_j - x_i'\beta_k \geq \varepsilon_{ik} - \varepsilon_{ij}, \forall k \neq j)$$

假设 ε_{ij} 为 iid 且服从 I 型极值分布，$j = 1$ 作为参考类别，令其相应系数 β_j 为 0，可以得到家庭 i 选择 j 生计策略的概率为：

$$P(y_i = j \mid x_i) = \frac{exp(x_i{}'\beta_j)}{1 + \sum\limits_{k=2}^{J} exp(x_i{}'\beta_k)} (j = 1, \cdots, J)$$

（二）变量选择与说明

根据可持续生计理论框架，本书选择以相对贫困农户生计策略为因变量，以各项生计资本的指标变量、脆弱性生计环境和政策因素变量为解释变量，进行多项 Logistic 模型分析。对于生计策略，按照上述识别方法，划分为纯农型、农为主型、非农为主型和非农型；对于生计资本指标，用表 4-13 中的细分指标代表；对于脆弱性生计环境，从自然灾害是否频发、家庭所在村附近是否有高污染企业两个方面来反映，根据 CFPS 2018 中"2010 年 1 月 1 日至 2013 年 12 月 31 日期间，您村是否遭受过以下自然灾害"这一问题①，汇总生成自然灾害频发类型数作为脆弱性自然环境指标，以"距离您村/居委员会办公室方圆 5 公里/10 里范围内，是否有化工厂、冶炼厂、造纸厂等高污染企业？"这一问题为脆弱性生态环境指标；对于政策因素，本书引入了是否经历土地征用和土地征用补偿数额作为政策影响变量。

三 相对贫困农户生计策略影响因素实证分析结果

本书以纯农型生计策略为参照组，采用 Multi-Logit 模型实证分析相对贫困农户生计策略优化的影响因素（见表 4-14）。

从多项 Logistic 模型的回归结果看，人力资本对相对贫困农户选择非农型、非农为主型生计策略均有显著的正向影响，而人力资本对农为主型生计策略的影响不确定。具体来看，家庭成年劳动力平均受教育程度越高的相对贫困农户更倾向于选择非农型和农为主型生计策略。受教育程度每增加 1 个单位，选择非农型生计策略的优势比就会提高 6.15 倍，选择以农为主型生计策略的优势比就会提高 5.47 倍。相对于纯农型生计策略，健康状况更好的农户会倾向于选择以非农为主型和农为主型生计策略。在其他变量相同的情况下，健康状况每提高 1 个单位，选择非农为主型生计

---

① 鉴于 CFPS 2018 的追踪调查中并不涉及自然灾害类问题，因此本书中以家庭区县编码为关键变量，将 CFPS 2014 中的自然灾害频发类型、区域内是否有高污染企业合并到 CFPS 2018 数据中。

策略的优势比就会提高 1.77 倍，选择以农为主型生计策略的优势比就会提高 1.08 倍。家庭整体劳动能力对非农型和非农为主型生计策略影响不显著，对农为主型生计策略有显著的负影响，家庭整体劳动能力越高的家庭越倾向于选择纯农型生计策略。综合来看，人力资本水平高的相对贫困农户更倾向于选择非农为主型和非农型生计策略，其次是纯农型生计策略，但是选择非农为主型或非农型生计策略需要相对贫困农户具有较好的健康状况和受教育程度，因此在一定程度上限制了部分相对贫困农户的生计选择。

表 4-14　相对贫困农户生计策略优化的多项 Logistic 模型回归结果

解释变量		Multi-Logit 模型中变量的系数（纯农型为参照组）		
		非农型	非农为主型	农为主型
人力资本	家庭整体劳动能力	2.496	2.404	-2.683[*]
	成年劳动力平均受教育程度	1.989[***]	0.610	1.878[***]
	健康状况	0.070	1.009[***]	0.760[***]
自然资本	土地拥有情况	-2.079[***]	-1.066[*]	0.627
	出租土地所得	3.557[***]	1.955[***]	0.559
	土地资产	-4.077[***]	-3.297[***]	-2.336[***]
物质资本	家庭净房产	11.862	14.206	2.330
	生产性固定资产	1.231[*]	5.866	1.220[*]
	耐用消费品总值	3.686[***]	2.552[***]	2.195[***]
金融资本	家庭纯收入（与 2010 年可比）	1.242[***]	1.733[***]	0.977[***]
	现金和存款总和	1.587	-2.781	3.580
	贷款金额	10.410[*]	8.530[*]	7.584
	社会保险状况	-1.921[***]	1.339[*]	-0.178
	农户在本地的社会地位	0.428	-0.416	0.122
社会资本	农户获得工作是否受到过他人帮助	0.810	1.112	-0.631
	农户求职渠道的数量	0.142	0.963	0.946
	农户对他人的信任度	-0.732	-1.055	-0.590
	农户社会组织参与状况	1.844[***]	1.506[*]	1.120

解释变量		Multi-Logit 模型中变量的系数（纯农型为参照组）		
		非农型	非农为主型	农为主型
生计环境	自然灾害	0.155*	−0.033	0.009
	环境污染	0.116	−0.010	0.135
土地政策	是否土地征用	0.240***	0.032	0.128*
	征用补偿金额	2.863***	2.033***	2.928***

注：*** 代表在 1%水平上显著，** 代表在 5%水平上显著，* 代表在 10%水平上显著。

从自然资本的角度来看，对非农型、非农为主型和农为主型的相对贫困农户而言，自然资本越高，相对贫困农户的生计策略越倾向于纯农型。这是由于相对贫困农户家庭土地资源禀赋越高，土地资产价值越高，其自然资本越高，相对贫困农户采取农业生产经营可能获得的收益越高，在其他变量相同的情况下，土地资产价值每增加 1 个单位，选择非农型生计策略的优势比就会降低 98.3%；而对于拥有土地较为贫瘠、土地资产价值较低的相对贫困农户来说，采取非农型或非农为主型生计策略则更有利，农户出租土地的租金每提高 1 个单位，则农户选择非农型生计策略的优势比就会提高 34 倍。尽管绝大多数自然资本指标倾向于相对贫困农户采取纯农型生计策略，但是土地出租所得对纯农型生计策略的影响为负，出租集体分配的土地收取的租金越多，则相对贫困农户越倾向于选择非农型或非农为主型生计策略。这是因为相对贫困农户所承包的土地若可以以较高的租金进行流转、出租、转让，相对贫困农户就可以通过提高土地利用效率，一方面依靠土地获得租金收入，另一方面获得兼业收入，因此对于具有土地流转优势的地区，相对贫困农户更倾向于采取非农为主型或非农型生计策略。

从物质资本角度来看，物质资本越高的相对贫困农户，家庭生计策略向非农型、农为主型和非农为主型的农业兼业化流动的概率越高。在其他变量相同的情况下，生产性固定资产数值每提高 1 个单位，相对贫困农户向非农型生计策略转变的优势比就提高 2.42 倍，相对贫困农户选择农为主型生计策略优势比就提高 2.39 倍；相对贫困农户的家庭净房产值对家庭生计策略的选择没有显著影响，这可能是受限于农村宅基地的特殊性，相对贫困农户房产转让、出售仍然缺少可操作的法律依据，市场十分有限，因此，相对贫困农户很难通过房产的增值获得财富。耐用消费品对于相对贫困农户生计策略向非农型转变的影响都为正，且在 1% 水平上显著，说明资本可以促进相对贫困农户家庭生计策略向非农型转变。相对贫困农户的物质资本水平高一方面体现为生产性固定资产数量多，从而释放更多的剩余劳动力，实现农村劳动力的转移；另一方面则体现为农户的家庭耐用消费品数量的增加，汽车、电子化信息产品这些耐用消费品为劳动力向非农型转变提供了便利与可能。

从金融资本角度来看，相比于纯农型生计策略而言，相对贫困农户的家庭纯收入越高，其生计策略越倾向于向非农型转变。在其他情况相同时，相对贫困农户的家庭纯收入每增加 1 个单位，选择非农为主型生计策略优势比就提高 4.66 倍，相对贫困农户选择非农型生计策略的优势比提高 2.46 倍，选择农为主型生计策略的优势比提高 1.65 倍。但相对贫困农户家庭的现金和存款总和对相对贫困农户生计策略选择的影响并不显著。贷款金额的增加对相对贫困农户选择非农型和非农为主型生计策略具有正影响，因此提升相对贫困农户家庭的信贷能力，同时降低相对贫困农户面临的非农生产信贷约束，对优化相对贫困农户生计策略具有一定的作用。社会保险状况对相对贫困农户的非农型生计策略影响为负，而对相对贫困农户的非农为主型生计策略影响为正，说明社会保险对相对贫困农户的非农化生计策略选择影响具有不确定性，但可以确定的是以农民户籍身份为特征的农村养老保险对推进相对贫困农户的生计策略向非农型转变具有重要意义，但是倾向完全非农型生计策略下，相对贫困农户的养老保险整体水平很低。因此，政府对于从事非农的群体，更应该加大农村社会养老保险的政策保障力度。

社会资本整体上对相对贫困农户的生计策略选择没有显著影响，相对于纯农型生计策略，仅有社会组织参与状况这一指标对农户向非农为主型和非农型生计策略转动具有正影响，这在一定程度上说明相对贫困农户通过社会组织提升了自身的社会关系网络，从而获得了向非农型生计策略转变的优势。

从外生的生计环境和农村土地政策对生计策略变动的影响看，首先，相对贫困农户生计环境对相对贫困农户的生计策略优化影响整体上并不显著,仅仅针对非农型生计策略,自然生态环境的恶化、自然灾害的频发会促使相对贫困农户向非农型生计策略转变,而环境污染对相对贫困农户的生计策略选择没有显著影响。其次,农村土地的征用向非农型和农为主型生计策略变动均具有非常显著的正影响。农村土地征用对相对贫困农户从纯农型向非农型转化具有显著的正效应,土地发生征用行为的相对贫困农户比没有发生征用的相对贫困农户具有更强的选择非农型生计策略的倾向,而且这种倾向随征用补偿金额的增加而增强。上述结果表明,在其他因素不变的条件下,征用补偿金额每提高 1 个单位,相对贫困农户选择非农型生计策略的优势比就提高 16.51 倍,说明农村土地征用政策对农村劳动力转移仍起到关键作用。

四 实证结论

第一,随着相对贫困农户所拥有自然资本的增加,相对贫困农户更倾向于从事农业生产。因此,可以在尊重相对贫困农户生计策略选择意愿的基础上,深化土地制度改革,加大对农村土地流转政策的支持力度,鼓励有条件的相对贫困农户通过土地流转实现农地集中连片,开展适度规模经营。而对于自然资本禀赋相对贫瘠的相对贫困农户,通过提高自身发展能力,实现生计的非农业化转型则为更优策略。

第二,随着相对贫困农户的物质资本增加,相对贫困农户更倾向于从事非农业生产。因此,相对贫困农户通过提高生产性固定资产投资、提升生产性固定资产的利用效率可以促使生计策略多元化,从而提升可持续生计能力。同时,维护相对贫困农户房屋等资产的增值和流转的法律保障,为相对贫困农户向非农型生计策略转化提供资本支持。

第三,随着相对贫困农户金融资本的增加,相对贫困农户更倾向于从事非农业生产,相对贫困农户外出打工或从事个体私营活动以获取更多收入,实现生计多样化。相对贫困农户所拥有的金融资本越高,其从事非农产业的资金保障就越强,更有可能通过资金换取技术、设备以及基本生产设施,用以投入生产经营,从而获得更多的收入。因此,应促进相对贫困农户信贷服务的多元化发展,及时弥补相对贫困农户在生计转型过程中的金融资本不足。

第四,农村土地的流转、征用政策对相对贫困农户的非农化生计转型具有显著影响。一方面，政府应鼓励相对贫困农户进行土地流转，从而促使相对贫困农户生计策略多元化发展；另一方面，对于土地被征用的相对贫困农户，确保给予有效公正的补偿，从而促进其生计转型，并保障相对贫困农户可持续生计。

第五章

相对贫困农户发展能力分析

生计资本、生计能力和生计策略是实现相对贫困农户可持续生计过程中的三个核心要素。前文从相对贫困视角探讨了生计资本、生计策略及其相互关系，本章将探讨相对贫困农户的生计能力，以期为农村社会救助制度转型提供相应的对策建议。

实现相对贫困农户可持续生计目标的根本在于通过生计资本与生计策略的良性互动来不断优化生计策略，关键则是提高相对贫困农户的发展能力。因此，中国亟须立足于脱贫攻坚成果，科学评估相对贫困农户发展能力，准确把握农村相对贫困治理症结，着眼于农村相对贫困群体可持续生计，制定更具针对性的相对贫困治理策略，从而从根本上缓解乃至消除贫困。本章仍将运用微观入户调查数据，对相对贫困农户的发展能力进行研究，并试图回答如下问题：相对贫困农户的综合发展能力如何？在相对贫困农户实现可持续生计过程中还存在哪些能力短板？如何科学把握提升相对贫困农户发展能力的政策着力点？通过回答上述问题，厘清农村相对贫困治理症结，建立农村相对贫困长效治理机制，促进社会救助制度转型升级。

第一节　相关研究文献回顾

西方学界有关家庭发展能力的探索发轫于家庭功能理论，并随着家庭功能研究的发展而不断深入。早期的西方学者认为经济功能在家庭社会生活中发挥着举足轻重的作用，特别是随着家庭功能的社会化，养老、教育等家庭功能可以通过外部购买或政策支持来实现，获取经济资源（收入和财产）的

能力被视为最重要的家庭能力。20 世纪 80 年代以后，西方国家出现了所谓的
"第二代人口转型"，西方学界深化了家庭功能与家庭发展能力的研究，产生
了各有侧重的理论体系。家庭发展能力不仅指经济收入获取、教育投入以及
劳动时间分配等，家庭成员亲密度、情感表达与反馈、家庭角色分工等反映
家庭成员情感关系的要素也日益受到重视。如麦克马斯特（McMaster）的家
庭功能理论认为，家庭发展能力包括家庭解决问题的能力、沟通、家庭角色、
情感反馈、情感投入和行为控制六个维度。斯金纳（Skinner）等学者认为家
庭主要承担经济、教育、情感满足等七大功能，家庭成员之间通过互相密切
协作共同完成各类任务，实现家庭功能。比维斯和汉普森（Beavers & Hampson）
认为家庭功能需要通过家庭的关系结构、家庭成员间交往质量、反应灵活性、
家庭亲密度和适应性等指标进行评价。

　　可以说，西方学界大多是从家庭发展能力与家庭功能两者共性角度开
展研究。实际上，家庭功能与家庭发展能力既有紧密联系，又有显著区别。
家庭功能强调家庭在满足家庭成员生理、心理、生活、发展等方面需求的
能力和作用；而家庭发展能力强调的是家庭成员凭借内外部资源，充分发
挥成员力量，团结协作，实现家庭可持续发展的能力。目前，国内学界对
家庭发展能力的界定较为一致。一般认为，家庭发展能力是指家庭利用其
所掌握的各种资源满足家庭成员生活与发展的能力。但有关家庭发展能力
的构成要素却莫衷一是。如吴帆和李建民从经济能力、学习能力、保障与
支持能力、风险应对能力以及社会交往能力五个方面构建了家庭发展能力
指标体系。① 石智雷在借鉴家庭生命周期理论和可持续生计理论的基础上，
提出了家庭发展能力理论和分析框架，认为构成家庭发展能力的核心要素
主要有家庭功能、家庭禀赋和家庭策略。② 杜本峰、李碧清从 DFID 的可
持续发展框架出发运用生计资本的综合状况反映农村计划生育家庭发展能
力的总体水平。③ 阚兴龙等将家庭发展能力归结为经济发展能力、人口再生

---

① 吴帆，李建民．家庭发展能力建设的政策路径分析 [J]．人口研究，2012 (7)．
② 石智雷．计划生育政策对家庭发展能力的影响及其政策含义 [J]．公共管理学报，2014
(10)．
③ 杜本峰，李碧清．农村计划生育家庭生计状况与发展能力分析——基于可持续性分析框架
[J]．人口研究，2014 (4)．

产能力、生活发展能力三个方面。马健囡认为微观层面的家庭发展能力应包括经济资源、人力资源、情感资源三个要素。[①] 此外，一些政府部门从工作实践角度对家庭发展能力构成要素进行了探索，如上海市闵行区计生委课题组参考"人类发展指数"将家庭发展能力划分为生活供给、健康长寿、资源整合和抵御风险等七个方面。

总体而言，国内学术界对于家庭发展能力的构成要素尚存在一定分歧，但家庭经济资源、家庭情感关系、风险应对能力等作为衡量家庭发展能力的核心要素已经逐渐成为共识。尤其是生计策略视角的引入把家庭发展能力测度的研究视野从能力形成环节拓展到能力实现层面。尽管如此，目前有关家庭发展能力测度的研究仍存在明显不足。迄今为止，有关家庭发展能力测度的专题研究仍不多见，基于全国性代表数据的实证性研究相对匮乏且测度指标体系设计和研究方法有待完善。与以往研究相比，本书的贡献体现在以下几点：①将消除贫困与家庭发展能力及可持续生计相联系，通过构建家庭发展能力评价指标体系全面评估相对贫困农户发展能力；②运用2018年中国家庭追踪调查的全国代表性数据，测度相对贫困农户的发展能力，科学识别制约相对贫困农户可持续生计的短板和问题；③从提升家庭发展能力角度提出消除农村相对贫困，促进社会救助制度转型的针对性政策建议。

第二节　数据来源、指标设定与测度方法

一　数据来源与相对贫困家庭识别

本章研究同样采用北京大学中国社会科学研究中心（ISSS）2018年开展的中国家庭追踪调查（CFPS）数据。为了能够对农村相对贫困家庭的发展能力进行测度，本研究首先将家庭问卷和个人问卷按照关键变量"fid18"进行合并，然后基于国家统计局资料的城乡分类筛选出6752户农村家庭户数据，

① 马健囡. 赡养上一辈对中年家庭发展能力的影响路径——基于CFPS家庭配对数据的分析 [J]. 人口与发展，2021（1）.

剔除关键变量缺失的样本后，最终得到 4343 户农村家庭样本。[1] 相对贫困农户的识别仍然采用多维贫困法，最终确定相对贫困农户 1218 户，相对贫困率为 28.05%。

二　指标设定

根除农村相对贫困的关键是实现贫困农户可持续生计，为此，本书主要运用可持续生计理论构建相对贫困农户发展能力测度指标体系。可持续生计理论将农户看作在脆弱背景下生存或谋生。[2] 而在制度和政策等因素造就的脆弱性环境中，生计资本[3]是可持续生计的核心内容，相对贫困农户获取的生计资本的数量和性质决定其家庭发展能力的大小。当然，影响相对贫困农户发展能力的因素体现在农户自身及外在环境等多个层面，生计资本虽然是家庭发展能力形成的基础，但并不等同于家庭发展能力。依据可持续生计理论，同时结合前人有关家庭功能及家庭发展能力的研究，本书将相对贫困农户发展能力归结为六个方面。

具体而言，相对贫困农户的发展能力包括以下内容。①家庭经济能力，即家庭获取经济收入以保障家庭成员基本生活并不断提高生活质量的能力。本书通过家庭收入、家庭支出及拥有的金融资本三个维度测算相对贫困农户经济能力。其中，家庭收入根据家庭收入水平和收入来源多样性[3]两个指标测算，家庭支出依据家庭恩格尔系数测算，家庭拥有的金融资本根据家庭现金和存款总额指标测算。②家庭学习能力，即家庭成员根据个人成长、

---

[1]　本章的研究最终筛选出农村家庭样本为 4343 户，与第四章筛选出的 5947 户农村样本存在一定差异。出现这种差异的原因主要是本章将 CFPS 2018 的家庭问卷和个人问卷两份问卷数据合并之后剔除贫困、生计资本和家庭发展能力测度指标缺失值确定的最终农村家庭样本，而第四章则是将 CFPS 2018 个人自答问卷、家庭经济问卷和家庭成员问卷三份问卷合并后剔除贫困和生计资本测度指标缺失值确定的最终农村家庭样本。

[2]　苏芳 . 可持续生计：理论、方法与应用［M］. 北京：中国社会科学出版社，2015：14.

[3]　生计资本是指家庭生存和发展所拥有的各种资产（包含物质资源和社会资源）的总和。本书采用英国国际发展部（DFID）可持续生计分析框架模型对生计资本的划分方法，把生计资本分为人力资本、社会资本、自然资本、物质资本、金融资本五个方面。

[3]　收入来源多样性使用熵值法，计算公式为：$E_i = -\sum_{i=1}^{n} (x_i \ln x_i)$。其中，$E_i$ 为熵值，代表收入的多样化程度，x_i 为某家庭内某项收入来源占总收入的比重。CFPS 2018 数据中家庭收入来源分为工资性收入、经营收入、财产性收入、转移性收入和其他收入五类，熵值越小说明收入来源多样化程度越低。

职业发展以及外部环境的变化需求，在生命周期不同阶段完成学习目标和任务的能力。根据问卷问题设计，本书通过家庭成员受教育水平和教育与培训支出占家庭支出比重两项指标测度农村贫困家庭学习能力。③家庭凝聚能力，即家庭成员间通过情感表达与反馈、沟通和情感投入等方式稳定家庭关系，不断提高家庭成员间亲密程度、交往质量以及家庭适应性的能力。本书通过婚姻生活满意度、代际情感、配偶亲密程度及子女对父母的信任度四项指标测度家庭凝聚力。对婚姻生活满意度的测度来自问卷"您对您当前的'婚姻/同居'生活有多满意？（1代表非常不满意，5代表非常满意）"的回答。对代际情感的测度来自问卷中"过去6个月，您与您子女的关系如何？"和"过去6个月，您与您的父亲/母亲关系如何？"的回答。由于受访家庭结构不同，这两个问题可能只适用于部分受访家庭，为此本书根据受访家庭结构对两个问题进行整合归并，以此综合反映受访家庭代际情感关系。配偶亲密程度的测度来自问卷"与配偶关系亲密程度"的回答。对父母信任度的测度来自问卷"对父母的信任程度能打几分"的回答。④家庭支持能力，即家庭凭借其拥有的土地、房产、生产性固定资产、耐用消费品、劳动力等保障家庭基本生活、支持家庭可持续发展的能力。实际上，对家庭支持能力的测度来自自然资本、物质资本和人力资本三项生计资本指标的综合评价。其中，家庭自然资本通过出租土地所得、土地资产两项指标测算，家庭物质资本通过家庭净房产、生产性固定资产、耐用消费品总值三项指标测算，家庭人力资本通过家庭成员健康状况、家庭整体劳动能力两项指标测算。⑤家庭社会交往能力，即家庭获取社会资源，整合内外部资源，把握发展机会并与外界保持良好互动的能力。本书以受访家庭的社会资本拥有情况反映其社会交往能力。结合农村相对贫困家庭实际，主要通过获得工作是否受到过他人帮助、求职渠道数量以及社会组织参与状况三项指标测算家庭社会交往能力。⑥家庭风险应对能力，即家庭面对自然灾害、经济萧条、家庭成员健康或生命受到威胁及政府政策调整的反应能力和调整能力。本书通过养老保险参与情况、医疗保险参与情况以及家庭就业人员在正规就业部门①比例三项指标测算家

---

① 正规就业部门主要包括劳动者在各类经济组织从业且所签劳动合同在6个月以上的就业形式，以及在国家机关、参照公务员管理的事业单位、社团组织从业的就业形式。

庭风险应对能力。家庭发展能力具有系统性和结构性特征。

　　相对贫困农户六种发展能力之间相互关联、相互补充、相互促进，其中任何一种或多种家庭发展能力的削弱或丧失都会使家庭整体发展能力下降。本书正是基于上述六种发展能力构建了综合性相对贫困农户发展能力测度指标体系。该测度指标体系包括1个一级指标、6个二级指标、23个三级指标（见表5-1）。

表 5-1　相对贫困农户发展能力测度指标体系

一级指标	二级指标	三级指标
家庭发展能力	家庭经济能力	家庭收入水平
		收入来源多样性
		家庭恩格尔系数
		现金和存款总额
	家庭学习能力	家庭成员受教育水平
		教育与培训支出占家庭支出比重
	家庭凝聚能力	婚姻生活满意度
		代际情感
		配偶亲密程度
		子女对父母的信任度
	家庭支持能力	出租土地所得
		土地资产
		家庭净房产
		生产性固定资产
		耐用消费品总值
		家庭成员健康状况
		家庭整体劳动能力
	家庭社会交往能力	获得工作是否受到过他人帮助
		求职渠道数量
		社会组织参与状况
	家庭风险应对能力	养老保险参与情况
		医疗保险参与情况
		家庭就业人员在正规就业部门比例

三 测度方法

相对贫困农户发展能力测度的关键在于确定各评价指标的权重，对指标权重的确定方法主要包括客观赋权、主观赋权和主客观结合的方法。为提高相对贫困农户发展能力测度的客观性，本书选择因子分析这一客观赋权方法。

首先，本书采用极差标准化法对各指标进行标准化处理。对于正向指标标准化公式为：$X'_{ij} = \dfrac{X_{ij} - \min(X_j)}{\max(X_j) - \min(X_j)}$，对于恩格尔系数和健康状况这两个负向指标标准化公式为：$X'_{ij} = \dfrac{\max(X_j) - X_{ij}}{\max(X_j) - \min(X_i)}$，其中 X_{ij} 为标准化之前的指标数值，X'_{ij} 为标准化之后的指标数值，$\min(X_j)$ 为指标最小值，$\max(X_j)$ 为指标最大值。

其次，运用因子分析模型对家庭发展能力指标进行赋权。因子分析模型为：

$$X - \mu = AF + \varepsilon$$

其中，X 为样本数据阵，μ 为指标均值向量，A 为因子载荷矩阵，F 为公因子，ε 为特殊因子。

在因子分析模型中，公因子包含了原始变量的绝大部分信息，而公因子不能解释的部分由特殊因子解释。本书中按照特征根大于 1 的原则提取 11 个公因子，公因子的累计方差贡献率达到 86.41%，实现信息充分提取要求。

进一步利用 Thomson 回归的方法可以得到潜在公因子的估计值，并根据因子的重要程度，利用因子方差贡献率为权重进行加权平均，从而可以得到家庭发展能力的综合评价结果。具体的因子分析综合评价模型为：

$$Z = w'\widehat{F} = w'A'R^{-1}X$$

其中，w' 为提取的公因子的方差贡献率归一化处理后的向量，$\widehat{F}$ 为因子得分估计值，因此利用因子得分综合评价方法可以得到指标变量 X 在综合评价中的权重向量 $w'A'R^{-1}$，对其进行归一化处理后就可以得到相对贫困农户发展能力评价指标体系三级指标的客观权重（见表5-2）。

表5-2 相对贫困农户发展能力测度指标权重

一级指标	二级指标	权重	三级指标	权重
家庭发展能力	家庭经济能力	0.181	家庭收入水平	0.091
			收入来源多样性	0.011
			家庭恩格尔系数	0.062
			现金和存款总额	0.017
	家庭学习能力	0.105	家庭成员受教育水平	0.039
			教育与培训支出占家庭支出比重	0.066
	家庭凝聚能力	0.236	婚姻生活满意度	0.064
			代际情感	0.041
			配偶亲密程度	0.063
			子女对父母的信任度	0.068
	家庭支持能力	0.216	出租土地所得	0.012
			土地资产	0.033
			家庭净房产	0.014
			生产性固定资产	0.006
			耐用消费品总值	0.044
			家庭成员健康状况	0.050
			家庭整体劳动能力	0.057
	家庭社会交往能力	0.123	获得工作是否受到过他人帮助	0.010
			求职渠道数量	0.050
			社会组织参与状况	0.063
	家庭风险应对能力	0.139	养老保险参与情况	0.065
			医疗保险参与情况	0.036
			家庭就业人员在正规就业部门比例	0.038

从表 5-2 中可以看到，在三级指标中，家庭收入水平影响权重最大，为 0.091；其次是子女对父母的信任度，为 0.068。教育与培训支出占家庭支出比重、养老保险参与情况、婚姻生活满意度三项指标的权重分别为 0.066、0.065、0.064，在三级指标中所占权重也比较大，对相对贫困农户发展能力也有重要影响。

第三节　相对贫困农户发展能力的测度与分析

一　家庭综合发展能力测度

在完成相对贫困农户发展能力指标体系构建并确定指标权重后，利用 Stata 软件，计算出相对贫困农户总体发展能力指数，为 0.356。从图 5-1 中可以看出，相对贫困农户的六种发展能力具有较大的差异性，其中家庭凝聚能力最强，指数达 0.842，家庭风险应对能力、家庭学习能力和家庭支持能力则明显较弱，指数分别为 0.189、0.186、0.156。

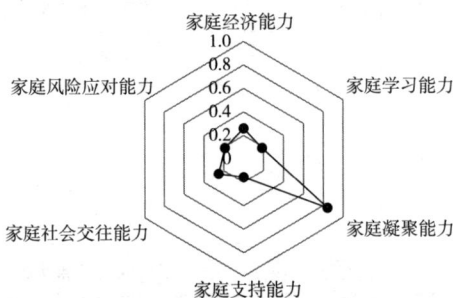

图 5-1　相对贫困农户六种发展能力比较

将相对贫困农户与非贫困农户发展能力进行对比发现，相对贫困农户家庭发展能力指数为 0.356，非贫困农户的家庭发展能力指数为 0.392，两者在 1% 的显著性水平下差异显著。进一步比较六种家庭发展能力发现，相对贫困农户的各种发展能力与非贫困农户均存在不同程度的差距，其中尤以家庭风险应对能力、家庭社会交往能力差距最为显著（见表 5-3）。相对贫困农户的家庭风险应对能力指数仅为 0.189，比非贫困农户低 0.091；相对贫困农户的家庭社会交往能力指数仅为 0.253，比非贫困农户低 0.046。

表 5-3 相对贫困农户与非贫困农户发展能力对比

		非贫困农户μ_1	相对贫困农户μ_2	($\mu_1-\mu_2$) T检验统计量	显著与否
	家庭发展能力	0.392	0.356	20.684	显著
1	家庭经济能力	0.288	0.260	11.551	显著
2	家庭学习能力	0.211	0.186	6.174	显著
3	家庭凝聚能力	0.864	0.842	6.237	显著
4	家庭支持能力	0.175	0.156	7.303	显著
5	家庭社会交往能力	0.299	0.253	15.421	显著
6	家庭风险应对能力	0.280	0.189	21.319	显著

　　相对贫困农户的风险应对能力弱主要体现在收入稳定性差和养老保险参保率低两个方面。从收入稳定性层面看,相对贫困农户在正规部门就业的比重仅为23.07%,而非贫困农户则高达56.54%,较低的正规部门就业比例降低了相对贫困农户获得稳定收入的可能性,从而极大地削弱了相对贫困农户的风险应对能力;从养老保险参保率层面看,相对贫困农户中家庭成员没有任何养老保险的占41.95%,高出非贫困农户14.94个百分点,家庭成员至少拥有1种及以上养老保险的仅占58.05%,低于非贫困农户14.82个百分点。在农村老龄化程度日益加深的情况下,较低的养老保险参保率增加了相对贫困农户的赡养负担,降低了相对贫困农户养老风险应对能力。需要说明的是,尽管相对贫困农户与非贫困农户在医疗保险的保障水平上也具有统计意义上的显著差异,但从两类群体在是否获得保障的相对水平上看,差异并不显著。可见,新农合、大病保险等医疗保险已惠及农村各社会阶层,且极大地缓解了广大群众的就医压力。

　　相对贫困农户的社会交往能力弱主要表现为贫困家庭可利用的社会关系网络和社会组织相对较少。从获得社会支持情况来看,尽管农村家庭在获得工作时普遍存在较少获得他人帮助的状况,但是相对贫困家庭成员在获得工作上受到他人帮助的比例更低,仅为0.99%,比非贫困家庭成员低2.21个百分点;从求职渠道数量看,绝大多数农村家庭至少拥有1个求职渠道,而相对贫困农户的求职渠道则极为狭窄,数据显示,62.32%的相对贫困农户并没有任何求职渠道;从社会组织参与状况看,相对贫困农户参与社会组织的比例仅为37.6%,大多数的相对贫困农户根本没有参与任何社会组织，农村家庭参与社会组织是其获得社会力量支持的重要途径，缺乏社会力量支持将极大地抑制相对贫困农户动员和利用社会资源的可能性。

二 不同类型家庭发展能力测度

不同类型家庭由于受不同资源禀赋和所处不同生命周期阶段等因素的影响呈现不同的发展能力。本书仍将相对贫困农户细分为哺育型、生产型、赡养型、负担型四种类型，并分别对其发展能力进行测度与比较，以期更为全面地剖析其家庭发展能力。CFPS 2018 的四种家庭类型分布如表 5-4 所示，在相对贫困农户中负担型家庭比例最高，为 38.83%；其次为赡养型家庭的比例，为 28.49%；生产型家庭的比例最低，仅为 7.96%。与之相对比，农村非贫困农户中哺育型家庭所占的比例最高，为 32.70%；赡养型家庭比例最低，为 19.49%；生产型家庭所占的比例虽仅为 21.38%，但仍比相对贫困农户高 13.42 个百分点。通过对四种类型家庭成员年龄构成分析还发现，赡养型相对贫困农户中"空巢"老人家庭占 59.68%，远高于非贫困赡养型农户 37.29% 的比例，而在负担型相对贫困农户中仅包含老人和儿童家庭所占比例为 7.88%，非贫困农户该比例却仅为 3.47%。可见，相对贫困农户老龄化程度更为严重，家庭的赡养负担相对较重，成年劳动力明显不足。

表 5-4 家庭类型分布状况

单位：户，%

贫困类型	家庭类型	数量	百分比
相对贫困农户	哺育型家庭	301	24.71
	生产型家庭	97	7.96
	赡养型家庭	347	28.49
	负担型家庭	473	38.83
	合计	1218	100.00
非贫困农户	哺育型家庭	1022	32.70
	生产型家庭	668	21.38
	赡养型家庭	609	19.49
	负担型家庭	826	26.43
	合计	3125	100.00

对不同类型家庭发展能力测度发现，相对贫困农户和非贫困农户赡养型家庭的家庭发展能力均最弱，哺育型家庭的家庭发展能力均最强（见表5-5）。从家庭发展能力的二级指标上看，相对贫困农户和非贫困农户赡养型家庭的家庭经济能力、家庭学习能力、家庭支持能力、家庭社会交往能力以及家庭风险应对能力都是最弱的，说明在"养儿防老"的传统家庭养老模式下，养老负担是农村家庭发展的严重阻碍，对于经济收入水平本来就较低的相对贫困农户而言，养老负担更是难以承受之重。很显然，赡养型相对贫困农户将是农村相对贫困治理重点关注的对象之一。

表 5-5　不同类型家庭发展能力

| 贫困类型 | 家庭类型 | 家庭发展能力 | 1 | 2 | 3 | 4 | 5 | 6 |
			家庭经济能力	家庭学习能力	家庭凝聚能力	家庭支持能力	家庭社会交往能力	家庭风险应对能力
相对贫困农户	哺育型家庭	0.3707	0.2572	0.1893	0.8420	0.1941	0.2656	0.2226
	生产型家庭	0.3680	0.2722	0.2628	0.8287	0.1458	0.2653	0.2260
	赡养型家庭	0.3317	0.2475	0.1617	0.8423	0.1106	0.2254	0.1403
	负担型家庭	0.3630	0.2685	0.1861	0.8444	0.1668	0.2627	0.1961
非贫困农户	哺育型家庭	0.4006	0.2864	0.2131	0.8636	0.1977	0.3008	0.3088
	生产型家庭	0.3928	0.2865	0.2216	0.8647	0.1605	0.3013	0.3018
	赡养型家庭	0.3709	0.2816	0.2012	0.8654	0.1365	0.2816	0.2191
	负担型家庭	0.3941	0.2959	0.2076	0.8615	0.1854	0.3063	0.2716

研究还发现，生产型相对贫困农户家庭凝聚能力最弱，其次为哺育型相对贫困农户，负担型相对贫困农户的家庭凝聚能力最强，这一特征与非贫困农户形成鲜明的对比。在非贫困家庭中赡养型家庭和生产型家庭的家庭凝聚能力最强，而负担型家庭的凝聚能力最弱。纵观家庭凝聚能力的三级指标发现，生产型相对贫困家庭与其他三种家庭类型在婚姻生活满意度指标上存在显著差异，在代际情感和配偶亲密程度指标上没有显著差异，这说明生产型家庭凝聚能力差主要是由于婚姻生活满意度较差，而这可能恰恰是由于家庭收入水平低又缺乏子女维系关系，更容易衍生家庭矛盾，

从而导致家庭凝聚力降低。而当家庭收入不是家庭生计面临的主要问题时，代际情感才成为导致家庭不和睦的主要因素。

三 研究结论

本书主要运用可持续生计理论构建了相对贫困农户发展能力测度指标体系，并采用 CFPS 2018 微观数据，运用因子分析法对相对贫困农户发展能力进行了多维测度。研究得出以下主要结论。

从家庭发展能力的综合水平上看，相对贫困农户发展能力较弱，且与非贫困农户存在较大差距。这种差距集中体现在家庭风险应对能力和家庭社会交往能力上。实证研究发现，相对贫困农户家庭风险应对能力弱主要是由收入稳定性差和养老保险参保率低造成的，家庭社会交往能力弱主要是由缺乏社会关系网络和社会组织的支持造成的。

从家庭发展能力的类型结构上看，相对贫困农户和非贫困农户中发展能力最弱的家庭和最强的家庭具有一致性。在人口老龄化日趋严重的背景下，相对贫困农户的老龄化水平更高，赡养型相对贫困农户的家庭经济能力、家庭学习能力、家庭支持能力、家庭社会交往能力以及家庭风险应对能力远低于其他类型。同时，与非贫困农户不同，生产型相对贫困农户的家庭凝聚力最弱，说明这类家庭面对巨大的生活压力时会产生更多的家庭矛盾和困扰，夫妻感情以及家庭氛围等需要改善。

基于上述研究结论，就如何提高相对贫困农户发展能力，实现其可持续生计提出如下几点建议：一是增强相对贫困农户收入稳定性；二是加大对农村老年相对贫困群体的政策支持力度；三是加强相对贫困农户生计资本建设；四是鼓励社会力量参与农村相对贫困治理。此外，政府应指导建设和睦的家庭和亲邻关系。要依托乡村振兴战略，把优秀家文化宣传教育融入乡风文明建设，树立家庭和睦、亲邻友善典范，积极营造家风优良、家庭和顺、亲邻互助的社会氛围。

第六章

国际经验借鉴

近年来，随着各国对贫困认识的加深及反贫困理论的发展，越来越多的国家尝试采取人力资本投入、资产建设以及其他准市场模式等宏观干预手段，以赋予受助对象自立能力，减少贫困的发生，社会救助制度也从中得到进一步发展与转型。特别是在发展型社会政策理念的影响下，经过多年的政策实践，这些国家形成了颇具特色的社会救助政策模式。本章通过对典型国家社会救助政策实践的梳理，提出其对中国社会救助制度转型的有益借鉴与启示。

第一节 发达国家的社会救助实践

发达国家的经济运行机制和社会保障体系较为成熟，经过长期的发展、改革与调整，已经建立起完善的社会救助制度，在立法保障、分类救助、促进就业等方面具有显著优势，实现了由消极救助向积极救助的成功转型，并形成了注重受助者自立能力开发的蕴含发展型社会政策理念的救助政策，以保障贫困人口可持续生计，推动社会稳定发展。为了尽可能使分析更具代表性、全面性，本节分别选取了美国、英国、日本、澳大利亚等典型发达国家，对各国社会救助制度的历史沿革、现行社会救助项目进行系统分析。

一 美国

作为全球最大的经济体和社会发展程度较高的发达国家之一，美国的社会救助制度和社会保障体系是相对较为成熟和完善的。历经近百年的贫困救助实践探索，美国搭建起了坚实的法律基础和制度保障，其社会救助政策也呈现制度化、多元化的特点，救助实践则以绝对贫困线为基准，由联邦政府和州政府通力协作，采取工作激励、市场参与以及个人责任和社会责任相统一等手段，构建了完善的社会救助体系和保障制度。

（一）社会救助制度的历史沿革

第一阶段是形成期（19世纪至20世纪30年代）。美国的社会救助制度，又称公共救助或福利补助，其早期形态为自发性的慈善行为和私人救助。早在17世纪末，美国的社会救助主要以救济院的形式为无家可归者、穷人和残疾人提供救助，但救济院环境恶劣、纪律严苛，被视为惩罚性机构。到19世纪中叶，私人慈善机构开始发挥重要作用，例如1877年在纽约成立的慈善组织协会（Charity Organization Society）[①]，通过提供救济金和社会服务来帮助贫困人口。19世纪末至20世纪初，美国经历了快速的工业化与城市化，社会结构发生变化，贫困与不平等现象显著增加。在这一背景下，慈善组织、教会和地方政府开始探索社会救助的初步形式，一些地方已经初步建立了具有福利性质的救助制度，例如1911年伊利诺伊州出台母亲救助计划（Mother's Pensions），这是地方政府提供的早期救助措施[②]，通过对单亲母亲家庭提供金钱援助来减轻贫困。20世纪初，社会工作开始兴起并为贫困群体提供社会支持。这一阶段的公共救助措施主要依赖于私人慈善组织和地方政府，尚未发展为系统性的政府救助模式，但为美国社会救助制度的确立奠定了重要基础。

第二阶段是建立期（20世纪30~60年代）。美国现代社会救助制度的建立可以追溯到20世纪30年代爆发大规模经济危机时。1929年10月24日，美国爆发了资本主义历史上规模最大、影响最深远的经济危机，国内经济急速进入"大萧条"，股市暴跌、银行倒闭、工厂破产、工人失业等问题接踵而至，经济水平大幅倒退，社会矛盾日渐尖锐，全国失业率大幅上

① 任姝欢.美国镀金时代的贫困问题与慈善组织会社的"新式慈善"[J].山东社会科学，2023（8）.
② 吕洪艳.20世纪初美国女性单亲家庭福利项目的缘起及实践[J].贵州社会科学，2019（4）.

升，1933 年失业率高达 24.9%。① 在这一背景下，美国政府面临空前的社会压力，人们意识到社会福利应该是社会和政府共同关注的，纷纷要求政府承担社会救助的重要责任。严峻的经济社会形势使美国政府开始意识到仅仅依靠慈善组织和宗教团体的援助是远远不够的，联邦政府必须进入社会救助领域。于是，1933 年，美国罗斯福总统开始推行"新政"，出台了一系列改革举措以增强社会保障能力，减少因贫困和失业引发的社会动荡。联邦政府直接参与社会救助并自此开始成为社会救助的核心力量，联邦政府主导的社会救助体系也开始逐步建立。同年 5 月，美国国会通过了《联邦紧急救济法》（Federal Emergency Relief Act），成立了联邦紧急救济署（Federal Emergency Relief Administration，FERA）②，为失业工人及其家庭提供现金援助。1935 年，美国国会通过了《社会保障法》（Social Security Act），该法案主要包括社会保险、公共援助计划等核心项目，为美国公民提供了基本的生活保障。其中，公共援助计划包括老年援助（Old-Age Assistance，OAA）、盲人援助（Aid to the Blind，AB）和有依赖子女的家庭援助（Aid to Dependent Children，ADC），为符合条件的弱势群体提供现金援助。《社会保障法》的颁布意味着美国联邦政府第一次参与解决失业和贫困问题，在社会救助中的责任和作用变大，这也是美国现代社会救助制度建立并进入联邦政府主导时期的重要标志。③ 同年，联邦紧急救济署被取消，其工作由公共事业振兴署（Works Progress Administration，WPA）和社会保障局（Social Security Administration，SSA）接替。此后，随着社会经济的发展和民权运动的萌芽，美国的社会救助制度在 20 世纪 50 年代得到了进一步发展和完善。在这一阶段，美国确立了以社会保险、公共援助、工作救济、医疗保障等为主的社会救助制度基本框架，社会保险与公共援助相结合，联邦政府开始系统性地介入社会救助事务，制定并实施全国性的救助政策。

第三阶段是发展期（20 世纪 60~70 年代）。第二次世界大战结束后，美国经济繁荣发展，民权运动（Civil Rights Movement）兴起，美国联邦政

---

① 吴晓林. 社区里的国家：国家行为的转变与社会传统的底色——以英美国家的百年实践为例［J］. 政治学研究，2022（1）.

② 徐晓新，高世楫，张秀兰. 从美国社会保障体系演进历程看现代国家建设［J］. 经济社会体制比较，2013（4）.

③ 杨冠琼. 当代美国社会保障制度［M］. 北京：法律出版社，2001：37-48.

府实施了一系列社会福利政策，各项社会救助事业不断发展，社会救助和治理贫困的重点也逐渐向能力提升转移，社会福利进入扩张期。在这一阶段，肯尼迪政府和约翰逊政府为了反对福利依赖，先后发起新一轮的福利改革与扩展运动，美国社会救助体系不断完善。肯尼迪政府分别于1961年颁布了《地区再发展法》（Area Redevelopment Act），1962年颁布了《人力发展和培训法》（Manpower Development and Training Act）和《公共福利修正案》（Public Welfare Amendments）①，标志着美国社会救助制度的重要转型，即转向贫困者的脱贫能力提升和失业工人的再就业。针对失业工人，通过增强教育、技能培训、积极预防、提供机会和激励等方式，鼓励贫困人口摆脱福利依赖，不断提高抵御贫困和自立自强的能力。约翰逊政府于1964年提出了"伟大社会"（Great Society）和"向贫困宣战"（War on Poverty）等政治宣言②，意在降低失业率、促进经济增长和提高劳动者的生活水平。同年8月，美国国会通过了《经济机会法案》（Economic Opportunity Act），该法案创造性地提出了"社区行动计划"（Community Action Program）、"美国就业项目"（Job Corps）、"服务美国志愿者项目"（Volunteers in Service to America）等内容，并设立了社区行动机构（Community Action Agencies）和经济机会局（The Office of Economic Opportunity）③，集中关注就业能力与再就业的问题，目的在于增加贫困人口的就业机会，解决低收入群体的就业难题。此外，约翰逊政府于1964年颁布了《民权法案》（Civil Rights Act），1965年颁布了《投票权法案》（Voting Rights Act）和1968年颁布了《民权法案》（Civil Rights Act）④，这一系列法案表明美国政府已经开始注重贫困人口的个体权利和平等。为了缓解失业压力，尼克松政府于1973年通过了《全面就业与培训法案》（Comprehensive Employment and Training Act），通过提供职业技能和在岗培训、就业公共服务、收入维持津贴等措施，保障工作不

---

① 〔美〕Nancy S. Dickinson 著，张东奇，徐明明译. 美国联邦政府的社会立法：1961 年-1994 年 [J]. 社会福利（理论版），2013（8）.

② 林闽钢，霍萱. 大国贫困治理的"中国经验"——以中国、美国和印度比较为视角 [J]. 社会保障评论，2021，5（1）.

③ 林闽钢，霍萱. 大国贫困治理的"中国经验"——以中国、美国和印度比较为视角 [J]. 社会保障评论，2021，5（1）.

④ 张琦. 美国社会中"政治正确"现象的发展及其最新演变 [J]. 国际论坛，2018，20（3）.

稳定或处境不利的工人的就业机会。在这一阶段，美国现代社会救助制度表现出了一个重要转折和特征，即从单纯的事后救济、福利救助开始转向预防和救助、能力和权利相结合的可持续救助体系，社会救助计划大幅扩张。实践证明，尽管 20 世纪 70 年代美国的石油危机导致经济受阻，但是现代社会救助体系也从中得到了发展，尤其在恢复就业方面取得了显著成效，19 世纪 70 年代美国的贫困率下降到 10% 左右，失业率从 1933 年的 24.9% 降至 1980 年的 7.2%。

第四阶段是调整期（20 世纪 80 年代至今）。20 世纪 80 年代以来，全球经济格局不断变化、国内政治环境转变，为了有效解决福利依赖、财政负担和福利开支等突出问题，美国对社会救助制度开始了一系列重大变革，对既有的福利政策进行了调整。1982 年，里根政府以《就业培训合作法》（Job Training Partnership Act）取代了《全面就业与培训法案》，这是美国第一个以公私合作为基础的综合性就业培训法案，针对失业青年、长期失业者、低技能工人等弱势群体，由政府、企业、非营利组织和私人团体等共同合作、参与设计和实施就业培训，从而帮助他们提升职业技能，获得工作机会。① 1988 年，里根政府又颁布了《家庭支持法案》（Family Support Act），强制实施职业培训和基本教育等措施，意在终止贫困家庭的福利依赖，提高他们的工作参与率，同时强制各州实施《就业培训合作法》并实施评估。克林顿政府对社会救助制度进行了重大改革，1996 年通过了《个人责任与就业机会调整法案》（Personal Responsibility and Work Opportunity Reconciliation Act），该法案一方面收紧了福利资格，降低直接救助的资金比例，严格限制受助者的资格；另一方面强调通过工作摆脱贫困，提高工作激励的资金比例，以减少福利依赖和促进工作。随后，小布什政府继续收紧社会救助政策，并扩大了工作要求，2002 年出台了《为自立而工作法案》，提出了第二阶段深化福利改革的方案②，实行了更严格的工作要求和时间限制，同时也赋予了各州更大的灵活性，增加了教育和培训、儿童保育等资助，帮助受助人通过工作摆脱贫困。此后，奥巴马政府、特朗普政府和拜登政

---

① 韩宇. 美国制造业城市转型的失业问题及联邦政府相关对策［J］. 求是学刊，2019，46（3）.

② 闫坤，孟艳. 反贫困实践的国际比较及启示［J］. 国外社会科学，2016（4）.

府都在对社会救助制度进行调整，从医疗、税收、食品、教育、就业等各方面提供社会救助，如 2010 年的《患者保护与平价医疗法案》（The Patient Protection of Affordable Care Act，也被称为"奥巴马医保"）、2017 年的《减税和就业法案》（Tax Cuts and Jobs Act）和扩大医疗保险、投资儿童保育、扩大食品券计划、提供租金援助等。这一时期，美国社会救助制度的发展与调整始终围绕减少福利依赖、促进工作和提高效率展开，最大的特征是救助理念从福利依赖思想中解脱出来，救助形式与项目更加多元化，更加关注贫困者的发展和自立需求，强制穷人参加工作，以减轻政府压力、降低救助成本、提高救助效率、维护社会稳定。在这一阶段，美国现代社会救助制度得到了大幅调整，政策的可持续生计特征日益明显，特别强调贫困者个人责任和劳动市场的积极参与，社会救助制度也实现了几点转型：一是从福利救助转向工作救助；二是从即时兜底救助转向长期发展救助；三是从扩张性资金救助转向紧缩性资金救助；四是完善了现代化的发展型社会救助体系。

（二）现行社会救助项目

美国现行的社会救助项目面向不同群体的现实需求，平衡效率与公平、救助与自立，努力实现社会保障。救助项目覆盖现金援助、食品援助、医疗援助、住房援助、失业救济等多个方面。

1. 现金援助

临时援助贫困家庭计划（Temporary Assistance for Needy Families，TANF）是一项联邦与州合作的社会救助计划，为低收入家庭提供现金援助和其他支持，并附带就业要求和福利领取时限，以帮助他们达到自给自足。TANF 不仅提供短期的经济帮助，更重要的是通过促进就业和提升家庭自我维持能力，实现长期的贫困缓解。[①] 其主要特征有六。一是临时性。强调援助的临时性质，鼓励并要求受助家庭尽快实现经济独立，大多数家庭接受援助有时间限制，通常不超过五年。二是有工作要求。要求大部分成人受助者参与工作准备活动，如就业培训、求职或社区服务，以促进从依赖援助转向

---

① 董雯雯，张奎力. 从被动援助到促进就业：美国临时救助的政策转向及其启示［J］. 社会保障研究，2023（4）.

工作。三是赋予州灵活性。给予各州较大的自主权来设计和实施各自的援助计划，这导致各州的 TANF 在资格标准、援助水平和提供的服务上存在差异。四是以家庭为单位。为符合条件的家庭提供现金补助，补助金额根据家庭规模、收入以及所在州的具体规定而定。五是存在收入减额条款。当受助家庭的其他收入增加时，TANF 的补助金会相应减少，即"福利悬崖"。六是提供综合服务。除了直接的现金援助，TANF 还包括儿童护理援助、教育和职业培训，以及其他支持服务，以帮助家庭脱离贫困。

2. 食品援助

补充营养援助计划（Supplemental Nutrition Assistance Program，SNAP）的前身为美国最大的反饥饿计划之一——食品券计划。该计划是一项帮助低收入个人和家庭购买食物的联邦援助计划，以确保其能够获得健康饮食，减少食物不足和贫困的影响。[①] 申请人要经过资格检查、申请、面试、提供证明文件等环节才能获得资格，且需要定期进行资格审查。申请者需要满足一定的条件，通常是对家庭的总收入和资产进行判断。申请者可以通过州政府的社会服务部门或在线平台提交 SNAP 申请。提交申请后，申请者通常会被安排进行一次面试，可能是面对面、电话或视频形式，目的是核实信息并评估需求。此外，申请者还需要提供一些证明文件，如收入证明、身份证明、居住证明等。所有信息和文件收集齐全后，州机构会审核申请并做出决定。如果批准，申请者会收到一张电子福利转移卡（EBT 卡），可以在授权的零售商处购买符合规定的食品。SNAP 受益人需要定期重新验证资格，通常每半年到一年一次，以确保仍然符合领取援助的条件。

妇女、婴儿和儿童特别营养补助计划（Women，Infants and Children，WIC）是一项由联邦政府资助的健康与营养计划，为符合条件的低收入孕妇、哺乳期母亲及幼儿提供营养援助，包括营养补充、健康食品、营养教育、母乳喂养支持以及健康和福利相关服务等。[②] 该计划主要服务于低收入家庭中的孕妇、产后直至婴儿出生后六周的妇女、哺乳期妇女以及从出生至 5 岁的婴幼儿。通过提供特定的食品券或电子福利卡（EBT），支持受助者购买指定的健康食品，如牛奶、鸡蛋、全谷物产品、新鲜水果和蔬菜、

① 杨鑫. 美国食物社会保障体系建设经验与启示 [J]. 乳品与人类，2023（5）.
② 杨鑫. 美国食物社会保障体系建设经验与启示 [J]. 乳品与人类，2023（5）.

豆类、婴儿食品和配方奶等。同时，提供个性化的营养咨询和教育，帮助家庭了解如何选择和准备健康的食物，以促进良好的饮食习惯。WIC 计划还会帮助家庭连接医疗服务和其他社会服务，如免疫接种、产前护理和儿科服务。除了直接受益人，如儿童，父亲、祖父母或法定监护人也可以代表符合条件的家庭成员申请加入 WIC 计划。

3. 医疗援助

医疗保险（Medicare）是一项由联邦政府管理的健康保险计划，主要为 65 岁及以上老年人和特定残疾人提供医疗保险。该计划分为几个部分，每个部分覆盖不同的服务。Part A（医院保险）通常无须缴纳保费，包括住院治疗、专业护理设施护理、家庭健康护理等服务。Part B（医疗保险）需要支付月费，覆盖医生服务、门诊治疗、医疗设备、部分预防服务等。① Part C（Medicare Advantage 计划）是由私营保险公司提供，结合了 Part A 和 Part B 的覆盖，并可能包含额外福利，如处方药覆盖、视力和牙科服务，参与 Part C 需要支付额外的保费。Part D（处方药计划）也是由私营保险公司提供，针对处方药物的覆盖，参与者需支付月费，享受药物成本的补贴。

医疗补助（Medicaid）是一项由联邦政府和各州政府共同资助的健康保险计划，为低收入家庭和个人提供医疗保障。不同于医疗保险面向老年人和特定残障人士，医疗补助的重点在于帮助那些经济条件较差的群体，包括儿童、孕妇、父母、老年人和残疾人等。医疗补助的资格标准主要基于收入和资产，且各州具体标准有所不同，如果家庭收入低于联邦贫困线（Federal Poverty Level, FPL）的一定比例（许多州为 138%），则一般符合资格，孕妇、儿童和某些特殊群体享有更宽松的标准。该计划服务覆盖范围广泛，包括医生访问、急诊服务、医院护理、处方药、眼科和牙科服务等，具体覆盖内容由各州自行决定，但都必须遵循联邦最低标准。医疗补助通过各州的社会服务或卫生部门申请，申请人需要提供收入证明、身份证明和居住证明等文件。依据《平价医疗法案》（Affordable Care Act, ACA），许多州选择扩展医疗补助的覆盖范围，使更多低收入无子女成人也能获得保险。

---

① 张蕊，张肇龙，郝春鹏. 美国多支柱长期护理保障体系筹资及待遇保障机制研究 [J]. 中国医疗保险，2023（9）.

4. 住房援助

住房选择券计划（Housing Choice Voucher Program，也称 Section 8）是由美国住房和城市发展部（Department of Housing and Urban Development，HUD）管理的一项重要的住房补助项目。[①] 该计划始于 1974 年，为低收入家庭提供租房补助，帮助低收入家庭、老年人和残疾人负担得起体面、安全和卫生的住房。住房选择券主要面向低收入家庭，其收入通常不得超过所在地区中位数收入的一定百分比，具体资格标准由地方公共住房管理局（Public Housing Authorities，PHA）根据联邦指导原则设定。政府并不直接提供住房，而是向符合条件的家庭发放住房券，持券家庭可以用它在市场上租住私人房东的房屋，家庭支付的租金一般不超过其调整后家庭收入的 30%，剩余部分由政府直接支付给房东。住房券为低收入家庭提供了更多的居住地点选择，不受地域限制。住房选择券项目是美国最大的直接住房补助项目，每年提供大量资金作为租赁补贴。该计划由联邦政府设置总体框架，由各地的公共住房机构具体执行，各地负责审核申请、发放住房券、监督房东和租户遵守规定等。

公共住房项目（Public Housing Program）由联邦政府资助，地方政府通过公共住房管理局实施，提供廉租房供低收入家庭租住。该项目起源于 20 世纪 30 年代，初衷是应对经济大萧条带来的住房危机，同时创造就业机会和刺激经济发展。当前，美国的公共住房体系由大约 3300 家地方住房机构运作，由美国住房和城市发展部下属的公共和印第安住房局（Public and Indian Housing，PIH）监管。除了传统的公共住房，政府还通过税收优惠、贷款担保等方式鼓励私人开发商和非营利组织建造和管理面向低收入家庭的住房。近年来，美国公共住房政策倾向于混合收入社区的发展，避免形成单一的低收入聚居区，同时推动老旧公共住房的翻新和改造，以及通过公私合作模式（PPP）来提升住房项目的质量和可持续性。

5. 失业救济

失业保险（Unemployment Insurance）是一项为因经济原因而非个人过失而失业的工人提供临时经济援助的项目，以帮助他们在失业期间维持基

---

① 孙婧婧. 美国城市贫困集中程度缘何不降反升？——基于对美国公共住房政策的历史制度主义分析［J］. 中国行政管理，2021（2）.

本生活。这一制度作为罗斯福新政的一部分，由 1935 年的联邦立法授权各
州政府开始实施，属于州级管理的联邦—州合作项目，以应对当时严重的
经济危机和社会需求。失业保险资金主要来源于雇主支付的失业保险税，
通常按员工薪资的一定比例征收。领取失业保险金的资格通常要求失业者
是非自愿离职、有积极寻找工作的证据并且满足一定的工作和收入门槛。
大多数州提供最多 26 周的常规失业保险福利，但在经济衰退期间，联邦政
府可能会提供额外的延长福利①，例如经济衰退期间，联邦政府有时会通过
紧急失业补偿计划（Emergency Unemployment Compensation，EUC）或其他
临时计划，为已经用尽州级失业保险福利的失业者提供额外的援助，福利
金额通常根据失业者过去的收入计算得出，但不超过州规定的最大限额。
失业保险金被视为应税收入，领取者在报税时需要将其计入总收入中，但
不需要缴纳社会保障工薪税。

二 英国

英国作为世界上最早实行社会救助和建立福利制度的国家之一，其社
会救助制度历史悠久、覆盖广泛。随着工业化逐步建立，英国政府在长期
实践和经济发展过程中不断调整福利制度，建立了完善的、综合性的积极
救助体系。

（一）社会救助制度的历史沿革

英国的社会救助最早可以追溯到中世纪的教会和慈善救济，早在 16 世
纪，英国政府就建立了救济院用于穷人和残疾人的社会救济，亨利八世于
1531 年颁布《救济物品令》、1536 年颁布《济贫法》，开创了社会救助的先
河，突出了政府救济责任。1601 年《伊丽莎白济贫法》（Elizabethan Poor
Law）颁布，这是世界上最早的社会保障法，标志着英国开始进入立法救助
阶段，由法律规定政府救济的责任，并确定了"院内救济"（济贫院）和
"院外救济"两种形式。② 此后，在很长的一段时间内，英国的贫困救济始

---

① Bizfluent. How Does Unemployment Insurance Work? A Guide for Employers[EB/OL]. (2020-03-01)[2024-06-13]. https://bizfluent.com/13725013/how-does-unemployment-insurance-work-a-guide-for-employers.

② 郭家宏，徐佳星．旧济贫法体制下英国贫民医疗救济探析［J］．学术研究，2017（4）．

终围绕旧《济贫法》展开，贫困者接受最低生活保障，生活水平远低于独立劳动者。经过近两个世纪的普遍救济，加之工业化进程中的社会矛盾愈加突出，19 世纪初，英国现代社会救助制度开始萌芽，其大致经历了以下几个发展阶段。

第一阶段是萌芽期（19 世纪初至 20 世纪 30 年代）。英国工业革命在推动工业化进程加快的同时，也加重了阶级不平等、贫困等社会问题，于是催生了英国的社会变革和福利救济。1834 年英国政府通过了《济贫法修正案》（也称"新济贫法"），该修正案废除了"院外救济"，贫困者只能进入济贫院（Workhouse，被视为"巴士底狱"式的存在）或者贫民习艺所才能接受救助①，这一改革举措试图通过艰苦的生活条件来降低贫民对救济的依赖，也因"劣等处置"原则下严苛的管理条件和低下的生活水平而受到了强烈反对。"院外救济"的废除强迫穷人激发自立能力，通过自我劳动进行自救以免"受罪"，否则只能接受屈辱的"院内救济"。19 世纪中后期，英国的经济社会发展进入了萧条期，社会阶层的分化和工人阶级的贫困问题日益突出，社会福利得不到保障，人们对新济贫法的不满逐渐累积，并开始寻求新的解决措施。19 世纪末 20 世纪初，英国的新自由主义、费边社会主义等思想盛行，成为英国社会改革和福利救济调整的重要思想基础。面对日益加重的贫困问题和社会各界的强烈反对和改革呼声，英国政府对新济贫法进行了修改调整，并先后颁布了有关就业、教育、医疗、养老等领域的法律，以保障失业工人等弱势群体的社会福利，例如1905 年《失业工人法》（Unemployed Workman Act）从国家责任角度出发，以立法的形式解决工人失业问题；1909 年《劳动介绍所法》（Labour Exchanges Act）通过设立劳动介绍所为工人提供就业机会，解决失业问题；1911 年《国民保险法》（National Insurance Act）从失业和健康两个方面以保险的形式为工人的经济生活和身体健康提供保障，力图改善国民的生活条件。② 此外，英国政府也陆续出台了一系列变革举措以弥补《济贫法》和社会保险的不足，如 1911 年出台的《救济规则法》和 1913 年出台的《济

① 杨思斌.社会救助立法：国际比较视野与本土构建思路［J］.社会保障评论，2019，3（3）.
② 金燕.19 世纪下半叶英国的劳工立法［J］.学海，2014（3）.

贫法机构条例》，对贫困救济条件、救济制度和救济院生活环境等内容进行了调整。这一阶段，英国的社会救助制度还是以最低生活保障为主，旧济贫法仍发挥着重要的兜底救助功能。随着工业化进程加快和社会矛盾突出，济贫法制度也逐渐走向衰落，现代社会救助制度从中萌芽。同时，这一时期的英国社会经济结构处于重要转型阶段，为英国现代社会救助的建立奠定了重要基础。

第二阶段是确立期（20 世纪 30~70 年代）。第二次世界大战开始后，英国经济重建和社会变革推动了社会保障体系的全面建立，出于战时的全民动员和战后重建的需要，使得政府认识到建立完善的社会保障体系的重要性。为了应对战后的社会压力和矛盾，英国政府开始加强社会福利和劳工保护。20 世纪 30 年代，美国经济危机波及整个资本主义世界，给英国的经济和社会也带来了巨大冲击。与美国类似，英国真正开始建立现代化的社会救助体系也是源于此次大规模的经济危机。经济危机爆发后，英国失业人口增加，为了解决工人失业和贫困问题，英国设立了失业救助委员会（Unemployment Assistance Board）。为了全面分析英国现行的社会保障制度并构思战后的福利制度框架，1941 年英国成立了跨部门委员会，对时下的社会保险及相关服务计划开展全面调查，1942 年发布了《贝弗里奇报告》（Beveridge Report）［又称《社会保险和相关服务》（Social Insurance and Allied Services）］，针对当时突出的社会问题，该报告提出了 9 种保障国民福利的社会保险，构思了具有普遍性、全面性的社会保障体系，被视为英国现代社会救助制度确立的里程碑，奠定了英国福利国家建设的基础。在该报告的影响下，英国出台了一系列救助法案和政策，如 1945 年《家庭补助法》（Family Allowances Act）为低收入家庭提供积极的福利保障和经济支持；1946 年《国民保险法》（National Insurance Act）建立了包括失业保险、养老金、疾病保险等在内的综合性、全面性的保险制度，同年《国民健康服务法》（National Health Service Act）提出为全民提供免费的全方位医疗服务；1948 年《国民救助法》（National Assistance Act）彻底取代了《济贫法》，建成了一套"从摇篮到坟墓"的社会保险体系和福利制度，这意味着英国的社会救助制度正式建立，自此英国宣布建成世界上第一个福利国家。① 这一阶段，英国现代社会救助制度一改以往最低生活保障的济贫特点，转向了兼有最低保障和普惠性的全民福利模式，这一重要转变是有迹可循的。英国工业化进程的快速推进导致了失业、医疗、教育等社会问题的复杂化、多样化，以事后救济为主的消极的贫困救济制度难以应对工业社会的各类问题，必然要求建立适应现代工业化、市场化需求的新的社会救助制度，普遍性的福利制度应运而生。在《国民救助法》的救助政策和保障体系下，此后近20年英国的国民救助水平显著提高，低收入群体收入增加，福利制度虽然未在这一时期取得较大改革成效，但国民福利及保险项目不断补充发展。

　　第三阶段是改革期（20世纪60~80年代）。直至20世纪60年代，面对新的经济形势和贫困问题，英国现代社会救助制度迎来了一系列变革，开始进入改革扩张期。虽然英国全民福利制度在短期内极大地改善了民众的生活、缓解了贫困问题，但是政府主导的社会福利的弊端和问题逐渐显现。福利增长过快、福利开支增大导致政府财政赤字和负担加重，也滋生了福利依赖问题。特别是20世纪70年代，英国政府实行凯恩斯主义宽松的货币政策使全国经济陷入滞胀，英镑贬值、企业倒闭、失业罢工，新的福利问题随之凸显。在这一背景下，1979年撒切尔夫人上台，对英国福利国家的制度体系进行了一系列变革。撒切尔政府以新右派思想的新自由主义为改革的理论基础，主张弱化政府的过多干预，强调市场自身的调节作用，并将这一理念运用到了社会福利改革中，主张社会救助和福利保障是国家和个人的共同责任，强调个人在社会保障中的重要性，推动福利制度市场化和个人责任。1985年《社会保障改革——变革的计划》绿皮书发布，明确了英国社会救助制度和福利改革的基本方针政策，覆盖了养老、医疗、就业、住房、教育等领域，意在缩减政府福利开支规模，增加社会保障的个人义务。1986年英国政府出台了《社会保障法》（Social Security Act，1988年正式实施），并进行了多次修改，进一步扩大了社会保障的范围。

　　第四阶段是完善期（20世纪90年代至今）。20世纪90年代以来，全球化、技术进步和人口老龄化等对英国社会救助制度提出了新的挑战，英

---

① 段美枝. 以国际最优实践视角思考中国儿童福利制度的转型［J］. 社会福利（理论版），2014（1）.

国开展了一系列福利改革。1996 年，英国政府将失业救济（Unemployment Benefit）和收入保障津贴（Income Support）合并为求职者津贴（Jobseeker's Allowance）①，强调劳动市场的灵活性和就业激励。1997 年，英国新工党领袖布莱尔执政，与老工党和保守党的政治主张不同，新工党在吸收借鉴"撒切尔主义"思想主张的基础上，提出了一套可行的替代方案——"第三条道路"②，福利制度改革是重要内容之一，目的在于增加工作机会、提升工作能力、减少福利依赖。从 1998 年开始大规模推行"从福利到工作"（Welfare to Work），鼓励失业工人再就业。进入 21 世纪，英国社会救助体系也在经历改革，旨在提高效率、削减开支、鼓励就业。2003 年，引入了税收抵免制度，取代了之前的社会救济金制度。2012 年，英国政府实施了全面福利改革，进一步收紧了福利资格，推行《福利改革法案》（Welfare Reform Act），提出实施普遍福利（Universal Credit）③，简化和合并多种福利项目，旨在提高救助效率和精准性、有效性，减少滥用和行政成本。这一阶段，英国的社会救助制度兼顾工作激励与就业支持，越来越关注救助效率和救助水平，强调通过就业激励和培训项目，促进劳动市场参与，减少福利支出，鼓励私人保险，推动了私人养老金和私人医疗保险的发展，形成了保险与救助并行的社会保障体系。

（二）现行社会救助项目

从早期的《济贫法》和工场制度，到战后《贝弗里奇报告》奠定的全面社会保障体系，再到扩展与改革，直至今日面对全球化和老龄化挑战的调整，英国的社会救助制度不断发展和完善。目前，英国现行的社会救助项目覆盖生活、医疗、养老、失业、儿童与家庭、住房和残疾人等多个方面，形成了较为全面和多层次的社会保障网络。

1. 生活救助

普遍福利（Universal Credit，UC）是一种综合性的福利制度，统一了原有的多种福利项目，包括住房补贴、儿童税收优惠、就业和支持津贴等，

---

① 苑仲达. 英国积极救助制度及其借鉴启示［J］. 国家行政学院学报，2016（4）.
② 王振华，刘绯，陈志瑞主编. 重塑英国：布莱尔主义与"第三条道路"［M］. 北京：中国社会科学出版社，2000：35-39.
③ 肖伊宁. 英国工党的社会福利观念与政策变化［J］. 当代世界与社会主义，2019（5）.

旨在简化并替代之前多项单独的福利和税收抵免，提供更灵活和高效的救助。自推出以来，它一直在逐步取代包括求职者津贴、住房补贴、低收入家庭税收抵免等在内的多项福利，将多个福利合并为单一的月度支付（在苏格兰的部分地区可选择每月两次支付），以更贴近工作收入的发放方式，帮助受益人更好地管理财务。福利金额根据个人或家庭的具体情况计算，考虑因素包括收入（包括工作收入）、储蓄、住房成本、家庭成员数量等。该制度鼓励就业，实行"渐进式收益"，即允许受益人在工作的同时继续领取部分福利，在收入增加时福利逐渐递减，而不是立即失去所有支持。普遍福利的申请和管理大多在线上进行，申请者需要通过在线系统完成申请，并使用该系统报告任何收入变化。2013年开始试点以来，经历了多年的推广，普遍福利已经成为英国大部分地区的主要福利提供方式。

2. 失业救济

求职者津贴（Jobseeker's Allowance，JSA）为符合条件的失业者提供经济支持，并要求他们积极寻找工作，其目标是为那些没有工作且正在积极寻找工作的个人提供基本的生活费用支持，确保他们在找工作期间能够维持基本生活需求。在过去，求职者津贴分为基于收入的求职者津贴和基于贡献的求职者津贴，但现在基于收入的求职者津贴已不再接受新申请，取而代之的是"新风格求职者津贴"（New Style Jobseeker's Allowance），它与国家保险缴款记录相关联，要获得New Style JSA，申请人通常需要有足够数量的国民保险缴款，并且必须处于无业状态、正在积极寻找工作并且具备立即开始工作的能力。申请者需通过线上方式完成，并可能需要参加面试以证明自己正在积极求职。一旦获批，津贴通常每两周发放一次，具体金额依据个人情况而定，如是否有伴侣、是否需要住房费用支持等。领取求职者津贴通常期望求职者在一定时间内找到工作。同时，领取者必须遵守所谓的"求职者协议"，包括定期汇报求职进展、参加培训或工作准备活动等。随着普遍福利的推行，求职者津贴不再是新申请者的首选福利选项，因为普遍福利已经整合了多种福利，包括求职者的支持。

3. 医疗援助

国家健康服务体系（National Health Service，NHS）是全球规模最大的公共基金医疗服务之一，设立于1948年，为英国居民提供免费或低成本的医疗服务，包括基础医疗、专科医疗、急诊服务、门诊治疗、长期疾病管理、心理健康服务以及一系列公共卫生和预防服务。国家健康服务体系主要由英国政府的税收资助，由四个不同的体系组成，分别服务于英格兰、威尔士、苏格兰和北爱尔兰，每个体系都有其独立的管理和预算。其中，英格兰的国家健康服务体系是最庞大的，它包括一系列信托、临床委托团体、医院和初级保健服务。随着人口老龄化、慢性病负担增大、预算限制、医护人员短缺等问题的出现，国家健康服务体系持续进行改革以适应医疗需求的变化，包括加强社区医疗服务、推进数字化医疗、创新治疗方法、改善精神健康服务和促进健康不平等的减少，以提高效率和服务质量。

4. 养老保障

国家养老金（State Pension）是英国养老金体系中的一个基础组成部分，根据缴纳的国家保险贡献，为达到退休年龄的公民提供基本养老保障。个人通常需要达到一定数量的国民保险（National Insurance，NI）缴费记录要求，即工作期间个人需要积累一定数量的合格缴费年（Qualifying Years）才能获得全额国家养老金。国家养老金通常根据"三重保障"原则（保证养老金增长不低于通胀率、平均薪资增长率或 2.5% 中的最高值）进行年度上调，允许个人选择提前领取（金额会相应减少）或延迟领取（可获得额外奖励）。

自动登记养老金计划（Automatic Enrolment）也是强制性职业养老金计划，是英国一项重大的养老金制度改革，要求雇主为员工提供职业养老金，以提高国民的养老金储蓄率。这项计划于 2012 年 10 月开始实施，明确所有符合条件的雇员将自动加入雇主的养老金计划，除非雇员主动选择退出，对于没有自己养老金计划的雇主，政府提供了国家就业储蓄信托（National Employment Savings Trust，NEST）作为默认选项，确保所有雇员都能加入一个合规的养老金计划。该计划适用于年收入超过一定门槛（最初为 7475 英镑，但会随时间调整），年龄在 22 岁至法定退休年龄，且未参与其他职业养老金计划的雇员。① 在自动登记养老金计划下，不仅雇员需要缴纳养老金，雇主也需要按一定比例匹配缴费，从而实现长期的养老金储蓄。该计划受到养老金监管机构的严格监督，确保所有符合条件的雇主遵守规定，为雇员提供合适的养老金安排。

---

① 李亚军. 英国养老金金融化改革的经验和启示［J］. 社会保障研究，2017（1）.

5. 儿童与家庭援助

儿童福利金（Child Benefit）是由英国政府提供的一种无条件的福利支付，对所有有资格的家庭开放，为养育子女的家庭提供定期经济支持。通常抚养 16 岁以下子女（或者子女在 16~20 岁且仍在接受认可的教育或培训）的家庭，具备领取儿童福利金资格。家庭的收入水平不会影响领取资格，但高收入者需要缴纳额外的税收（称为"高收入儿童福利税"）。申请者可以通过填写申请表并通过邮寄或在线方式提交给英国税务与海关总署（HM Revenue and Customs，HMRC）来申请儿童福利金，儿童福利金通常每四周支付一次，直接转入银行账户。

儿童税收优惠（Child Tax Credit）是针对低收入家庭的一种福利支持，依据家庭收入和孩子数量计算，为低收入家庭提供税收减免，减轻养育子女的经济负担。目前，该项目已逐步被普遍福利体系（Universal Credit）替代。

6. 住房援助

住房补贴（Housing Benefit）主要面向租房住的低收入家庭，为他们提供租金补贴，帮助他们支付住房费用，补贴金额根据家庭收入、所租房屋的租金以及所在地区的租金水平来计算。自 2013 年起，对于新申请者，住房补贴逐渐被纳入普遍福利（Universal Credit）体系中。社会住房（Social Housing）是由英国政府通过地方议会和住房协会提供低价租赁的公有住房，租金通常低于市场价格，优先分配给有特殊需求或低收入的家庭。此外，英国政府还推出了一系列购房援助计划，如"帮助购买"（Help to Buy）计划，帮助首次购房者和低收入家庭通过提供贷款或股权贷款的方式满足住房需求。

7. 残疾人救助

个人独立支付金（Personal Independence Payment，PIP）面向 16~64 岁因长期健康问题或残疾而面临额外日常生活成本的个人，为其提供经济支持，帮助他们应对额外的生活开支。申请者可以通过电话或书面形式提出，由医疗专业人员通过面谈评估的形式评估申请人的需求，评估内容涉及申请人在日常活动中的能力限制以及移动能力。个人独立支付金分为两部分：日常生活活动部分（Daily Living Component）和移动部分（Mobility Component）。[1]

---

[1] GOV. UK. PIPhandbook[EB/OL]. (2024-03-21)[2024-06-13]. https://www.gov.uk/government/publications/personal-independence-payment-fact-sheets/pip-handbook.

每部分都有两种支付等级：标准级和加强级，具体取决于个人需要多少帮助和支持。政府会定期审查个人状况，以确保支付仍然符合其需求。

三　日本

相较于欧洲和美洲，亚洲各发达国家的社会救助制度发展起步略晚，但日本作为亚洲最早的发达国家及典型代表，其社会救助制度的内容全面、体系完善。日本社会救助制度又称为生活保障制度、国家救济制度，其救助主体是国家，救助对象是低生活水平的贫困者。经过长期发展，日本现已建立起全面性、综合性的安全网。

（一）社会救助制度的历史沿革

日本救助制度的发展最早可以追溯到日本明治维新时期，1874 年日本政府出台了《救济条例》（或《恤救规则》），这是日本首部统一的济贫法，该条例的救助对象只有极少数人，且认为贫困救济是个人的责任，而非国家和社会的。此后，这一济贫理念持续了近 50 年，其间也发展出一些个人福利行为和私人活动以及地方福利制度，但都未曾明确国家的优先救助责任。直至第一次世界大战结束后，随着日本的现代化和工业化进程加快，社会问题逐渐浮现，政府开始逐步介入并推出一系列社会保障政策，现代社会救助制度开始萌芽，大致经历了以下几个发展阶段。

第一阶段是萌芽期（20 世纪初至 40 年代）。第一次世界大战结束后，日本面临工业产能过剩引发的战后萧条，工人失业、罢工、陷入贫困，加之 1923 年关东大地震加重了日本的经济萧条和贫困问题，社会矛盾尖锐、社会运动兴起、社会动荡加剧，传统的救济方式和管理制度难以满足现实需要。为了应对这些问题，日本政府于 1920 年设立了社会事务局，实施积极的社会救济和扶贫制度，震后于 1924 年设立了复兴局（后 1930 年改为"复兴事务局"），实施震后救灾、困难救助以及复兴计划。1927 年，日本国内爆发了"昭和金融危机"，经济衰退使日本的贫困问题变得更加严重，贫困人口增加，原有的救助制度难以发挥作用。在这一背景下，1929 年日本出台了《救护法》（从 1932 年开始正式实施），首次将政府救助责任以立法的形式确定下来。该法放宽了救济条件，扩展了救济内容，明确了国家责任，提出实施有限的公共救助，即在规定政府救济无劳动能力贫困者的责任和义务的同时，也特别强调有劳动能力贫困者的个人责任，将贫困从个人问题转向社会问题，但此时的社会救助仍存在很多限制，在一定程度上具备了现代社会救助制度的特征，被视为日本社会救助制度的雏形。此后的 20 年间，日本政府以《救护法》为法律依据，开始从各方面实施、补充救济举措，1936 年出台了《地区专员条例》，作为社会救济的实施主体，地区委员会制度得到广泛传播和推进；1937 年出台了《救济法修正案》，将区委员会确定为政府救济工作的辅助机构；1938 年厚生省成立，同年出台了《国民健康保险法》，规定所有居民必须参加公共医疗保险，保险覆盖人数在短期内迅速增加。这一阶段，日本社会保险制度的框架基本成形，但主要依靠地方政府和私人慈善组织，政府只提供部分补助，私人慈善力量仍占主导地位。

第二阶段是确立发展期（20 世纪 40~70 年代）。第二次世界大战结束后，日本面临失业和严重的通货膨胀，贫困人口增加，贫困问题突出。为了维护战后的经济和社会秩序，保障贫困人口的基本生存和生活需求，1946 年日本政府出台了《生活保护法》（旧生活保护法），该法明确了社会救助需遵循平等、无差别、最低生活保障等基本原则，社会救助从限定救助向普惠救助转变，具有划时代的重要意义。1950 年，日本政府对旧生活保护法进行了全面修订并颁布了《生活保护法》（新生活保护法），新生活保护法明确了生活保护的基本原则，并成为日本社会救助和福利保障的重要基础。基于新、旧生活保护法，日本政府根据不同群体的差异化需求先后出台了各类福利法，包括 1947 年《儿童福利法》、1949 年《身体障碍者福利法》、1960 年《精神障碍者福利法》、1963 年《老年人福利法》、1964 年《母子福利法》，被称为日本社会保障的"福利六法"。20 世纪 60 年代末，日本经济快速增长，成为世界第二大经济体，经济繁荣为社会福利的发展和政府财政投入的增加创造了条件，社会救助制度进一步发展和完善。在原有基础上，日本政府进一步扩展了救助范围和内容，相继出台了包括医疗、养老、失业等多方面的保障措施。受欧美福利国家理念的影响，日本在这一时期逐渐形成了较为完善的社会保障体系，强调全民覆盖和普遍福利，如 1973 年修改了《老年人福利法》，为老年人提供免费医疗。20 世纪70 年代，日本逐渐从福利国家向福利社会转变，这一阶段，日本社会救助实现制度化，政府主导的社会救助体系得以建立，救助范围扩大到贫困家庭的基本生活、医疗、教育等各个方面，形成了较为全面的社会救助体系。

第三阶段是改革调整期（20 世纪 80 年代至今）。20 世纪 80 年代，日本经济持续低迷，社会福利方面的财政赤字压力使日本政府开始重新思考社会保障的责任分配。1980 年设立第二次临时行政调查会，提出优先发展国家经济，大幅度修改现行的福利政策。1983 年日本颁布《老年人健康和医疗服务法》，开始减少国家在老年保健中的财政支出。20 世纪 90 年代初，日本经济泡沫破裂，进入长期停滞状态，财政压力、人口老龄化、少子化等问题日益加剧，日本政府开始对社会救助制度进行调整，以应对新的社会经济环境。1997 年出台了《长期护理保险法》，2000 年以此为依据确立了针对老年人的医护保险制度，通过强制征收保险费用并提供医护服务的方式，满足日益增长的老年护理需求。为应对人口老龄化和财政压力，2012 年颁布了《社会保障改革基本法》，强调可持续性和效率。2013 年，针对儿童贫困问题出台了《儿童贫困对策法》，政府开始承担解决儿童贫困问题的责任，提出了诸如教育支持、生活保障等一系列措施。目前，日本现行的社会救助制度涵盖生活、医疗、养老、失业、儿童与家庭、住房等各个方面，形成了较为完善的社会支持网络。

（二）现行社会救助项目

日本现行的社会救助项目具备全面性、综合性，覆盖了生活、医疗、养老、教育等多个领域，在鼓励个人参加社会保险的同时，对无力自助者提供了生活保护。

1. 生活保护

生活保护是日本最基本的社会救助制度，向所有无法维持基本生活水平的个人和家庭提供生活、医疗、住房、教育等多方面的援助，以保障贫困者的基本生活并鼓励自立。该制度基于《日本国宪法》第 25 条关于生存权的理念，确保所有陷入贫困状态的国民能够享有维持健康和最低限度生活的权利。[①] 生活保护的实施由地方政府负责，具体来说是通过各地的福祉事务所进行。该制度实行严格的申请审核和定期复查，申请者需要经过一

---

① 韩君玲. 最低生活保障标准的设定与司法审查——以日本废止老龄加算的生存权诉讼为中心［J］. 行政法学研究，2020（6）.

定的审查程序，以确保资源合理分配。除了直接的经济援助，生活保护制度还重视通过职业培训、就业援助等措施帮助受助者实现自立，摆脱长期的福利依赖。

2. 失业救济

失业保险是日本社会保障体系的关键组成部分，具有强制性，企业和员工都须缴纳失业保险费，通常从员工的工资中自动扣除。通过为失业者提供失业救济金和再就业支持，帮助他们在失业期间维持基本生活，同时提供职业培训、职业咨询和职业介绍等服务。日本的失业保险由厚生劳动省管理，具体事务由公共职业安定所负责执行，包括失业金的发放和职业介绍服务。失业者必须在失业前的一年内至少缴纳了 6 个月的失业保险，失业原因包括被解雇、裁员、公司破产或因健康原因无法继续工作等，且失业者必须在失业后的一周内在公共职业安定所登记，并积极寻找工作，失业保险金通常每月发放至申请者的银行账户。

3. 医疗援助

国民健康保险是日本全民健康保险体系的一部分，主要面向没有加入公司或团体健康保险的个人，包括自由职业者、兼职工作人员、学生（尤其是留学生）、家庭主妇、退休人员及部分低收入群体，由各都道府县及市町村的地方政府运营，属于强制性保险，所有符合条件的居民必须参加。申请者在居住地的市区町村政府完成居民登记后，需前往当地的福祉事务所办理国民健康保险的加入手续。加入国民健康保险后，当因病或伤接受治疗时，保险将负担医疗费用的 70%，个人需自付 30%。此外，还有针对高额医疗费用的上限制度，超出部分可由保险进一步分担。

后期高龄者医疗制度是专门为 75 岁及以上老年人设立的公共医疗保险制度，通过专门的保险制度来保障高龄者的医疗权益，减轻其医疗费用负担。该制度不仅覆盖疾病治疗，还包括体检等预防保健措施，以促进高龄者的健康管理和疾病预防。就医时，高龄者在医院窗口只需支付部分医疗费，剩余部分由后期高龄者医疗制度负担。

4. 养老保障

国民年金和厚生年金共同构成了公共养老金体系的核心部分，为所有国民提供基本养老保障。国民年金是一项全民参与的基础养老金制度，所有居住在日本年龄在 20 岁以上、60 岁以下的居民都可参加，个人直接向日本年金机构缴纳，自营业者、学生、无工作者等需自行办理缴费手续，养老金的资金主要来源于个人缴费、国家财政补贴以及投资收益。厚生年金主要针对企业职工，提供更高水平的养老金，资金由雇员和雇主共同承担，通常从员工的薪资中扣除一部分作为保费，另一部分由雇主支付。相比国民年金，厚生年金的支付标准通常更高，它反映了个人职业生涯中的收入水平，且包括残疾津贴、丧葬津贴等附加福利，与国民年金共同构成双重养老保险体系。

5. 儿童与家庭援助

儿童扶养手当是一项旨在增进儿童福祉、减轻家庭育儿经济负担的福利制度，所有在日本居住的儿童直到中学毕业（通常至 15 岁，即满 15 岁后的第一个学年结束）都有资格领取儿童扶养手当，申请需向居住地的市区町村政府福祉部门提出。[①] 该项目区别于儿童抚养补助，后者是针对单亲家庭或事实上没有父母抚养的儿童提供的一种特别支援政策，发放条件更为严格。

四　澳大利亚

澳大利亚是世界上较早建立社会福利制度的国家，其现代社会救助制度的核心是以救助型保障为主。在社会公正和福利国家的理念下，政府援助、社会保险和社区支持服务共同构成了澳大利亚的现代社会救助制度体系。

（一）社会救助制度的历史沿革

澳大利亚的社会救助最早可以追溯到殖民地时期，在成为联邦之前一些地区和执政者就开展慈善救济和福利救助，主要依靠私人慈善组织和宗教团体，救助形式也仅限于粮食、衣物和基本医疗服务。随着殖民地经济发展和殖民地自治，19 世纪后半叶逐渐形成了由政府慈善救济、民间自愿组织、失业救济等组成的社会保障框架[②]，但真正的、系统性的社会救助制

---

① 厚生劳働省. 儿童扶養手当について [EB/OL]. (2018) [2024-06-10]. https://www.mhlw.go.jp/bunya/kodomo/osirase/100526-1.html.

② 杨翠迎，郭光芝. 澳大利亚社会保障制度 [M]. 上海：上海人民出版社，2012：39.

度发端于 20 世纪初，大致经历了以下几个阶段。

第一阶段是形成期（20 世纪初至 30 年代）。1901 年澳大利亚联邦成立，但成立初期尚未形成全国性的社会保障体系。1908 年澳大利亚联邦政府颁布了《残疾抚恤金和养老金条例》（Invalid and Old Age Pensions Act），为 65 岁及以上无收入来源的老年人提供养老金①，这是首个政府层面出台的社会救助措施，标志着澳大利亚的社会救助制度初步建立，并为后期社会保障体系的发展奠定了基础。在此基础上，1909 年建立了养老金制度，意味着政府开始正式介入社会救助领域，社会救助也逐步脱离了完全依赖慈善组织的模式。然而，随着工业化和城市化进程加快，受两次世界大战的影响，澳大利亚的社会问题日益突出，政府开始逐步介入社会救助，并推出了一系列保障政策，尤其是 1910 年以后各类保障项目进一步扩展使社会救助制度逐渐成形。1910 年的《疾病和失业保险法》（Sickness and Invalidity Benefits Act）进一步扩展了社会保障体系，1912 年首次引入了生育津贴制度（Maternity Allowances）。一些地区政府也在推动社会保障制度，如 1923 年昆士兰政府建立失业保险制度，1926 年新南威尔士政府设立了寡妇津贴并于 1927 年出台了《儿童捐赠法案》等②，政府逐渐关注不同群体的需求并发展出有针对性的有利举措。

第二阶段是发展期（20 世纪 40~90 年代）。"二战"后，澳大利亚进入福利国家建设的高峰期，加强了社会保障和社会福利制度的立法工作，进一步完善了福利体系，增加了失业保险、医疗保险、家庭补贴等项目，形成了较为全面的社会保障体系。20 世纪中期，澳大利亚联邦政府出台了一系列社会保障政策措施，以应对各类社会问题。1941 年孟席斯政府推出了儿童捐助计划（Scheme of Child Endowment），1945 年联邦政府颁布了《国民保险法》（National Insurance Act），进一步完善了社会保障体系。1947 年《社会保障法》（Social Services Act）的出台标志着澳大利亚全面福利国家的确立，其涵盖了失业救济、养老金、家庭津贴等多项福利项目。1948 年出台了《国家健康服务法》（National Health Service Act），建立起由公共资金

---

① 赵彦苗，张志刚，董浩峰．澳大利亚养老金的发展及对我国的启示［J］．中国货币市场，2022（12）．

② 杨翠迎，郭光芝．澳大利亚社会保障制度［M］．上海：上海人民出版社，2012：41.

支持的卫生服务体系，为全民提供免费医疗服务，这是澳大利亚现代医疗保障体系的基础。20 世纪 50~80 年代，澳大利亚实施了一系列重要的福利改革，包括养老金、医疗保险等，建立了现代化的社会保障体系。1973 年通过《健康保险法》（Health Insurance Act），实施全民医疗保险计划（Medibank），所有公民必须参加医疗保险，以减轻医疗负担。1984 年制定了《全民医疗保障法》，建立了覆盖全民的免费医疗照顾制度（Medicare），并设立了"安全网"（Medicare Safety Net），为全体国民提供卫生医疗服务。这一阶段，澳大利亚建立起社会救助制度，政府作用大大增强，福利项目的覆盖面和受益群体不断扩大，福利政策的制定和实施越来越注重普惠性和公平性，社会救助成为国家治理的重要组成部分。

第三阶段是改革期（20 世纪 90 年代至今）。20 世纪 90 年代以来，澳大利亚政府通过多次福利改革，进一步完善了社会救助制度，强调个人责任和就业激励，并加强了对福利支出的管理和监督，引入工作福利、强化就业支持、调整福利支付结构等，以提高效率、鼓励工作，并确保财政的可持续性。这一时期，政府开始推行市场化和私有化改革，减少直接的福利支出，更多依赖市场机制和私人部门提供服务。1991 年通过了《社会保障修正案》（Social Security Amendment Act），取代了旧社会保障法，政府逐步引入工作激励机制，鼓励受益者自力更生，福利政策从普惠性向针对性转变，重点帮助最需要救助的群体。同年，通过了《新开始计划法》（New Start Allowance，又称为"新开始津贴"），为失业者提供经济援助，并鼓励他们积极寻找工作。2000 年颁布《福利改革法》（Welfare to Work Act），不断推动福利制度改革，强调工作激励和就业支持，以减少福利依赖。这一阶段的改革措施意在通过就业激励和培训项目，促进劳动市场参与，降低对福利的长期依赖，并通过简化福利申请程序、减少行政成本，提高社会救助制度的效率和透明度。进入 21 世纪，澳大利亚的社会救助制度继续发展完善。2007 年后，政府推出了《国民残疾保险计划》（National Disability Insurance Scheme，NDIS），并进行了一系列社会保障改革，目的在于提高系统的包容性和可持续性。2020 年取消了新开始津贴，改为求职者福利（Jobseeker Payment）。当代社会救助制度注重多样性和灵活性，政府在政策制定中更加强调社会公平和包容性，而现代科技手段的引入和大数据分析的应用，使得社会救助的管理和实施更加高效和精准。从早期的地方自治和私人慈善组织主导，到联邦政府介入并建立系统的社会保障体系，再到福利国家的确立和后来的市场化改革，直至当代社会救助制度的多样化和现代化，澳大利亚的社会救助制度不断演进，以应对不同历史时期的社会需求和挑战。

（二）现行社会救助项目

澳大利亚现行的社会救助体系综合了直接经济援助、社会服务以及对特定群体和紧急情况的支持等，既关注即时的救助，也重视长期的能力建设和自立支持，很多福利项目强调就业支持与条件性福利，旨在构建一个更加包容和可持续的社会安全网。

1. 社会保障与收入支持

养老金（Age Pension）是澳大利亚社会保障体系的一部分，对个人和家庭的收入和资产进行评估，为达到退休年龄的个人提供经济保障，主要分为全额养老金和部分养老金。除现金外，领取养老金者还能享受医疗、交通、税务等多方面的优惠。

超级年金计划（Superannuation）是一种强制性储蓄计划，要求雇主为雇员缴纳其工资的一定比例（税前工资的 9.5%，逐步提高至 12%）的年金至个人选定的退休公积金账户①，这属于强制性职业养老金计划，资金通常由专业基金管理，并可用于投资以增加退休收入。除了雇主强制缴纳的养老金，个人也可以根据自身经济能力自愿向退休公积金账户追加存款，进一步增加退休储备，政府通过税收优惠等方式鼓励个人自愿缴纳养老金（Personal Contributions），如减轻个人所得税负担或提供额外的税收抵免。

残疾支持养老金（Disability Support Pension，DSP）是一项为严重残疾而无法工作或有显著工作能力限制的个人提供长期经济支持的养老金计划。申请者需要经过工作能力评估（Job Capacity Assessment）和可能的残障医学评估（Disability Medical Assessment），以确定其工作能力限制。除了经济补助，DSP 接受者还可以获得其他服务和支持，如通过 National Disability Insurance Scheme（NDIS）获取个性化的支持服务，或通过 Carer Gateway 获取照顾者支持服务等。

求职者福利（Job Seeker Payment）是澳大利亚政府于 2020 年在新开始

---

① 叶蕾. 澳大利亚养老金制度对中国的启示作用 [J]. 清华金融评论，2017（S1）.

津贴（New Start Allowance）基础上改革而来的，针对正在积极寻找工作的失业者，为符合条件的失业者提供临时性收入援助，并要求他们积极寻找工作。该计划给予个人每周一定的经济补助，补助金额会根据个人情况（如是否有伴侣、是否需要租房等）而有所不同，会定期根据生活成本进行调整。同时，领取者通常需要参与就业服务活动，如工作培训、工作面试或工作体验。疫情期间，澳大利亚政府实施了一系列临时措施来增加求职者福利的金额，包括增设疫情补贴，来帮助失业者应对经济困难。

2. 社会保险

医疗保险（Medicare）是一项由政府提供的全民医疗保健计划，为全体公民和永久居民提供公共医疗保障，包括门诊、住院、药品补贴（Pharmaceutical Benefits Scheme，为公民提供基本药品的补贴，降低药品费用）等，但并不覆盖所有医疗服务（如牙科治疗、眼睛检查和配镜、大部分私立医院的治疗费用等）。为了弥补医疗保险未覆盖的服务，人们可以选择购买私人医疗保险，政府也提供一系列激励措施鼓励人们购买私人医疗保险，如私人医疗保险回扣和终生健康保险征费等。该项计划确保所有澳大利亚居民能够获得必要的医疗服务，减轻了医疗负担。

国民残疾保险计划是一项为符合条件的残障人士提供个性化支持和服务的重大社会改革计划，各类服务包括康复、辅助设备、生活护理等。该计划于2013年由当时的工党政府设立，替代了原有的残障服务系统，提供更为灵活、个人化且直接针对个人需求的支持服务，帮助残障人士增强独立生活能力，参与社区活动，寻找工作，以及获取必要的辅助设备和护理服务，从而改善生活质量。近年来，国民残疾保险计划经历了"重启"式的重大改革，强调改善参与者的体验，提高资金利用率和服务质量，以确保计划的持续有效性和效率。

3. 家庭与儿童福利

家庭税收优惠（Family Tax Benefit，FTB）是政府为有抚养责任的家庭提供的经济援助，其申请和管理通常通过民政服务部门（Department of Human Services）下属的Centrelink进行，家庭需要提供相关信息并定期进行评估，以确认持续资格。家庭税收优惠根据家庭收入和子女数量进行补贴，分为两个主要类别：FTB Part A和FTB Part B，每种都针对不同的家庭需求和状况提供支持。FTB Part A主要针对有抚养孩子的家庭，帮助支付基本生活费用；FTB Part B 主要面向单亲家庭或只有单方收入来源的家庭，为其提供额外支持。婴儿补贴（Baby Bonus）为家庭税收优惠的一部分，主要是为新生儿家庭提供一次性经济支持。

育儿补助金（Child Care Subsidy，CCS）是政府提供的一项财务支持，为需要托儿服务的家庭提供补贴，以减轻托儿负担。该政策适用于所有使用政府认证托儿服务的家庭，包括长期日托、家庭日托、课后看护和假期看护服务等，家长需满足参与工作、学习、求职、培训或其他被认可活动的小时数要求。[①] 其补贴金额基于政府设定的每小时费用上限，上限根据托儿服务类型和儿童年龄而定，2023 年托儿补贴的最高金额占比从 85% 提高到 90%。

从各国社会救助制度的发展历程来看，发达国家的社会救助体系呈现全面性和多样性，不仅局限于现金转移支付，还包括教育、培训、就业服务、健康保障等多种形式的支持服务，以确保社会各个群体的基本生活需求。发达国家普遍具有较高的福利水平，通过较高的财政投入和健全的税收体系来支撑其社会救助制度，这种高福利水平有助于减少贫困，改善社会不平等。同时，发达国家建立了较为完善的法律和政策框架，执行和监督机制相对健全，确保了社会救助政策的有效实施和监督。在提供普遍性救助的基础上，发达国家也常根据不同群体的特殊需求提供选择性救助，以普遍性和选择性相结合的原则实现资源的最优配置。通过完善的社会救助制度，社会矛盾得到了有效缓解，社会凝聚力和稳定性增强。

第二节　发展中国家的社会救助实践

与发达国家相比，发展中国家的发展型社会救助体系的救助范围和保障水平还存在不足，但是其救助制度的建设具有灵活性、创新性等后发优势。发展中国家在借鉴发达国家先进经验的基础上，结合本国国情极积调整救助政策，在资源有限的条件下更加注重社会救助的成本效益，并不断探索出新模式、新策略，产生一套本土化、现代化的救助方案。因此，研

---

① 林艳琴，林禛雨.我国家庭婴幼儿照护支持制度的反思与完善［J］.社会政策研究，2023（2）.

究发展中国家的社会救助实践具有重要意义。本节选取了印度、巴西、泰国、沙特阿拉伯等发展中国家，分析其救助制度的发展脉络和现行制度，从中把握发展中国家的制度设计，为中国社会救助制度的改革调整提供有效借鉴。

一 印度

作为世界第一人口大国和第五大经济体，印度面临人口基数大、地区发展不平衡等挑战，但其仍建立了较为完善的社会保障体系。这体现了印度政府在应对庞大且多样化社会需求方面的努力。作为邻国，印度社会救助的发展历程和制度设计，对中国完善相关制度具有重要的借鉴意义。

(一) 社会救助制度的历史沿革

印度的社会救助可以追溯到 19 世纪，当时印度正处于英国殖民统治之下，社会结构严重不合理，救济主要由私人慈善团体和宗教机构提供。1818 年英国政府出台《慈善信托法》，鼓励公民向慈善机构捐赠，促进慈善事业发展。1882 年《殖民地法》规定了英国政府对印度殖民地的管理和责任，但并未强调社会福利问题。1920 年出台了《政府慈善基金法》，政府开始正式介入慈善事业，并设立政府慈善基金用于支持社会救助项目。这一阶段的救助力量以慈善组织与宗教机构为主，政府开始在慈善事业中扮演一定角色，社会救助体系尚未形成。

第一阶段是确立期（20 世纪 40~50 年代）。1947 年英国通过《印度独立法》（Indian Independence Act），印度获得独立并于 1950 年正式成立印度共和国。随着殖民统治的结束，印度独立以及工业化、城市化的进程加快，印度政府着手建立全国性的社会救助制度，以应对贫困、失业、健康等社会问题。1950 年《印度宪法》（Constitution of India）明确了公民的社会权利和国家的社会责任，规定了全国社会保障基本原则[①]，确立了社会正义和福利国家的理念，为此后社会救助制度的发展奠定了法律基础。20 世纪 50 年代，印度推出了一系列政策开展农村反贫困治理。1952 年实施乡村发展计划（Community Development Programme），以推动农业生产、改善农民生

---

① 李超民. 印度社会保障制度［M］. 上海：上海人民出版社，2016：39-40.

活条件，内容包括培训技术人员、举办公益事业、建立福利设施、改善卫生条件等。[①] 同年，印度在农村地区建立初级卫生保健中心，形成了广泛的卫生服务网络。为确保基本粮食供应，印度政府建立了公共分配系统（Public Distribution System，PDS），对贫穷居民进行粮食价格补贴，为贫困和弱势群体提供基本的食物保障。[②] 这一阶段，社会救助政策的重点在于粮食供应、初级卫生服务等基本生存保障和就业、卫生、教育等服务，初步建立了社会保障体系。

第二阶段是发展期（20世纪60~90年代）。为解决粮食短缺问题，20世纪60年代印度开始推行"绿色革命"，间接缓解了贫困问题。随后，公共分配系统（PDS）也得到进一步强化，尤其是在20世纪70年代石油危机引发的全球粮食价格上涨后，政府开始实施目标化策略，更加有效地向贫困家庭提供平价粮食。为了解决农村地区的贫困和失业问题，1977年印度政府推出"以工代赈"计划，在农村加强基础设施建设以增加就业岗位，用粮食支付贫困农民的工资，1980年其改名为"全国农村就业计划"（National Rural Employment Programme，NREP），1981年开始实行。20世纪70年代末80年代初，印度政府发起"农村综合发展计划"（Integrated Rural Development Programme，IRDP）并逐步扩展到所有社区，主要向生活在贫困线以下的小农、边际农和无地农业劳动者提供补助和贷款，扶持他们增加收入、摆脱贫困；1983年开始实施"农村无地就业保障计划"（Rural Landless Employment Guarantee Programme，RLEGP），由中央政府筹集资金为农村无地劳动者创造就业岗位，增加就业机会和收入。[③] 20世纪80年代，印度推出了多项教育普及计划，如免费的基础教育、午餐计划（Mid-Day Meal Scheme）等，确保所有儿童都能接受基本教育。此外，还发起国家社会援助计划（National Social Assistance Programme，NSAP），为老年人、寡妇和残疾人等弱势群体提供定期的生活补贴。1995年设立国家社会救助项目，由政府完全出资，对贫困

① 金永丽.印度乡村发展计划执行情况及其启示［J］.国家行政学院学报，2009（3）.
② 董运来，赵慧娥，耿建.印度公共分配系统：经验、绩效及改革［J］.世界农业，2008（4）.
③ 林闽钢，霍萱.大国贫困治理的"中国经验"——以中国、美国和印度比较为视角［J］.社会保障评论，2021（1）.

人群的老年、生育、死亡等提供保障救助。① 这一阶段，印度社会救助制度得到进一步发展，在粮食安全、就业、教育和卫生等方面做出了积极的调整和尝试，为后面更深入的社会保障体系改革奠定了基础。

第三阶段是改革期（20 世纪 90 年代至今）。1991 年，印度开始经济自由化改革（又称"拉奥改革"），在改革过程中政府也意识到需要加强社会保障和福利救助，以缓解经济改革给弱势群体带来的冲击，印度社会救助制度也迎来新发展。20 世纪 90 年代以来，印度政府不断强化福利制度和特别预留制，以提供直接的金钱补贴和就业机会为主。2005 年，印度政府推出《农业就业保障计划》（Mahatma Gandhi National Rural Employment Guarantee Act，MGNREG），确保农村家庭每年获得至少 100 天的有偿工作机会，这是世界上最大的公共就业计划之一②，对减轻农村贫困和季节性失业产生了显著影响。2007 年实施的"英迪拉·甘地国家老年养老金计划"（Indira Gandhi National Old Age Pension Scheme）针对贫困和弱势老年人，进一步提高了养老金的标准，扩大了覆盖范围。③ 为了提高社会援助计划的效率、减少腐败，2013 年，印度政府引入了"直接利益转移"（Direct Benefit Transfer）系统④，通过数字化手段确保救助资金和补贴能够准确发放至受助者手中。2018 年，莫迪政府推出世界上最大的医疗保险项目"AB-PMJAY"（Ayushman Bharat Pradhan Mantri Jan Arogye Yojana），大规模的健康保险计划为贫困和边缘化家庭提供了健康保障。2020 年，面对疫情，为了减轻贫困人口的生活负担，印度政府宣布了大规模的经济救助计划，具体措施包括现金补助、粮食援助和贷款宽免等。这一阶段，印度政府不断扩大福利覆盖范围、提高福利水平，以大规模的直接救助加强对弱势群体的保护和支持，社会救助制度从较为传统的救济模式转向更加系统化、目标明确和以权利为基础的综合性社会保障体系。

---

① 郭伟伟等．亚洲国家和地区社会保障制度研究［M］．北京：中央编译出版社，2011：226.
② 高静．印度社会保障的政治理念及设计路径［J］．南亚研究，2014（4）.
③ 何晖，芦艳子．创新与治理：印度社会养老金制度的改革与前瞻［J］．湘潭大学学报（哲学社会科学版），2020（2）.
④ 李健，张锐昕．从电子政务到电子治理：分歧与趋同［J］．上海行政学院学报，2018（6）.

（二）现行社会救助项目

印度现行的社会救助制度旨在超越传统的临时性救济，转向更加注重长期发展和能力建设的策略，通过对教育培训、技能提升、就业创造、健康保障和基础设施建设等多方面的干预，从根本上改善贫困人口的生活状况。

1. 生活救助

国家社会援助计划（NSAP）是印度政府实施的主要社会救助计划之一，除了直接提供给老年人、寡妇和残疾人的经济援助，国家社会援助计划还通过提供稳定的经济支持，让他们有机会参与社会和经济活动，从而提升其社会参与度和生活质量。[①]

农村就业保障计划是印度政府推出的为贫困家庭提供至少100天的公共工程就业机会的救助项目，以提高贫困家庭收入和生活水平，通过公共工程如灌溉、道路建设等项目促进基础设施发展，长远提升农村地区的经济和社会资本。[②]

2. 医疗援助

国家健康保护计划（AB-PMJAY）是一项由印度政府于2018年启动的旗舰性全民健康保险计划，是世界上最大的政府资助医疗保险计划之一。该计划为贫困和脆弱家庭提供健康保险，覆盖最高达50万卢比的医疗费用用于二级和三级医疗保健服务，包括重大疾病治疗，覆盖大约5亿贫困人口[③]，即约1亿个贫困家庭，使其能够获得必要的医疗保健服务而不会因病致贫。

3. 其他救助项目

国家粮食安全法（National Food Security Act，NFSA）是印度政府为了确保国家粮食安全和提高民众对粮食的获取能力而制定的重要法律框架。该法案于2013年9月获得通过，并逐步在印度各邦和中央直辖区全面实施，

---

① 赵忻怡，杨伟国，李丽林等. 印度养老保障制度及其启示［J］. 南亚研究季刊，2021（4）.

② 谢秋山，许源源. 在农村发展的整体层面促进农村就业：国外经验与启示［J］. 世界农业，2023（9）.

③ 荣鹰，张蕾."新印度"愿景与中印更加紧密的发展伙伴关系构建［J］. 国际问题研究，2019（6）.

通过公共分配系统（PDS）向符合条件的家庭提供廉价的粮食（如小麦、大米和粗粮）。疫情期间，印度政府宣布了大规模的经济救助计划，其中包括为数亿人口增加粮食援助，如 2020 年印度政府决定在现有救助粮的基础上，额外向 8 亿人提供每人 5 公斤大米或小麦，以确保疫情期间的食物安全。[①]

印度儿童发展服务计划（Integrated Child Development Services，ICDS）是一项由印度政府自 1975 年起实施的综合性社会福利计划，也是世界上最大规模的儿童早期发展项目之一，通过为 0~6 岁的儿童、孕妇和哺乳期母亲提供营养、免疫接种、健康检查和学前教育等服务[②]，促进儿童的全面发展，尤其是针对农村和城市贫民窟中贫困和弱势儿童的营养、健康、教育和社会福利。印度儿童发展服务计划的核心是遍布全国的 Anganwadi（"庭院"）中心，它们是提供上述服务的基层单位。该项目由印度中央政府与州政府共同实施，并得到了联合国儿童基金会、世界银行、世界粮食计划署等国际组织的支持，资金来源于政府预算以及国际援助。

二 巴西

作为拉丁美洲面积最大、人口最多的国家，巴西受经济水平和政府财力的限制，难以建立普惠性的社会救助。巴西的现代社会救助是一个以有条件现金转移支付为核心的综合保障体系，在应对社会经济变迁、减少贫困以及维护社会稳定方面发挥了重要作用。

（一）社会救助制度的历史沿革

与其他国家类似，巴西社会救助的早期形态也是依赖于慈善组织和宗教团体的私人慈善行为，国家干预有限，这种传统个人救济和自发援助的慈善活动缺乏系统性。1888 年巴西废除奴隶制（巴西是最后一个废除奴隶制的美洲国家），这标志着巴西社会结构发生了重大变化。巴西社会救助制度的发展历史则可以追溯到 20 世纪初，随着工业化、城市化进程加快，政

---

① 经济救助计划 助 8 亿贫困人口渡难关［EB/OL］.（2020-03-29）［2024-06-10］.http：//m.news.cctv.com/2020/03/29/ARTIfGdcwLsQU8YRUu9dyehC20032 9.shtml.

② 黄旸木，党媛.全球健康视角下我国儿童早期健康发展实践报告［J］.中国儿童保健杂志，2024（1）.

府开始出台一些初级的社会福利法规，如针对工人和退休人员的社会保障措施。在此后的实践中，巴西社会救助制度逐渐确立并完善。

第一阶段是形成期（20 世纪 30~50 年代）。1930 年巴西建立了新国家政权，从根本上改变了巴西的政治、经济、文化和社会福利，国家也开始逐步关注国民福利问题。瓦加斯政府推行了一系列社会改革措施，建立了包括工伤、失业、疾病、养老保险等在内的社会保险体系。1934 年，巴西政府出台了《巴西宪法》，首次明确提出了国家在社会保障领域的责任。1943 年，《巴西劳动法》特别规定了工作条件、工时、最低工资等内容，并以立法的形式保障了劳动者的基本权益，这标志着劳动者权益保护的制度化，也奠定了现代劳动保障制度的基础。这一阶段，通过立法和政策，巴西政府开始在社会救助和保障领域中扮演重要角色。

第二阶段是发展期（20 世纪中期至 90 年代）。在 20 世纪中期，巴西政府着手建立全国性的社会保障制度，以应对贫困、失业等社会问题。20 世纪 60~70 年代，巴西政府通过一系列社会福利法案和改革政策，建立了现代化的社会保障体系，并加强了对弱势群体的保护和支持。1960 年通过了《社会保障组织法》，1967 年建立了全国性社会保障机构，1971 年建立了农村基金，1974 年建立了社会保障和援助部。[①] 1988 年《巴西宪法》明确规定了社会福利的基本权利，强化了国家在社会保障领域的责任，推动了社会救助体系的构建和完善，奠定了现代社会救助制度的法律基础。此后，一系列旨在减少贫困、促进社会包容的政策和项目得以实施。1991 年《社会保障法》确立了覆盖更广泛人群的社会保障体系，强调全民覆盖和综合保障，涉及健康、养老、失业等多个领域。在此基础上，政府推出了一系列针对贫困人口、老年人、儿童和残疾人的专项救助项目，显著扩大了社会保障的覆盖面，提高了社会保障水平。

第三阶段是调整期（20 世纪 90 年代至今）。20 世纪 90 年代以来，巴西政府通过多次福利改革，进一步完善了社会救助制度，扩大了福利覆盖范围，提高了救助水平，加强了对弱势群体的保护和支持。20 世纪 90 年代中期，巴西政府在部分地区试点有条件现金转移支付救助，主要围绕健康、

---

① 李磊. 中外社会保障制度漫谈［M］. 上海：上海人民出版社，2011：37-38.

教育等方面为贫困家庭提供附带条件的救助金。① 1997 年，巴西政府制订了《最低收入保证计划》，这是巴西采取的对贫困家庭最有利的反贫困计划之一，由联邦政府按比例向愿意参与该计划的最贫困城市拨款，对符合一定条件的贫困人口进行资助。② 2003 年出台的"家庭援助计划"（Bolsa Família）是巴西社会救助制度的重要组成部分，通过现金补贴帮助贫困家庭提高生活水平。③ 同年，巴西政府实施有条件现金转移支付计划，这是巴西最具影响力的反贫困措施之一，该计划向贫困家庭提供现金援助，条件是其子女入学和接受常规健康检查。2011 年制订了《全民医疗计划》，该计划进一步完善了全民医疗服务体系，提出确保所有公民享有基本医疗保障。2015 年颁布了《劳工法改革》，要求在保障劳动者基本权益的前提下，逐步提升劳动市场的灵活性和竞争力。近年来，巴西政府试图进一步整合分散的社会救助项目，提高效率。2021 年，巴西政府以"巴西救助金"（Auxílio Brasil）取代"家庭援助计划"，并确认了该计划的永久性，近年来启动了多轮发放计划，为贫困家庭提供社会福利救助。

（二）现行社会救助项目

从早期依赖教会和慈善组织的救助，到政府主导的社会保险体系的建立，再到 20 世纪后期的全面社会保障制度，以及 21 世纪以来的现代化调整，巴西的社会救助制度不断发展和完善。目前，巴西现行的社会救助项目涵盖生活、医疗、养老、儿童与家庭、住房和残疾人等多个方面，形成了较为全面和多层次的社会保障网络。

1. 有条件现金转移支付

"巴西救助金"是世界上最大规模的现金转移支付计划之一，根据家庭收入和孩子的教育状况给贫困家庭提供不同程度的现金补助，帮助贫困家庭提高收入水平，并鼓励孩子上学和接受医疗保健。该计划是对"家庭补助计划"（Bolsa Família）的升级，进一步扩大了覆盖面，增加了补贴金额，将反贫困与教育、健康等社会发展目标相结合，为贫困家庭提供定期现金

---

① 张浩森，谭洪. 分层分类社会救助体系：核心概念、国际经验与中国路径［J］. 社会科学，2023（10）.
② 彭刚. 根除深度贫困的国际经验［J］. 人民论坛，2018（21）.
③ 牛海彬，黄放放. 巴西与 2015 年后国际发展议程［J］. 国际展望，2014（5）.

援助和更全面的社会支持，并要求子女入学和接受常规健康检查，减轻贫困并改善教育和健康状况。

2. 社会保障与收入支持

持续福利金（Benefício de Prestação Continuada，BPC）是针对老年人和残疾人的社会福利项目，为65岁及以上的低收入老年人和因残疾无法工作的个人提供每月最低工资的补助。[①] 申请者需要通过统一登记处（Cadastro Único）注册，并提供必要的文件证明收入状况和身份信息，残疾人士还需要提交医疗证明以确认其残疾状态。福利金通常按月发放，保障最脆弱群体的基本生活需求，资金来源于社会保障系统，是巴西社会保障体系的一部分。

3. 社会救助与援助

社会救助金（Auxílio Emergência，AE）又称为紧急救助金，是疫情期间巴西政府为缓解疫情对经济和社会造成的冲击，面向失业者、自由职业者和低收入家庭等群体设立的一项临时性福利措施。[②] 随着疫情形势的变化和经济的逐步恢复，巴西政府宣布紧急救助金计划结束，并以其他形式的社会援助项目继续为部分贫困人口提供支持。

4. 其他援助项目

巴西综合儿童发展服务（Serviço Social de Assistência à Criança e Adolescente，SSACA）是巴西社会服务体系中的一个重要组成部分，专注于为儿童和青少年提供综合性的社会援助和支持。其重点在于确保儿童和青少年的权益得到保护，促进他们的全面发展，并为那些处于风险或已经遭受伤害的儿童和青少年提供必要的干预措施。

"我的家，我的生活"计划（Minha Casa，Minha Vida）是巴西政府推出的一项重要社会住房计划，通过提供补贴和贷款，帮助低收入家庭购置或修缮住房，促进低收入家庭获得经济适用房。巴西政府计划到2026年建

---

① 高小琴，钟仁耀，马微波. 国外老年津贴政策比较研究及对我国的启示［J］. 社会政策研究，2022（4）.

② de Leon, Fernanda Leite Lopez et al.，"The Effects of Emergency Government Cash Transfers on Beliefs and Behaviours During the COVID Pandemic: Evidence from Brazil."*Journal of Economic Behavior & Organization*, 208（2023）: 140-155.

造 200 万套经济适用房。① 2023 年,巴西总统卢拉批准了对该计划的修改,新规则包括降低利率和增加房地产补贴,以帮助实现住房建设目标。

三 泰国

作为新兴工业国家和东南亚地区较早建立社会救助制度的国家之一,泰国社会总体相对比较稳定,其社会救助制度为国民生活需求、民生福祉和个人发展提供了强有力的支持。目前,泰国已经建立了多元、完善的社会保障体系,其各项改革策略对中国的社会救助发展具有借鉴意义。

(一) 社会救助制度的历史沿革

泰国现代社会救助制度的形成可以追溯到 1932 年之前的绝对君主制时期,当时的社会救助主要依赖于寺庙、家庭和社区内部的互助,泰国王室、贵族、寺庙等是提供社会救助的主要群体,他们通过捐赠和施舍基本生活所需的物资,表明自己的慈善精神、公益担当和社会责任。绝对君主制时期的社会救助更多地强调宗教和道德义务。泰国现代社会救助制度起源于 20 世纪30 年代,历经近百年的变革发展,建立起一套全面的综合保障体系。

第一阶段是形成期(20 世纪 30~80 年代)。1932 年,泰国爆发了立宪革命,君主立宪制取代了绝对君主制,为现代化国家的建立奠定了基础。同年,泰国通过了历史上第一部宪法,规定了人民的权利。此后,政府开始关注社会福利问题,引入现代行政管理和福利政策框架,通过立法逐步建立起社会保险和福利制度。1940 年,披汶政府组建社会福利局,负责国民的卫生、体育、就业、健康等社会福利。1941 年相继出台了《失业者救助法》和《乞丐收容法》,政府为失业者和无家可归的孤寡残障者提供工作岗位和收容救助。② 1950 年《社会福利法》的出台进一步扩展了社会救助的范围,社会救助面向更多的社会群体。20 世纪 60~70 年代,泰国政府开始实施一系列社会福利和经济发展计划,以减轻贫困、促进经济增长和社会稳定。1975 年

---

① 拉美观察|卢拉执政满百天 致力重建巴西国内秩序 积极回归国际舞台 [EB/OL]. (2023-04-11) [2024-06-10]. https://news.cri.cn/20230411/3e558f35-e541-a85b-cc56-54a136d43dbb.html.

② 周方冶. 王权·威权·金权:泰国政治现代化进程 [M]. 北京:社会科学文献出版社,2011:91.

出台了《国家社会保险法》，扩展了社会保险的覆盖范围，增加了医疗保险和工伤保险。1973 年，泰国成立了社会保障办公室（Social Security Office），负责管理工人的社会保险计划，标志着社会保障走向制度化。1975 年，针对低收入家庭的医疗需求，泰国推出了医疗福利计划（Medical Welfare Scheme）①，为低收入家庭提供免费的医疗服务。1983 年，泰国政府面向农民发起自愿健康卡项目（Voluntary Health Card Project），为未纳入低收入家庭的贫困农民提供免费健康卡。20 世纪 80 年代，泰国政府进一步扩大了社会保障覆盖范围，并推出了一些社会援助计划。

第二阶段是扩张期（20 世纪 80~90 年代末）。20 世纪 80 年代，泰国的社会保障重点是为正规部门的工人提供基本保护，如工伤保险和职业健康保障。这一时期开始实施一些初步的福利项目，如为特定群体提供退休金、医疗援助和对贫困家庭的直接援助。20 世纪 90 年代，泰国政府开始实施一系列的社会救助项目，包括"国家社会救助计划"（National Social Assistance Scheme, NSAS）和"国家老年人救助计划"（National Old Age Pension Scheme, NOAPS）等，为低收入家庭和老年人提供了定期的生活补贴和医疗保障。1990 年颁布《社会保障法》（Social Security Act），内容包括疾病、生育、伤残和死亡津贴等。② 1992 年，将老年人、儿童纳入医疗救助范围。1998 年出台《社会福利促进法》，全面规范了社会福利的提供和管理，强调政府、私人部门和社会组织的合作。这一阶段，泰国政府通过多项政策和改革，加强了社会保障制度，并逐步建立了包括养老保险、医疗保险、失业保险等在内的社会福利框架，并将其纳入国家发展战略的重要组成部分。

第三阶段是完善期（21 世纪至今）。进入 21 世纪，泰国政府进一步出台了各类政策和社会保障制度，致力于构建更加全面的福利体系。2001 年，泰国政府提出全民医疗保障的社会政策。2002 年通过《全民健康保障法》，进一步完善了全民医疗保险制度，提高医疗服务的质量，扩大其覆盖面，引入了全民健康保险制度，确保所有公民都享有基本的医疗保障。同年，泰国政府推出"30 泰铢医疗计划"（后调整为相应的全民健康保险计划），

① 王超群，颜明芬，陶丽丽．全民医疗保险制度建设：泰国的经验与教训［J］．社会政策研究，2018（2）．
② 张树兴．泰国法律制度概论［M］．成都：西南交通大学出版社，2017：224-225.

确保所有泰国国民都能获得基本的医疗服务。2004 年，泰国社会保障办公室推出了失业保险金，为失业者提供了短暂的失业补助和生活保障。为积极应对人口老龄化，2010 年泰国政府出台《国家老龄政策》，制定专门的政策保障老年人的生活质量。2011 年建立国民储蓄基金制度。[①] 2016 年对《社会保障法》进行修订，扩大失业保险和工伤保险的覆盖面，加强了对劳动者的社会保障。

（二）现行社会救助项目

泰国的社会救助制度是一个多维度的福利体系，包括社会保险、贫困救助、老年人福利、儿童福利和残疾人支持等。这些项目旨在促进社会公平、提高人民福祉，并推动泰国的经济和社会发展。

1. 生活补助

国家福利卡计划（State Welfare Card Scheme）是一项由泰国政府为低收入家庭提供经济援助和基本生活保障的社会福利计划，通过向低收入家庭发放福利卡，每月提供固定金额的补助金，用于购买基本生活用品和支付水电费、燃气费等。[②] 持有国家福利卡的家庭可以获得一系列福利，包括但不限于现金补助、医疗补贴、教育支持以及其他社会福利服务。

老年人津贴计划（Old Age Allowance Program）是泰国政府为支持和改善老年人生活条件而采取的一项社会保障措施。该计划主要向未享受其他公共养老金计划和未居住在公共养老院的 60 岁及以上的老年人尤其是在贫困线以下的老年人群体提供每月的现金津贴[③]，以减轻他们的经济负担。

2. 医疗保障

全民健康保障计划（Universal Health Coverage，UHC）又被称为"30 泰铢医疗计划"，最初于 2001 年由泰爱泰党提出并于 2002 年 4 月全面实施，2006 年全民医疗计划完全由政府税收资助，实现了真正的全民免费医疗覆

① 张浩森，谭洪，王桢钰. 泰国社会保障的演进历程、核心特征与经验镜鉴［J］. 东南亚纵横，2024（1）.

② 张锡镇. 泰国人口老龄化问题与养老制度［J］. 东南亚纵横，2021（4）.

③ 高小琴，钟仁耀，马微波. 国外老年津贴政策比较研究及对我国的启示［J］. 社会政策研究，2022（4）.

盖。① 这一计划是泰国在中等收入国家中实现全民医疗覆盖的一个典范，通过向所有泰国公民提供免费的基础医疗服务，包括住院治疗、门诊服务和药品等，确保所有泰国公民都能获得基本的医疗服务，而不会因为经济原因陷入贫困。

3. 儿童和家庭支持

儿童与家庭发展计划（Child and Family Development Program）主要针对低收入家庭和弱势群体的儿童，向其提供包括早期儿童教育、营养补助和家庭支持等一系列服务，帮助改善儿童和家庭的生活条件。泰国政府实施了包括儿童医疗保健服务、教育补助、孤儿和流浪儿童的收容和庇护等多项计划，旨在保障儿童的健康、教育和发展权利。

4. 其他社会保障

失业保险计划（Unemployment Insurance Scheme）规定了社会保障金由社会保障组织（SSO）统筹管理，参照各地的最低工资标准为失业者提供临时的失业救济金②，帮助其在失业期间维持基本生活，并提供就业培训和再就业支持。泰国政府实施了贫困家庭援助计划，为贫困家庭提供经济援助、食品补助和其他形式的支持，帮助贫困家庭改善生活条件，并提高其生活水平。残疾人津贴计划（Disability Allowance Program）为残疾人提供每月的现金津贴、康复服务、教育和职业培训等，以帮助其应对日常生活的额外开支，促进他们融入社会和提高生活质量。

四 沙特阿拉伯

作为中东第一大国，沙特阿拉伯从早期依赖传统部落互助和宗教慈善，到战后依靠石油收入建立系统的社会保障体系，再到近年来面临经济多元化和社会转型的挑战，其社会救助制度不断发展和完善，形成了较为全面的社会支持网络。

（一）社会救助制度的历史沿革

沙特阿拉伯的社会救助制度根植于其深厚的文化和宗教传统，特别是

---

① 刘玉娟. 泰国"30铢计划"对我国医疗保险的启示 [J]. 卫生经济研究，2011（4）.
② 冯奕强，黎雄辉. 东盟国家失业保障制度研究 [J]. 东南亚纵横，2011（6）.

伊斯兰教的教义，强调对贫困者的照顾和社区内的互助精神。20 世纪初期之前，沙特阿拉伯的社会福利主要依赖于家族、部落以及伊斯兰教慈善观来实施，如天课（伊斯兰教的五大支柱之一，一种施舍习俗、强制性慈善捐款行为），这些传统机制支持老弱病残和贫困家庭等有需要的弱势群体。直至 1932 年，沙特阿拉伯王国正式成立，社会救助制度迎来了新的发展契机。

第一阶段是形成期（20 世纪 30~70 年代）。作为一个新兴的统一国家，沙特阿拉伯要应对部落社会向中央集权国家转变所带来的社会问题。1938年，石油的发现和开发带动了全国经济的增长，为社会救助制度的建立提供了财力支持和物质保障。1947 年，沙特政府颁布了第一部劳工法（1969年又出台新劳工法），对工作时长、休假及补偿等进行了规定，保障了劳动者的合法权益。从 20 世纪 50 年代开始，沙特阿拉伯的石油收入显著增加，国家通过石油收入推动社会福利的发展，政府将石油收入大规模投入到社会福利领域，提供教育、医疗和住房等基本服务，社会救助制度在这一时期逐步发展。从 1960 年开始建立社区发展中心，为国民提供技能培训和社会服务。1961 年成立劳工和社会事务部，负责社会保障制度的制定和监管。① 1962 年提出了"十点纲领"的改革措施，其中明确了政府在社会福利建设中的责任以及免费医疗、免费教育和社会保险的福利体系目标。1970年推出了首个五年计划（1970~1975 年），首次提出系统的社会经济发展规划，其中包括社会福利和基础设施建设等重大项目。1975 年成立了社会事务和劳动部，专门负责社会福利和救助工作的管理和实施。这一时期，政府通过医疗保障、教育资助、住房援助和贫困家庭补助等一系列政策措施，提高社会救助的效率和效果。例如，建立了全民医疗保险制度，提供免费或低成本的医疗服务；推出了大量的教育资助项目，确保所有国民都能接受基本教育；实施了多种住房援助计划，帮助低收入家庭解决住房问题。这一阶段，沙特政府通过立法和政策制定，确立了基本的社会福利体系和救助制度。

第二阶段是发展期（20 世纪 80~90 年代末）。20 世纪 80 年代，沙特政府开始进一步扩展社会福利项目，社会保险事业也有了新发展。1980 年，

---

① 杨光，温伯友.当代西亚非洲国家社会保障制度［M］.北京：法律出版社，2001：74.

沙特阿拉伯已经建立起 24 个社区发展中心，通过文化传播和社区服务促使国民形成独立自主的现代意识。① 沙特第三个经济发展计划（1980～1985年）首次明确提出社会福利体系建设的目标，即改善社会福利体系，扩大沙特城乡社会服务体系，继续提高医疗卫生标准，实现教育均等化，解决社会经济问题。② 自 20 世纪 90 年代起，沙特阿拉伯社会救助制度进入快速发展期，政府继续加大对社会福利的投入力度，社会保障体系逐步完善，覆盖范围进一步扩大。1992 年颁布了《治国基本法》，强调政府有责任为公民提供基本生活保障和社会福利。1995 年《社会保险法》出台，由此建立了系统的社会保险制度，强制要求企业为职工缴纳养老、医疗、失业、工伤、生育等保险。

第三阶段是完善期（21 世纪初至今）。进入 21 世纪，沙特在保障基本社会福利的同时，不断完善社会保障制度。2000 年颁布了《家庭保护计划》，为低收入家庭提供直接经济援助和福利服务。2000 年启动了新的发展计划，进一步加强社会保障体系，特别是在住房、就业和健康领域。2016年沙特提出"2030 愿景"（Vision 2030），规划了经济和社会改革蓝图，强调经济多元化和社会发展的协调推进，提升社会福利水平，确保所有公民都能享受高质量的生活和社会保障。2017 年实施"公民账户"（Citizen Account，2016 年由王储穆罕默德宣布，2017 年由劳工和社会发展部运行实施）计划，为中低收入家庭提供现金补贴，以应对生活成本的上升。③ 2020年《国家转型计划》（National Transformation Program）进一步改革了社会救助和福利制度。④ 现阶段，沙特阿拉伯政府在推动经济多元化的同时，优化和调整了社会福利制度，提高了公共服务的效率，扩大了覆盖面。这一时期的社会救助制度呈现改革和调整的特点，政府开始重视社会救助的精准性和公平性，通过信息技术和大数据手段，提高救助的精准度和效率。例如，公民账户计划通过收入水平和家庭状况等多个指标，动态调整补贴金

---

① 黄民兴. 沙特阿拉伯的社会福利制度［J］. 阿拉伯世界，1993（2）.

② 王然. 构建稳定——"石油王国"的改革、调整与稳定［M］. 南京：南京大学出版社，2022：189.

③ 沙特调整公民账户计划进一步打击居民购买力［EB/OL］.（2020-07-16）［2024-06-10］. http://www.mofcom.gov.cn/article/i/jyjl/k/202007/20200702985730.shtml.

④ 刘中民，刘雪洁. 萨勒曼执政以来沙特的国家转型及其困境［J］. 西亚非洲，2020（5）.

额,确保资源分配的公平和高效。同时,政府加大了对残疾人和老年人的关注度,推出了多项专门的福利政策,形成了较为完善的社会救助体系。

(二) 现行社会救助项目

沙特阿拉伯现行的社会救助项目旨在通过多种途径为需要帮助的国民提供经济和社会支持,特别是在经济改革和全球挑战背景下,确保社会救助的有效性。

1. 生活救助

公民账户计划 (Citizen Account Program) 是一项由沙特政府推出的福利计划,为中低收入家庭提供直接经济补贴,减轻因经济改革 (如取消补贴、增加税收) 而增大的生活成本压力。该计划于 2016 年由沙特王储穆罕默德宣布,并于 2017 年由劳工和社会发展部实施,符合条件的家庭每月会收到现金补贴,金额根据家庭规模和收入水平而定。通过定期向符合条件的家庭提供现金转移支付,以帮助他们应对生活成本的上涨。

2. 医疗援助

全民医疗保障 (Universal Health Coverage,UHC) 作为沙特阿拉伯 "2030 愿景" 的一部分,通过改革推动医疗保健体系现代化,确保所有公民和居民都能获得高质量、可负担的医疗服务。沙特政府计划投资超过 650 亿美元来发展医疗基础设施,重组医疗服务和保险,并推动私有化,由公共和私营医疗机构提供广泛的医疗服务,政府承担大部分医疗费用。同时,通过新的护理模式 (Models of Care,MOC) 和负责任的护理组织 (Accountable Care Organizations,ACOs),建立世界一流的初级卫生保健 (Primary Care) 系统。[①]

3. 养老保障

社会保险养老金 (Social Insurance Pension) 由沙特社会保险总局 (GOSI) 管理,为在职工人和退休人员提供基本养老金,保障其退休后的生活质量。这一制度覆盖了私营部门员工,同时政府也对公共部门员工设置相应的养老金计划。沙特政府为了鼓励自由职业并扩大社会保障覆盖面,推出了自

---

① 沙特将建立世界一流的卫生保健体系 [EB/OL].(2019-12-26)[2024-06-10].http://sa. mofcom. gov. cn/article/jmxw/202001/20200102930151. shtml.

由职业者工作计划（FWP），该计划由劳动和社会发展部、人力资源开发基金以及 GOSI 支持，为自由职业者提供社会保险，包括养老保险。此外，沙特政府为低收入老年人提供额外的社会福利，包括直接经济补助、食品券、住房补贴等，以减轻他们的经济负担，例如，政府会向符合条件的老年人发放生活补助金，帮助他们维持基本生活水平。

4. 儿童与家庭援助

家庭津贴（Family Allowance）是沙特政府为支持和提升国民家庭福祉而实施的社会福利措施之一，通过为有子女的家庭提供定期经济支持，帮助他们降低养育子女的成本。津贴通常通过电子转账的方式直接发放到受益人的银行账户中，确保透明和高效的分配。

5. 住房援助

住房发展计划（Housing Development Program）是沙特政府为了应对国民住房需求、提高住房拥有率并促进房地产市场健康发展而实施的一系列综合性政策措施。其核心项目之一是"Sakani 计划"，由沙特住房部和房地产开发基金（REDF）联合推出，通过提供住房单元、土地分配、自建房机会和租赁住房等多种形式，增加住房供应。此外，为帮助低收入家庭和首次购房者，沙特提供了各种补贴和贷款计划，包括通过房地产开发基金提供的资金支持，帮助低收入家庭获得安全和稳定的住房。

与发达国家相比，发展中国家通过灵活和创新的方式提供社会救助，尽管面临财政资源欠缺、制度有待完善、城乡差距等挑战，但其社区参与和创新实践值得借鉴。发展中国家的社会救助体系在一定程度上具有较强的灵活性和适应性，能够迅速调整以应对突发事件和紧急需求，社区和非政府组织的广泛参与提高了社会救助的可及性和效率。在资源有限的情况下，发展中国家在社会救助实践中往往能体现较强的创新性，从而能通过各种低成本、高效益的方式提供社会救助服务。

第三节　国外救助政策实践对中国社会救助制度转型的启示

通过对发达国家和发展中国家社会救助政策实践的梳理可以发现，各国社会救助制度通常覆盖多个领域，包括老年保障、医疗保健、失业救济、儿童福利等，以提供全面的社会保障。政府在制定政策、管理资金、提供服务等方面扮演着关键角色，是社会救助制度的主要组织者和提供者，在实施社会救助政策的实践中重视发展型救助，将工作和福利相结合，尤其注重失业群体的再就业，以此减少福利依赖，实现消极救助向积极救助的重要转变。就上述国外社会救助政策实践经验而言，在社会救助政策中注入发展的元素已经是各国发展社会救助模式的必然趋势。中国的农村社会救助制度建设虽然不能完全沿用国外的制度模式，但取其精华、去其糟粕的思路还是可行的，国外社会救助政策建设中的成功经验值得我们学习。国外社会救助政策对中国社会救助制度转型的启示主要体现在以下方面。

一 以"发展"拓展农村社会救助基本功能

农村社会救助是一种制度安排，且具有一定的价值，所以农村社会救助的功能定位和实践直接受其理念的影响。典型国家社会救助的实践经验表明，在社会救助中增加发展的元素可以拓展社会制度的功能，既可以将受助者保护在现行的社会保障制度之内，获得应有的救助机会，又能够为受助者乃至全社会提高人力资本水平，对抗"社会排斥"负面影响。相比之下，中国的社会救助制度理念仍以补救、救助为主，具有一定程度的事后弥补的消极性，缺少主动性、发展性思维，所以中国社会救助的功能仅仅局限于最基本的托底保障。因而，从目前中国的实际情况和长远的发展眼光来看，中国的社会救助制度应具备积极应对和预防的特点，而不应该采用传统事后补偿与缺陷修复的方式。中国需要借鉴国外人力资本和发展型社会救助政策的经验，努力在中国社会救助制度中增加发展的理念，使中国的社会保障制度除了保障人们的基本生活还能够促进人力资本发展，增加生计资本，最终帮助贫困群体彻底摆脱贫困生活，融入主流社会。

二 重视农村社会救助的"能力促进"功能

典型国家社会救助实施中重视受助对象生计能力的提高。能力促进理念，在很大程度上认可了人自身的主观能动性，要求社会政策能够激励贫困人口的创造能力和能动性，使其积极地参与经济活动并分享经济收益，在参与经济活动中实现个人创造价值与社会发展贡献的统一。因此，要求政府在制定社会救助政策时，将社会政策与社会资源的分配相结合，特别是执行一些具有生产性和投资性双重属性的社会促进政策。政府应当更好地发挥对弱势群体和贫困群体的发展作用，应该进行一定的干预，制定合理的发展型社会救助政策。最近几年，中国在快速发展的同时也出现了两极分化和收入不均等社会问题。这些问题受到了政府和学界的广泛关注，国家已经针对这些问题制定了相应的社会政策和解决办法。与此同时，政府和学界已经开始意识到，正如库兹涅茨"倒 U 形曲线"所指出的一样，中国的贫富差距及两极分化问题将在未来逐渐加剧，国家亟须不断完善相应的社会救助政策，给予贫困人口和群体更多的支持和关注，提高贫困者摆脱贫困的能力。"能力促进"要以社会投资为目标，其根本目的在于提高人们自主参与经济社会建设的能力。制定社会福利政策要以低成本投入高社会效益的项目为重心，如提升贫困人口的人力资本、促进就业、增加社会资本投入与劳动技能培训等，通过这些促进型投资活动，消除贫困人口参与经济活动的障碍，提升贫困人口就业能力等。国外发展型社会救助政策通过各种新式职业培训、强制快速就业以及医疗保障等方式提高贫困人口的人力资本和就业能力，取得了较好的实践效果。另外，社会救助政策的制定要充分考虑人所处的不同生命阶段，目的在于使各个年龄段的人均能够享受社会救助政策的支持与帮助，这种方法和措施可以预防贫困的产生。

三 在制度完善中凸显可持续生计理念

典型国家在对贫困群体救助过程中试图通过增加社会性投资、提高贫困者的能力和资产建设等方式扭转贫困者的不利处境，实现其可持续生计。詹姆斯·梅志里（James Midgley）指出一个维持基本生活的设想前提是广大民众将会追求多重目标，即民众在追求高收入的同时更加注重获得好的健康水平、更高质量的教育机会以及规避风险的能力，所以，在制定国家政策的过程中要充分考虑可持续发展要求。社会政策的制定不能忽视社会问题产生的根源，应努力干预并消除各种社会问题产生的条件和作用机制，从本质上促进公民参与经济建设，提升自身解决问题的能力。例如，国家采取健康医疗、教育培训等人力资本投资政策可以使民众最终实现可持续发展的目标。目前，中国制定社会救助政策在长期目标的考量上尚有欠缺，对贫困群体可持续生计的重视还远远不够。当前，中国已经进入全面小康社会，农村贫困治理重心也从绝对贫困向相对贫困转变，农村社会救助的目标不是维持一个最低收入阶层，而是让贫困人口实现完全脱贫，融入社会发展的主流。因此，农村生活救助制度设计要体现可持续生计理念，努力改善贫困者的生存环境，加强贫困者生计资产、生计能力建设，优化其生计策略选择，实现贫困者可持续生计。

四 重视政府在社会福利供给中的主导角色

典型国家社会救助政策实践表明，在政策执行过程中政府扮演着重要的角色，特别是针对目前全球化经济条件下的社会风险，政府要通过积极制定有针对性的措施来解决贫困问题。实践证明，只有政府承担起社会救助的责任，才能使人们获得一种可以随经济发展而更有保障的社会救助制度。改革开放40多年来，中国经济经历了一个飞速发展的关键时期，但是也产生了许多的社会问题，比如基尼系数居高不下，失业、贫富差距过大以及生态环境逐渐恶化等，需要国家和政府制定合理的解决方案。在造成上述问题的诸多原因中，政府在社会保障体系中的退出是一个重要的原因。主要体现是，随着教育、医疗等方面的改革以及单位福利的减少，社会保障体系中主要责任再次由个人和家庭承担，需要社会成员依靠自己和家庭的能力来应对经济增长和社会改革带来的诸多风险。实际上，社会问题不会因为经济的增长而自动解决，需要国家和政府积极主动承担起资源整合再分配，培育社会体系，实行一定程度监管等重要的职能。在国家和政府为国民提供高质量社会服务的过程中，政府可以选择一些环节和领域引入市场机制，提高服务质量和服务效率，实现从政府主导到民办公助的转变，但在社会救助制度的建设中政府绝对不能缺位或退位。

五 选择本土化的发展型社会救助模式

从典型国家社会救助实践经验来看，选取什么样的救助模式受多种因素的影响，其中社会救助政策、国家经济、社会发展情况等是最主要的因素。比如，欧美发达国家由于国民收入水平比较高，而且有非常完善的社会救助政策体系，其救助体系主要采用普遍型的现金救助模式。然而，由于现金救助标准比较高，部分民众对福利政策产生了依赖，所以他们更倾向于选择工作福利模式，通过制定实施一定的激励政策鼓励受助人群重新获得工作。拉美和东南亚国家则更倾向于选择条件型转移支付和专项救助模式，主要是因为这两项救助模式对资金的需求比较小，比较符合拉美和东南亚国家的经济和社会情况。另外，由于这些国家的社会保障基础比较差，在救助项目中很大一部分是临时救助措施，因而常常直接引入一种新的救助项目作为主导模式。

经过几十年的发展，中国社会救助已经具备一定的基础，形成了以低保救助模式项目为基础，以医疗、教育等多种专项救助方案为补充的综合性社会救助体系。然而，近几年，中国农村社会救助又有了新的发展，在一定程度上呈现发展型社会救助的特点。例如，许多地区开始在原有救助模式基础上采取激励就业的政策，具有了工作福利模式的特点；随着经济社会快速发展，中国专项救助模式的重要性在不断增强；条件型转移支付模式在中国还不存在，但中国执行的社会救助项目与条件型转移支付模式有一定相似之处。所不同的是，中国的社会救助项目在促进人力资本提高和劳动技能改善方面缺少应有的发展型功能。

可见，中国社会救助模式建设应该综合各种已有模式的特点，既要汲取各国社会救助发展经验，又要在实践中探索符合中国国情、符合中国贫困群体发展诉求的反贫困战略，在新时代凸显中国特色。

第七章

农村社会救助制度转型方向与路径

　　国际经验表明，可持续生计作为一种寻找脆弱性诸多原因并提供多种解决方案的集成分析框架和建设工具，它是一种超前的政策理念，因其具有较强的政策指向性而在世界各地的扶贫开发和可持续生计建设项目中得到了运用和实证检验。可持续生计理念嵌入农村反贫困战略不仅具有必要性，而且具有可行性，会推动农村社会救助制度转型升级。然而，可持续生计理念对于农村社会救助制度的嵌入并非完全推翻现有制度体系，而是在坚持"保基本、兜底线、救急难"的基础上，增加实现救助对象可持续生计这一关键维度，推动农村社会救助制度模式向着蕴含发展社会政策理念的方向转型升级。

　　本书通过对中国社会救助政策、相对贫困农户生计系统及其互构关系的实证性分析认为，未来中国农村社会救助制度至少要实现两个方面的转型升级。

　　一是社会救助理念提升，实现由消极救助向积极救助转变。长期以来，中国社会救助坚持以保障生存权为原则，对救助对象进行兜底救助。全面建成小康社会后，中国消除了绝对贫困，人民生活水平持续改善，在这一阶段社会救助水平应该与经济发展水平相适应，让贫困群体共享改革发展成果，但社会救助的目标定位又不能再局限于满足救助对象吃穿住行等基本物质需求层面，而是要向着促进救助对象实现发展的层面迈进。社会救助理念要从消极被动的"输血式"救助，向增强救助对象内生动力的"造血式"救助跃升。而这要充分借鉴发展型社会救助理念，重视贫困人口可持续生计，更多地关注贫困人口的能力提升、权利平等、发展机会获得，鼓励贫困人口通过生计能力提升、生计策略优化，实现生计改善，共享改革发展成果。

二是社会救助功能进一步拓展，从消除生存贫困提升到缓解生活贫困和解决发展贫困层面。新阶段社会救助的功能要在免除贫困人口生存危机，做好"兜底保障"的基础上，向着助力贫困人口生活改善，并使其融入社会主流的方向拓展，其基本的功能定位要从消除生存贫困提高到缓解生活贫困和解决发展贫困层面，也即在未来社会救助要着眼于应对生存贫困、生活贫困和发展贫困，实现功能提升。因此，社会救助要重视生计资本建设，加强教育、培训、健康促进等"上游干预"措施，实现社会救助制度建设从重视事后补救向做好贫困发生前后的干预与应对转变。社会救助的目标应该指向生活型救助、增能型救助和预防型救助几个方向。其中，生活型救助的目标是保障贫困人口生活水平达到一般社会生活水平，可以共同享有经济社会发展的成果；增能型救助的目标是通过增强贫困人口生计资本、生计能力和发展动力等，促进贫困人口以自身的努力实现脱贫；预防型救助目标是通过采取一系列"上游干预"措施，改善潜在贫困人口或边缘贫困人口的生活境遇，降低其生活风险，切断贫困链条，预防贫困的发生发展。

需要说明的是，制度功能拓展要考虑到制度边界与负荷，社会救助功能从消除生存贫困拓展到缓解生活贫困和解决发展贫困层面，不是对社会救助功能的无限放大，而是对其功能的合理延伸。因此，在制度实践中要注重提高救助对象的生计资本与生计能力，优化其生计策略，同时，要进一步优化制度设计，做好社会救助制度与教育、医疗、就业等相关制度的衔接与整合，实现救助主体多元化，创新救助服务方式，矫正制度执行偏差等，只有这样才能最大限度地发挥农村社会救助制度的功能和优势。

第一节　加强生计资本建设，提高相对贫困农户生计能力

新阶段农村社会救助制度建设注重人力资本投资，强调反贫困政策的"上游干预"，其核心是通过将社会干预的重点提前到风险的形成环节，切断贫困链条，提高相对贫困农户的生计能力，使其通过不断优化生计策略，突破"贫困陷阱"，实现自立自强。然而，如前文所述，现行的中国农村社

会救助制度仍然是一种被动的、事后补救的"下游干预"型救助模式。这种救助模式侧重对受助群体的生存权益保障，但对发展权益考虑不足，其在社会救助实践中突出表现为：对贫困群体生计资本积累重要性的认识不足，忽视其应对生计风险能力的提高。因此，要树立生计资本积累意识，全面提高相对贫困农户生计能力，要重点做好以下方面工作。

一 加大人力资本投入力度

实证分析发现，相对贫困农户的人力资本明显不足。相关研究表明，相对贫困农户致贫和返贫的主要影响因素是教育和医疗两个方面，而这两个方面是人力资本的重要内容。可持续生计视角下的农村社会救助制度建设重视人力资本投资，强调通过提升具有劳动能力的救助对象的就业能力来促进就业，增强其从市场获得收入的能力。对于农村贫困群体的教育和技能培训，重点是从贫困群体原有的知识和技能出发，帮助其学习新的知识和技能，从而增强其在新的就业环境和生活环境下的适应能力以及危机应对能力，协助贫困者创新，使得受助者增能，减少贫困者的参与障碍，增加与提高其参与社会活动的机会与能力，使其更好地适应社会。当前，应实现"授人以鱼"向"授人以渔"转变，对贫困者增能，着重面对负担型、哺育型相对贫困家庭开展订单定向式培训与职业技能培训十分必要。

长期以来，教育是改变贫困家庭子女自身命运的重要路径之一。帮助相对贫困农户子女学习，大力发展技能教育、函授教育、远程教育等。首先是开展技能教育。技能教育能够让相对贫困农户子女学到一技之长，从而带领整个农村家庭脱离贫困。其次是发展函授教育、远程教育。相对于高等教育，函授教育、远程教育具有花费少、学习周期较短、实用性非常强的特点，有助于其在较低投入的基础上，不增加家庭负担就能掌握一技之长，防止贫困的代际传递，带领整个家庭脱贫致富。改善贫困地区的教育状况可以逐步增强贫困家庭脱贫的可能性。通过能力改善，提升贫困农户的教育水平，不断增加农村贫困人口的人力资本积累，是遏制农村贫困代际传递的关键。

要增加农村社会救助对象的健康投入。要持续降低脱贫人口等困难群体医保目录外的医疗费用支出。建议以基本医疗保险和大病保险为基础，以医疗救助为托底，以市场提供的商业性防贫保险为提升保障水平的补充，健全医疗报销制度。对于脱贫人口等困难群体医保报销目录外的医疗费用支出，应积极探索防贫保险与商业健康保险的保障功能，调动慈善组织的积极性，发挥多重医疗保障的综合作用。作为乡村建设和乡村治理的一部分，可将部分财政乡村振兴衔接资金用于乡村公共卫生事业，如建立防贫保障资金、防贫保险等。同时，要推动医疗服务从以治疗为主向以预防为主转变。要树立"大健康"观念，从以疾病治疗为中心转变为以健康为中心，切实发挥门诊、健康体检和家庭医生的作用，"早发现、早诊断、早治疗"，降低慢性病对脱贫人口健康的威胁。要逐步将定期体检、早期筛查等项目费用纳入医保支付范围，积极探索将医疗保险工作向"治未病"前端延伸，以期有效控制疾病的发生或发展。要创新医防协同、医防融合机制，协同医疗和医药部门建立健康管理信息系统，实现对保障群体健康状况的实时动态监测。要大力推进医保经办服务下沉基层，打造基层医疗保障队伍，提高基层医疗和医保服务水平，培育科学的预防与治疗理念。

二　加强相对贫困农户资产建设

提高相对贫困农户发展能力、优化相对贫困农户生计策略要增加其生计资本存量。实证分析发现，金融资本对相对贫困农户经济能力具有显著影响，因此要在普遍提高相对贫困家庭生计资本的基础上，加强其金融资本积累，做好家庭资产建设。20世纪80年代，美国学者谢若登将更多注意力聚焦在资产积累上，主张以资产为基础帮助贫困者脱贫，具体方法是为穷人设立个人发展账户，助其建立自有资产。中国在农村社会救助中也可以借鉴以资产为基础的理念，通过增加贫困者资产积累，改变贫困者态度和价值观，提高贫困者生计能力，重塑贫困者生活信心。

以资产为基础的社会政策并非指简单直接地增加贫困者的收入，而是政府有组织、有安排地引导贫困者进行资产的积累与投资。它主要着眼于对相对贫困农户生计的保护和发展、安排合理的劳动力政策来反社会排斥、整合医疗政策、建设资产个人账户等。应该说，这种以资产为基础的社会政策能够有效地兼顾经济政策与社会政策的双重优势，能够把经济政策所设定的"经济人"与社会政策所设定的"社会人"两类角色融合。以资产为基础的社会政策可以转变社会政策的主导价值观念，更多地向贫困者的财产权倾斜，从而影响社会发展的方式和路径，实行以生产主义和福利主义相结合的生产福利主义的社会政策，达到促进经济发展与有效缓解贫困的双重目标。

以资产为基础的社会政策是以个人资产账户为工具，协助个人进行金融积累，从而实现个人增能，增强个人自食其力的能力与信心的一种政策。只有家庭有了资产积累，才能从长远角度加速贫困地区内生资本的形成，才能阻断贫困循环的链条，使规模资本作用于经济发展。同时，资产具有传承效应，这是普通收入所无法比拟的，因此资产积累能够持续增加后代的福利，防止出现贫困的代际传递。

制度实践中，以资产为基础的社会政策可以与社会保障政策等结合起来使用。第一，逐步将以收入为基础的低保政策转变为以资产为基础的低保政策，将资产社会政策与救助政策、收入政策及风险分担机制等统筹起来。第二，提高低保标准，建立家庭发展账户或者依托原有的养老保险账户，政府及社会各界将部分支付的收入再以资产的形式转移到贫困家庭的账户，账户所有者也要进行不同比例的注资。第三，借助资产账户提高贫困者的脱贫能力。资产账户的设立能够从心理上增强贫困者提升人力资本的动力和信心，赋予贫困者自我增强人力资本的能力，从根本上消除贫困代际传递。第四，将资产账户建设与社会保障制度充分衔接。将资产个人账户与农村现有的养老、医疗等社会保障制度衔接，使其产生多元的社会效应。

三 加强相对贫困农户社会资本建设

从相对贫困农户长期发展和代际传递的角度来考虑，提升相对贫困农户社会资本是通过社会政策来解决贫困代际传递问题一个比较有效的思路。社会资本包括社会网络、信任、规范和合作等，它对社会政策的实施具有重要的促进作用。社会政策的有效实施以及预期目标的实现都有赖于相对贫困农户的社会资本状况。前文实证分析表明，相对贫困农户虽然具有较高的社会资本，但社会资本的质量较低，起不到应有的作用。因此，以社会资本为支持工具的社会救助制度，要提高相对贫困农户的社会资本质量，培育相对贫困农户的互助意识，鼓励引导农村居民作为一分子共同参与公共事务的管理。要达到上述目标，就要扶持农村内生性自治组织的成长发育，带动引导贫困农民的自组织性和参与性。为此，中国要制定必要的农村自治组织扶持政策，促进农村自治组织的成长和壮大，不断增加生产型等各类相对贫困农户社会资本的存量，提高社会资本的质量，并将这种良性的社会资本融入反贫困过程中。当然，社会力量的积极参与也有利于相对贫困农户社会资本的积累。

四　重视从家庭整体视角提供政策支持

可持续生计分析框架以贫困农户为研究对象，重视从家庭整体视角提供政策支持。该视角认为良好的家庭环境不仅是人力资本形成的重要基础，也是经济与社会作用发挥的重要场域，提高家庭整体的生计能力比提高个人的生计能力更有价值，贫困农户决策往往是在考虑家庭整体情况的基础上做出的。纵观发达国家反贫困政策发展历程可以发现，其关注点大都经历了从贫困个体向贫困家庭的转变。例如美国实施反贫困政策中的医疗救助政策以及补充性收入保障政策等，实施过程都是以家庭为单位进行救助。重视对贫困家庭的政策支持，不仅可以促进贫困家庭功能的恢复，应对社会风险能力的提高，而且可以帮助贫困家庭选择最优化的生计策略，进而抑制陷入贫困及贫困状况的继续恶化。因此，在未来，中国社会救助相关政策的制定要重点考量赡养型、生产型、负担型和哺育型家庭类型的整体特征和需求满足，改变以往仅针对相对贫困个体或家庭部分成员的做法。实际上，本部分提出的加强生计资本建设的建议主要是针对相对贫困家庭，无论加强人力资本、金融资本还是社会资本建设都是基于相对贫困农户的不同类型和特征进行的。以家庭为单位进行生计资本的建设将更有利于提高相对贫困农户整体的可持续生计能力，优化其生计策略。

需要强调的是，可持续生计目标的最终实现不仅需要加强相对贫困农户的生计资本和生计能力建设，还需要激发相对贫困农户脱贫的积极性、主动性和创造性。因而，要通过家庭支持政策激发相对贫困农户脱贫的主观能动性。当前要依托乡村振兴战略，积极发动相对贫困农户参与有关扶贫项目决策与实施的全过程，通过政府引导、市场驱动、社会推动以及典型示范等方式，转变相对贫困农户发展观念，进一步激发贫困人口权能，提升负担型、哺育型等相对贫困家庭的脱贫内生动力。考虑到相对贫困农户长期处于贫困状态，经济条件较差，很难积极融入社会生活，家庭成员普遍存在自卑心理、缺少生活热情等问题，建议将社会工作引入社会救助领域。社会工作介入社会救助领域首要的任务是消除贫困家庭成员的生活疑虑，缓解压力，通过个案工作等手段对救助对象进行自我增能，以提高其社交能力和自信心。

第二节　优化制度设计，促进社会救助制度有效衔接与整合

当前，具有中国特色的社会救助体系已经基本定型，一些救助措施，如医疗救助、教育救助及就业救助等已蕴含了发展型社会政策的理念。然而，由于社会救助制度的一些环节设计不科学，其激励性不足，影响了"助人自助"目标的充分实现。同时从社会保障理论和国际经验看，救助类制度本身的功能是有限的，它存在的一个明显不足就是虽然可以维持受助者基本的生活水平，但很难帮助其脱贫。社会救助制度要实现"助人自助"目标，就必须在科学的制度设计基础上，做好与其他制度的衔接与配合，只有通过制度间的功能整合，才能激励具有脱贫潜力的受助对象经由救助阶段缓冲实现自立与脱贫。因此，应以社会救助制度转型为契机，优化社会救助制度设计，实现社会救助与相关反贫困措施有效衔接，进一步提升社会救助制度整体反贫困功能。

一　优化社会救助制度设计

如前文所述，在中国现有社会救助制度体系中，一些环节设计得不够科学，削弱了救助制度激励有劳动能力的低保对象自立发展的功能。而其中需要着重解决的是低保救助的"福利叠加"问题。要改变低保资格与获得各种专项救助"捆绑"的做法，即在分层分类实施社会救助的过程中，要科学识别救助对象的贫困类型和特征，并根据生产型、负担型、赡养型和哺育型等不同类型相对贫困农户的具体情况进行专项救助，以最大限度地消除低保救助的"福利叠加"效应。

另外，要在进一步完善农村低保就业收入豁免政策与渐退救助政策的同时，积极为有劳动能力的低保对象重返劳动力市场创造条件。促进有劳动能力的受助者重新进入就业市场，是反福利依赖政策的根本目标，也是规避社会救助"依赖陷阱"的最有效方式。因此，就需要进一步细化标准，

分类施救，按照是否具有劳动能力的标准对救助对象进行分类，加强对有劳动能力（含具有部分劳动能力）的低保对象进行能力培训，通过提升有劳动能力低保对象的自力更生能力，积极拓宽低保对象的就业渠道，为其重返劳动力市场创造条件。

不仅如此，还要建立健全制度化的风险分担机制，帮助相对贫困农户在更大范围内分散或者化解风险。各种形式的涉农保险是降低相对贫困农户生计风险的一种重要制度性工具，是相对贫困农户社会生产与生活的"压舱石"和"稳定器"。目前，中国在社会保险、农业保险等涉农保险领域的基本制度框架虽已建立，但仍需进一步完善。在社会保险方面，要继续加大对相对贫困农户社会保险缴费的减免力度，重点发展好相对贫困农户的医疗保险和养老保险。要持续提高贫困人口新农合报销比例，完善大病保险制度，避免其陷入因病致贫、返贫怪圈。在农业保险方面，应继续扩大政策性农业保险的覆盖范围，在保费补贴和保障力度上向相对贫困农户倾斜，鼓励更多相对贫困农户参保。同时，还要引导商业性保险公司进入农村开展农业保险业务，使其共同承担反贫困任务。通过这些措施，增强相对贫困农户应对生计风险的能力，改善其脆弱性生计环境。

二 促进社会救助与乡村振兴战略的有效衔接

脱贫攻坚取得全面胜利后，要在巩固拓展脱贫攻坚成果的基础上，做好乡村振兴工作，实现二者的有机衔接。同样，需要做好社会救助与乡村振兴战略的有效衔接。要依托乡村振兴战略积极引导和支持农村扶贫产业有序发展，制定相对贫困农户家庭能力提升支持政策与产业发展政策相结合的措施；充分发挥市场机制，提高各类帮扶资金使用效率，鼓励新兴技术产业向传统农业进行技术转移，推动农业等传统产业技术升级，延伸产业链条，为其从业者提供更多的就业机会；建立相对贫困农户稳定增收利益联结机制，发挥产业扶贫对农村相对贫困家庭脱贫增收的带动作用。要积极拓展相对贫困农户就业渠道，大力引导负担型、哺育型等相对贫困农户从第一产业向第二、第三产业转移就业。建议在贷款、税收及场地等多方面为相对贫困农户就业提供优惠政策。鉴于金融资本在相对贫困农户可持续生计中的重要作用，可以考虑让金融部门进一步放宽农民信贷条件，降低贷款门槛，为相对贫困农户发展提供资金支持。要深化农村土地制度改革，提高土地资源利用效率，加强农村土地流转的立法监督，健全农村土地流转标准，完善现行土地流转模式，增加农户收益。要完善农村土地征收补偿与安置政策，保障农户权益，积极促进农户生计策略转型与优化。同时，要做好脱贫人口的社会救助工作。调整优化针对原建档立卡贫困户的低保政策。织密"社会最后安全网"，对脱贫人口中完全丧失劳动能力或部分丧失劳动能力且无法通过产业就业获得稳定收入的人口，要按规定纳入农村低保或特困人员救助供养范围，并按困难类型及时给予专项救助、临时救助等，做到"应保尽保、应兜尽兜"。

三　构建信息交流平台，共享社会救助信息

社会救助制度的优化与功能提升有赖于新技术的应用。要加速构建一个兼具开放性与保密性的社会救助信息交流平台，做到既能够实现政府各部门之间的信息共享与救助对象个人的隐私保密，又能够及时实现对市场与社会参与方的畅通交流。

第一，实现信息数据的共享与安全并重。社会救助需要多部门联动，其实现的基础就是各部门之间信息数据的及时共享，而采集社会救助相关数据又势必会涉及救助对象个人与家庭的隐私信息，数据安全也同样不可忽视。2021 年 8 月 20 日《中华人民共和国个人信息保护法》经全国人大表决通过，使得对个人信息的保护有法可依。因而，要进一步加强救助对象个人及家庭的隐私信息保护。一方面，搭建面向各部门开放的社会救助统一信息采集平台，通过与各部门现有系统的端口兼容与算法转换，将各部门的零散数据统一进行整合，打破数据屏障，消除信息壁垒，实现社会救助信息的及时高效共享。另一方面，指派专人负责信息安全事宜，并且可以考虑与独立商业公司展开合作，引入区块链与云计算等最新技术，加快实现信息化与数字化，提升数据安全保障能力。与社会力量开展合作时，要在保障信息沟通与数据共享渠道的同时，确保救助对象隐私信息的保密与安全。

第二，提升办事效率与优化服务流程。基于上文所搭建的信息采集交流平台，借助移动互联网的普及，以及信息化与数字化最新技术的推广应用，优化社会救助服务流程，提升办事效率。对服务提供方而言，由于信息平台对各参与方均是开放的，工作人员能够第一时间获得所需数据资料，快速将救助对象的最新情况进行共享与反馈。这势必会极大地提高工作人

员的办事效率。对救助对象而言，由于移动互联网与智能终端设备的普及，通过 App、公众号与官方网站等众多渠道，救助对象不仅能够及时获得相关信息，还可以更加便捷地与救助机构沟通交流，其获得服务的及时性、便利性与可及性都得到较大提升。服务流程的不断优化，可以真正实现"数据多跑路，群众少跑路"，通过信息数据来打通社会救助服务的"最后一公里"，使其得以实现。

第三，通过多方参与降低相关成本。为保障信息平台的正常运转，在使用平台的过程中安全维护与信息备份等工作不可或缺，而这也往往需要较多的投入，因此，需要通过协调各参与方来设法共同承担，以降低相关成本。在信息平台的建构期，需要政府部门通过招投标的方式来获得技术支持；而在信息平台搭建后与正常运营期间，则可以更多地引入市场与社会力量的参与，共同分担相关成本。例如，可以通过财政补贴、税收减免、政策支持与服务外包等方式，支持有关机构、企业、社会资金进行技术研发和人才培养，调动有关机构和企业参与社会救助信息化与数字化创新的主动性与积极性。也可以通过政府购买社会救助服务的方式，将具有专业能力的社会力量吸纳进来，以减轻政府的人力资本压力，尽可能地降低运营与维护成本。

第三节　鼓励多元参与，实现救助主体多元化

福利责任的分配问题始终是社会福利制度设计者所需要面临和解决的关键问题。西方国家始终倡导福利供给主体的多元化，这是因为：一方面政府的福利资金供给能力是有限的；另一方面，福利需求日益呈现多元化的发展趋势，单一的福利供给模式难以满足多元化的需求，发挥政府、社会组织以及家庭等主体的各自优势，就能克服各自的缺点和不足。一项有关美国扶贫资金构成的研究显示，政府财政的拨款只是美国扶贫资金的来源之一，企业和民间资本投入也占有很大比重。据施惠基金会年度报告显示，2015 年美国慈善捐赠总规模达 3733 亿美元，个人捐赠占 2/3 以上。①

---

① 新浪财经．美国 2015 年慈善捐赠总额超香港 GDP［EB/OL］．http：//finance.sina.com.cn/stock/usstock/c/2016-06-15/doc-ifxszkzy5318671.shtml.

　　毋庸置疑，基于可持续生计视角进行社会救助制度建构同样极力倡导福利多元主义，鼓励实现救助主体的多元化。这是农村社会救助健康发展的主体保障，是满足救助对象多元需求、有效缓解救助低保基层工作力量不足的必然选择。

　　社会救助工作实际上就是向贫困者传递所需资源的工作。毋庸置疑，政府在社会救助的资金供给方面发挥着举足轻重的作用，是最主要的社会救助资源供给渠道。但是，事实也一再表明，各种非政府组织（NGO）以及社会组织在社会救助非物质资源的传递方面也发挥着非常重要的甚至难以替代的作用。因此，农村社会救助应该建成包括政府、市场、社会组织和家庭共同治理的模式，只有这样才能确保反贫困资源充分满足贫困群体需要。

　　基于可持续视角进行农村社会救助的多元主体建设，并不是要弱化政府的主体责任，而是应逐渐改变政府在农村社会救助发展中唱"独角戏"的格局。中国的社会救助应该在政府主导下由一元主体向多元主体发展，动员社会化的福利参与，实施多元化的贫困治理政策，有效解决政府"一家独大"以致投入不足，以及贫困群体多元化救助需求无法满足的困境。

　　在推动社会救助参与主体多元化过程中要重视政府多部门的参与。当前，中国农村贫困治理已经从绝对贫困转向相对贫困，相对贫困农户对于社会救助的需求，也从以金钱与实物为主的物质救助，向以具体服务为主的服务救助转变，这都对社会救助制度的运行方式与救助模式提出了新的要求与挑战。应当对以往仅由民政部门来主导社会救助工作的方式进行改革，要形成包含民政、医疗、人社、教育、住建乃至商务等多部门在内的联合参与和联动支持模式。

　　在社会力量动员方面，要通过减税、降费及补贴等多种优惠政策和措施，鼓励更多企事业组织、社会团体和公民积极参与农村贫困治理。针对社会组织发展中面临的"制度空间远远小于实际空间的现实，政府要增加对社会组织的信任和扶持，为其发展拓展更大空间，在实践中做到放松管制与加强监管并行"①。要大力引导社会工作者参与相对贫困治理工作，不断提高社会工作专业化水平，充分发挥社会工作在连接社会资源，改善贫

　　① 俞可平. 中国公民社会：概念、分类与制度环境［J］. 中国社会科学，2006（1）.

困群体社会交往能力、自助能力等方面的作用。

而在实现社会救助主体多元化参与后，要建立健全主体间协调机制。通过健全不同救助主体间的协调机制，协同发挥各个主体的优势。美国学者发现政策并非自动实施，在执行过程中诸多机构和政治力量间的协调困难最终会导致项目失败。① 在农村贫困的多元治理体系中，政府组织不再是唯一治理主体，非政府组织、企业乃至家庭都被纳入治理体系。社会救助不同主体在价值观、信息掌控、利益需求以及行为方式等方面存在巨大差异。所以，要积极构建社会救助参与主体间协调配合的内生机制，在机制建设中坚持发挥政府帮扶部门的主导作用，积极调动社会组织和非政府组织的参与热情，构筑社会组织和非政府组织参与社会救助的途径和通道，大力扶持专业性社会帮扶组织。努力通过政府购买服务、公私合作、企业参与等方式提高社会救助参与主体的价值认同和行为协同，构建多元主体参与格局，为农村反贫困提供强大的主体支持。另外，政府要加大对国民扶危助困行为的引导宣传和培养力度，鼓励国民的互助意识，发挥家庭、亲友、邻里、社区等与个人关系密切的社会共同体成员的潜在优势，运用环境资源为贫困者提供支持与帮助。

第四节　加强重点群体综合救助，
不断创新救助服务方式

可持续生计视角下的社会救助制度建设，坚持以人民为中心原则，高度重视贫困人口尤其是重点群体贫困需求满足及能力开发。通过前文的分析发现，相对贫困治理阶段"一老一小"问题特别值得关注。

一　加大对农村老年贫困群体救助政策的支持力度

2020 年第七次全国人口普查数据显示，中国人口老龄化程度进一步加深，60 岁以上老年人口占总人口的比重已达 18.7%，比第六次全国人口普查上升 5.44 个百分点。实证研究表明，农村贫困群体老龄化程度更深，发展能力更弱。目前，农村贫困老人面临的最为迫切的问题主要集中于照护

---

① 〔英〕安东尼·吉登斯. 现代性的后果［M］. 田禾译. 南京：译林出版社，2011：183.

与医疗方面。农村高龄、患病、失能或失智老年人家庭不仅面临医疗费用持续支出的压力，还要承担隐性的照护成本，即由于负责日常的照顾护理，家庭中的部分劳动力不能正常就业，而这在客观上也限制了家庭收入水平的提升。因此，如何通过制度建设与服务创新来解放家庭中的隐性劳动力，对于提升家庭收入水平，改善其生活质量有重要的促进作用。当前主要应对方法是建立公办的日间托管照护中心，但由于各地区的经济发展水平存在差异，其覆盖范围与服务水平参差不齐。因此，不仅有必要加大对相关设施的资金投入与服务人员的招募培训力度，进一步提升农村地区老年人群体的照护能力与服务水平，而且要充分调动社会各方力量，实现救助方式与渠道创新。例如，在日常照护机构中，除了专业服务人员和志愿者，还可以考虑吸纳部分困难家庭中的正常劳动力，通过让其负责照护服务等工作，使其通过自身劳动来获得合理收入。这样可以实现这部分劳动力的正常就业，提升其所在家庭的整体收入水平，还有利于缓解相关机构的人员压力。

不仅如此，还可以通过税收优惠、服务外包与直接购买等方式，在农村地区尝试引入商业化的医疗与照护服务。养老与健康产业是未来的朝阳产业，有着较大的专业人员需求，当前除了直接从专业院校招聘与定向培养，越来越多的专业机构也在构建自己的培训体系。因此，可以考虑将部分日间照护机构与相关企业的实训基地相结合，通过与相关专业人员的交流实践，实现机构服务能力提升与促进企业人员培训的双赢。发达农村地区也应当考虑采取政府补贴与税务优惠等方式，引入商业医疗保险，为困难群体提供更为多元化的保障。总而言之，要尽可能地通过多种方式与渠道，综合运用社会各方的救助，不断提升对农村贫困老年人的救助能力与服务质量，关注农村老人的健康贫困、精神心理贫困，全力改善农村贫困老人身心健康。

二　加大对农村贫困儿童的社会救助力度

贫困家庭中的儿童比一般家庭的儿童更需要人力资本投资和人文关怀。对贫困儿童进行投资是一项具有"上游干预"内涵的反贫困措施。而对贫困家庭子女基础教育和素质教育的重视，可以增强他们的抗逆力，进而使他们能应对未来更多的不确定因素及生存风险，使贫困家庭摆脱陷入代际循环的贫困怪圈。所以，投资给贫困家庭儿童的社会政策是切断贫困链条、防止贫困代际传递的必要措施，同时也是一项提高国民素质、提升劳动生产率、增加国家竞争力的策略。这需要加大对贫困家庭、重点帮扶地区教育救助和教育扶持力度。在投资儿童的过程中还要重视对农村困境儿童、孤儿和事实无人抚养儿童等的投资。他们是社会中的弱势群体，失去家庭依靠不仅会使其基本生存条件难以满足，基本生活难以保障，而且会使其缺乏接受教育和享受家庭温暖的机会，因此社会救助是困境儿童生存和发展的最后保障。要以满足农村困境儿童生存与发展需求为导向，以政府与社会力量良性互动为支撑，强调对困境儿童生活风险的提前干预，重视对困境儿童精准识别、事前预防与系统支持三个维度的协同推进，并着重从生活保障、健康保障、教育保障及社会融入等方面加强对农村困境儿童的全方位支持。政府要保障这部分儿童与其他儿童相同教育权利的起点公平，承担起义务教育、高中教育、中等职业教育以及离校之后再教育的责任，实现其在失去家庭依靠的情况下仍然具有获得良好教育的机会，保障其受教育的权利，提高人力资本储备。同时，还要加强与这部分儿童的情感沟通，积极引导社会工作者为农村困境儿童健康发展提供服务，通过社会工作介入提高农村困境儿童身心健康和竞争力，促进他们更好地融入社会。

第五节　矫正社会救助执行偏差，加大基层财政支持力度

制度目标的实现不仅需要科学的宏观制度设计，还需要制度全面而有效地贯彻执行。如前文所述，从执行层面来看，社会救助还存在低保识别依然不够科学和精准、制度运行的人力和物力投入不足等问题。相对贫困治理阶段，社会救助实施面临的环境更为复杂，这些问题亦将越来越突出，为此，要着重做好以下工作。

一　完善农村低保识别机制

当前，社会救助执行偏差较为集中地体现在农村低保领域。农村低保制度在实施过程中出现的一些偏差与乱象带偏了社会再分配的方向，既有损社会公平，又会降低制度效率。可持续生计视角下社会救助制度建设以

受助对象的精准识别为基础，以完备的法制为保障，救助过程中不但注重救助资源使用的公平性，而且十分重视救助资源使用的效率和效果。

第一，进一步严格资格审核，提高"家计调查"的科学性和准确率。关于获得社会救助的资格，世界各国都制定了严格的审核制度，对申请者及其家庭成员财产收入的审核尤其严格。如美国的临时援助贫困家庭计划（TANF）要对救助申请人的生育行为、就业行为和子女养育行为等"个人行为"进行严格资格审查，如果申请人在这三个方面存在不良记录将不会获得救助资格。再如德国也对救助申请人的财产和收入进行了细致调查，救助申请人至少需要提供银行账目、储蓄额、人寿保险、房产地产、汽车及古董等方面的财产状况材料。因此，针对中国农村低保对象识别中存在的问题，要确保低保申请者家庭收入衡量的精准度以及可操作性，包括最大限度地量化农民收入水平，如公布亩产量、农产品价格、土地流转租金等核算指标。同时还要加强民政干部业务培训，提高其专业化水平，加强民政部门与统计部门、金融部门的合作等。农村低保对象识别过程中还可以委托第三方机构，通过购买服务的形式，对低保救助对象进行精准评估与识别。广东、北京等地已开始尝试委托专业的社会工作机构，对低保救助对象进行评估与识别。通过第三方测评的方式，实现对救助对象的精准识别，这种做法不仅可以避免基层管理者与低保救助对象的直接冲突，化解社会风险，而且能够实现低保救助政策实施过程的精准化和专业化，广东、北京等地区的实践经验值得借鉴。

第二，进一步完善低保救助村民评议环节。近年来，农村低保在村民评议环节出现了一些"走形式"的现象，有的是只评不议，只是开会研究通过，没有人提出反对意见；有的是村干部没有实际入户核实了解，通过纸面上的贫困来评议；有的村干部已经实际核实了解了低保申请人的情况，但怕得罪人，在评议过程中隐瞒部分信息，使不该进入低保名单的村民获得低保救助。中国农村低保对象识别偏差问题的出现在一定程度上可以归因于村民评议环节失效。因此，建议进一步完善低保救助的村民代表评议规则。可以充分调动民众的主观能动性，促进民众积极参与，从而发挥民主测评制度的优势，通过民众识别出最困难、最应获得保障的低保受助群体。另外，江苏等地区为避免"人情保""关系保"等情况出现而采取了一些有效措施，值得借鉴。这些地区做法的特点是设置了近亲属申报低保救助的回避制度，也就是当低保经办人员或者村委会干部的近亲属想要申请低保时，不仅需要其单独备案登记，还需要由县级民政部门安排人员进行入户调查并进行评议，以此来保障评议的客观性、公正性。

第三，坚持对低保家庭进行定期排查，建立退保奖惩机制。低保救助不仅要做到"应保尽保"，还要实现动态管理，做到"应退尽退"。建议村委会进行季度性入户排查，重点审核家庭经济收入来源、收入总量，从而确保及时更新低保家庭的变化信息，或者通过引入智能技术，建立低保智能监测管理平台，对低保家庭的经济状况每季度进行一次普查。对于那些重新具有收入创造能力的家庭，当其收入水平稳步高于低保标准时，要及时降低低保补差标准直至取消低保救助资格。要建立脱贫奖励机制，树立正确的价值观，杜绝"等、靠、要"等思想，对于通过自力更生、实现脱保与脱贫，并主动提出退出低保的个人或家庭，要通过就业收入豁免政策或渐退救助政策给予其物质奖励或精神奖励，树立退保及脱贫典型，发挥榜样作用，形成良好的社会救助理念与救助氛围。

二　加大农村社会救助基层财政支持力度

无论从微观层面的社会救助实施情况实地调研，还是从宏观层面的农村低保与经济发展的适应性分析都可以发现，中国社会救助财政投入总体水平偏低，社会救助基层运行所需要的人力、物力投入不足。之所以会出现这些问题，主要是因为有关社会救助的财政支持制度仍不够健全。长期以来，中国有关社会救助的政策法规规定了各级政府对社会救助资金供给负有责任，如 2020 年出台的《关于改革完善社会救助制度的意见》（以下简称《意见》）提出，"财政部门根据困难群众基本生活保障需要和物价变动等情况，做好各项社会救助资金保障"。但对于中央政府和地方政府以及地方各级政府之间应该负担的比例却缺乏法律刚性依据，如《意见》也仅是提出"中央财政困难群众救助补助资金重点向救助任务重、财政困难地区倾斜"。不仅如此，对于社会救助涵盖的教育救助、医疗救助、就业救助、住房救助等项目之间的分配比例也缺乏明确说明。从资金投入情况看，财政社会救助资金支出中超过七成投向了低保救助，其他各专项救助的资金投入总额不到三成。可以说，社会救助资金分配中的这些"不明确"使得社会救助的资金供给存在一定程度的不稳定性，而在中央政府与地方政府以及地方政府之间的相互博弈中，社会救助资金的供给往往不充裕，且越是经济欠发达地区资金供需矛盾越是突出。可见，要解决农村社会救助资金供给不足的问题需要从顶层制度设计入手，明确政府对于社会救助资金供给的主体责任，并通过社会救助立法确定中央政府与地方政府财政负担比例，以及社会救助各个项目之间的资金分配比例或原则。在此基础上，再根据与经济发展水平相适应原则，增加农村社会救助资金供给，强化社会救助基层工作力量，逐步提高社会救助动员人力、物力的能力，实现社会救助良性可持续运营。

主要参考文献

中文部分

[1] Martlia，杨国安．可持续研究方法国际进展——脆弱性分析方法与可持续生计方法比较［J］．地球科学进展，2003（1）．

[2] 〔波兰〕齐格蒙特·鲍曼．个体化社会［M］．范祥涛译．上海：生活·读书·新知三联书店，2002．

[3] 〔丹麦〕考斯塔·艾斯平-安德森．福利资本主义的三个世界［M］．郑秉文译．北京：法律出版社，2003．

[4] 〔法〕埃米尔·涂尔干．社会分工论［M］．渠东译．北京：生活·读书·新知三联书店，2000．

[5] 〔美〕哈罗尔·罗杰斯．美国的贫困与反贫困［M］．刘杰译．北京：中国社会科学出版社，2012．

[6] 〔美〕罗伯特·D. 帕特南．使民主运转起来：现代意大利的公民传统［M］．南昌：江西人民出版社，2001．

[7] 〔美〕迈克尔·谢若登．资产与穷人——一项新的美国福利政策［M］．高鉴国译．北京：商务印书馆，2005．

[8] 〔美〕珍妮特·V. 登哈特，罗伯特·B. 登哈特．新公共服务：服务，而不是掌舵［M］．丁煌译．北京：中国人民大学出版社，2004．

[9] 〔日〕青木昌彦．比较制度分析［M］．周黎安译．上海：上海远东出版社，2001．

[10] 〔瑞典〕冈纳·缪尔达尔．世界贫困的挑战：世界反贫困大纲［M］．

顾朝阳译. 北京：北京经济学院出版社，1991.

[11] 〔印〕阿马蒂亚·森. 生活水平 [M]. 沈国华译. 北京：机械工业出版社，2015.

[12] 〔印〕阿马蒂亚·森. 以自由看待发展 [M]. 任赜，于真译. 北京：中国人民大学出版社，2002.

[13] 〔印〕阿马蒂亚·森. 正义的理念 [M]. 王磊，李航译. 北京：中国人民大学出版社，2012.

[14] 〔英〕安东尼·哈尔，〔美〕詹姆斯·梅志里. 发展型社会政策 [M]. 罗敏译. 北京：社会科学文献出版社，2006.

[15] 〔英〕安东尼·吉登斯. 第三条道路：社会民主主义的复兴 [M]. 郑戈译. 北京：北京大学出版社，2000.

[16] 安华，赵云月. 福利叠加与悬崖效应：如何让低保对象走出福利依赖？[J]. 中国民政，2018（9）.

[17] 蔡洁，马红玉，夏显力. 集中连片特困区农地转出户生计策略选择研究——基于六盘山的微观实证分析 [J]. 资源科学，2017（11）.

[18] 陈良敏，丁士军，陈玉萍. 农户家庭生计策略变动及其影响因素研究——基于 CFPS 微观数据 [J]. 财经论丛，2020（3）.

[19] 陈小德，张华，浙江省民政厅. 整体设计并实施困境儿童分类保障制度 [N]. 中国社会报，2014-5-19.

[20] 陈宗胜，沈扬扬，周云波. 中国农村贫困状况的绝对与相对变动——兼论相对贫困线的设定 [J]. 管理世界，2013（1）.

[21] 戴卫东. 农村最低生活保障制度的财政支出分析——基于负所得税法和差额补助法的比较 [J]. 河南社会科学，2010（5）.

[22] 邓志平，汤志华. 新时代中国扶贫战略的转变：从解决绝对贫困到解决相对贫困 [N]. 中国社会科学报，2020-3-27.

[23] 丁建定，方之瑜. 中国心理性困境儿童社会保护和支持体系的构建 [J]. 江汉论坛，2019（6）.

[24] 丁士军，张银银，马志雄. 被征地农户生计能力变化研究——基于可持续生计框架的改进 [J]. 农业经济问题，2016（6）.

[25] 丁英顺. 日本高龄老年人医疗制度改革及启示 [J]. 前言，2016（7）.

［26］董晓倩，孙一平．社会资本视角下中国公共危机治理初探［J］．学术交流，2012（1）．

［27］杜本峰，李碧清．农村计划生育家庭生计状况与发展能力分析——基于可持续性分析框架［J］．人口研究，2014（4）．

［28］段美枝．社会救助制度变革方向［J］．北京行政学院学报，2010（5）．

［29］多吉才让．中国最低生活保障制度研究与实践［M］．北京：人民出版社，2001.

［30］方劲．可行能力视野下的新阶段农村贫困及政策调整［J］．经济体制改革，2011（1）．

［31］方黎明．新型农村合作医疗和农村医疗救助制度对农村贫困居民就医经济负担的影响［J］．中国农村观察，2013（2）．

［32］冯伟林，李树茁．生态移民风险应对策略的选择及影响因素——基于农户禀赋的视角［J］．农村经济，2016（9）．

［33］冯元，彭华民．转型期流浪儿童救助服务创新探讨——基于福利多元主义视角［J］．长白学刊，2013（1）．

［34］付钱香，欧阳晓琳．"五社联动"搭建护童社会支持网络个案［J］．中国社会工作，2022（16）．

［35］高功敬．城市贫困家庭可持续生计——发展型社会政策视角［M］．北京：社会科学文献出版社，2018.

［36］顾昕．中国社会政策［M］．北京：北京师范大学出版社，2006.

［37］关信平．当前中国城市贫困的新特点及社会救助改革的新方向［J］．社会科学辑刊，2019（4）．

［38］郭秀丽，周立华，陈勇等．典型沙漠化地区农户生计资本对生计策略的影响——以内蒙古自治区杭锦旗为例［J］．生态学报，2017（20）．

［39］韩华为，徐月宾．中国农村低保制度的反贫困效应研究——来自中西部五省的经验证据［J］．经济评论，2014（6）．

［40］韩克庆，郭瑜．"福利依赖"是否存在？——中国城市低保制度的一个实证研究［J］．社会学研究，2012（2）．

［41］贺雪峰．谁的乡村建设——乡村振兴战略的实施前提［J］．探索与争

鸣，2017（12）.

[42] 胡原，曾维忠. 稳定脱贫的科学内涵、现实困境与机制重构 [J]. 四川师范大学学报（社会科学版），2019（9）.

[43] 贾玉娇，宋昊. 社会主要矛盾转换与社会救助"兜底"的变迁、张力与因应 [J]. 西北大学学报（哲学社会科学版），2020（7）.

[44] 姜学夫. 新加坡、日本、墨西哥三国大病保险补偿方案经验借鉴及启示 [J]. 保定学院学报，2019（1）.

[45] 焦娜，郭其友. 农户生计策略识别及其动态转型 [J]. 华南农业大学学报（社会科学版），2020（2）.

[46] 接家东. 我国农村反贫困模式创新研究——基于资产建设反贫困理论 [D]. 吉林大学博士学位论文，2017（12）.

[47] 解垩. 中国农村最低生活保障：瞄准效率及消费效应 [J]. 经济管理，2016（9）.

[48] 景天魁. 底线公平与社会保障的柔性调节 [J]. 社会学研究，2004（6）.

[49] 眭国余，聂佃忠. 负所得税与最低生活保障制度的劳动供给效应比较研究——兼论中国农村居民和农民工的劳动供给效应 [J]. 甘肃理论学刊，2011（5）.

[50] 句华. 助推理论与政府购买公共服务政策创新 [J]. 西南大学学报（社会科学版），2017（2）.

[51] 阚兴龙，祝颖润. 改革开放 40 年中国家庭发展能力变化研究 [J]. 人口学刊，2019（4）.

[52] 黎洁，李树苗，〔美〕格蕾琴·C. 戴利. 农户生计与环境可持续发展研究 [M]. 北京：社会科学文献出版社，2017.

[53] 黎洁. 陕西安康移民搬迁农户的生计适应策略与适应力感知 [J]. 中国人口·资源与环境，2016（9）.

[54] 李春根，邹佳盈. 农村低保政策与贫困对象需求的契合度研究 [J]. 社会保障研究，2019（2）.

[55] 李聪，李树苗，〔美〕费尔德曼. 微观视角下劳动力外出务工与农户生计可持续发展 [M]. 北京：社会科学文献出版社，2014.

[56] 李军. 中国城市反贫困论纲 [M]. 北京：经济科学出版社，2004.

[57] 李立清，危薇．新型农村合作医疗对农户减贫及增收的效果研究——基于双重差分法的分析［J］．湘潭大学学报（哲学社会科学版），2013（4）．

[58] 李盛基，吕康银，朱金霞．农村最低生活保障制度的减贫效果分析［J］．税务与经济，2014（3）．

[59] 李盛基，吕康银，朱金霞．农村最低生活保障制度的减贫效果分析［J］．税务与经济，2014（3）．

[60] 李实，詹鹏，杨灿．中国农村公共转移收入的减贫效果［J］．中国农业大学学报（社会科学版），2016（10）．

[61] 李实，詹鹏，杨灿．中国农村公共转移收入的减贫效果［J］．中国农业大学学报（社会科学版），2016（5）．

[62] 李小云，许汉译．2020年后扶贫工作的若干思考［J］．国家行政学院学报，2018（1）．

[63] 李小云等．农户脆弱性分析方法及其本土化应用［J］．中国农村经济，2007（4）．

[64] 李迎生．后脱贫攻坚时代构建一体化的反贫困制度体系［J］．中国特色社会主义研究，2020（3）．

[65] 梁义成，李树苗．中国农村可持续生计和发展研究［M］．北京：社会科学文献出版社，2014.

[66] 林卡，赵怀娟．论生产型社会政策和发展型社会政策的差异和意蕴［J］．社会保障研究，2009（1）．

[67] 林闽钢，刘喜堂主编．当代中国社会救助制度：完善与创新［M］．北京：人民出版社，2011.

[68] 林闽钢．分层分类社会救助体系的发展现状和健全思路［J］．行政管理改革，2023（1）．

[69] 林闽钢．中国社会救助体系发展四十年：回顾与前瞻［J］．北京行政学院学报，2018（5）．

[70] 刘凤芹，徐月宾．谁在享有公共救助资源？——中国农村低保制度的瞄准效果研究［J］．公共管理学报，2016（1）．

[71] 刘洪银，李沁．农村低保政策执行中的问题与改进对策［J］．长白学刊，2017（3）．

[72] 刘继同.国家与儿童：社会转型期中国儿童福利的理论框架与政策框架 [J].青少年犯罪问题，2005（3）.

[73] 刘小珉.民族地区农村最低生活保障制度的反贫困效应研究 [J].民族研究，2015（2）.

[74] 刘小珉.青海省农村贫困及反贫困——基于农村低保反贫困的视角 [J].青海民族研究，2015（4）.

[75] 柳建平，刘方方.农村低保对农户脱贫的影响及政策效应研究 [J].西北民族大学学报（哲学社会科学版），2018（2）.

[76] 柳静虹.基层社会救助的执行偏差及闭环逻辑 [J].华南农业大学学报（社会科学版），2021（3）.

[77] 龙宝新.当代中国儿童成长的教育境遇及其改善 [J].吉首大学学报（社会科学版），2019（3）.

[78] 吕秀芬，麦强盛，李谦，刘燕.相对贫困治理研究的方向：农户生计资本分形研究 [J].科学与管理，2019（3）.

[79] 罗丞，王粤.摆脱农村贫困：可持续生计分析框架的解释与政策选择 [J].人文杂志，2020（4）.

[80] 马健因.赡养上一辈对中年家庭发展能力的影响路径 [J].人口与发展，2021（1）.

[81] 满小欧，王作宝.从"传统福利"到"积极福利"：我国困境儿童家庭支持福利体系构建研究 [J].东北大学学报（社会科学版），2016（2）.

[82] 穆怀中.社会保障国际比较 [M].北京：中国劳动社会保障出版社，2002.

[83] 宁亚芳.农村最低生活保障制度缓贫效应：来自西部民族地区的证据 [J].贵州社会科学，2014（11）.

[84] 潘允康.社会变迁中的家庭：家庭社会学 [M].天津：天津社会科学院出版社，2019.

[85] 全磊，陈玉萍.农地转出户的生计资本流动及其影响因素分析 [J].华中农业大学学报（社会科学版），2018（2）.

[86] 上海市闵行区人口和计划生育委员会课题组.家庭发展能力建设的实践探索与指标体系建设 [J].上海党史与党建，2013（3）.

［87］尚晓援，虞婕．建构"困境儿童"的概念体系［J］．社会福利（理论版），2014（6）．

［88］石智雷．计划生育政策对家庭发展能力的影响及其政策含义［J］．公共管理学报，2014（4）．

［89］苏芳．可持续生计：理论、方法与应用［M］．北京：中国社会科学出版社，2015．

［90］孙晗霖，刘新智，张鹏瑶．贫困地区精准脱贫户生计可持续及其动态风险研究［J］．中国人口·资源与环境，2019（2）．

［91］孙晗霖等．生计策略对精准脱贫户可持续生计的影响有多大？——基于2660个脱贫家庭的数据分析［J］．中国软科学，2020（2）．

［92］谭崇台．论快速增长与"丰裕中贫困"［J］．经济学动态，2002（11）．

［93］唐丽霞，李小云，左停．社会排斥，脆弱性和可持续生计：贫困的三种分析框架及比较［J］．贵州社会科学，2010（12）．

［94］唐丽霞．穷人的生计资产：特征、获得和利用［M］．北京：中国农业大学出版社，2013．

［95］童星．社会主要矛盾转化与民生建设发展［J］．社会保障评论，2018（1）．

［96］王国敏，张宁，杨永清．贫困脆弱性解构与精准脱贫制度重构——基于西部农村地区［J］．社会科学研究，2017（5）．

［97］王娟，吴海涛，丁士军．山区农户最优生计策略选择分析——基于滇西南农户的调查［J］．农业技术经济，2014（9）．

［98］王磊．农村相对贫困家庭发展能力测度与异质性分析［J］．经济纵横，2023（7）．

［99］王磊．贫困农户生计风险管理策略研究——基于可持续生计分析框架［J］．贵阳学院学报（社会科学版），2017（5）．

［100］王磊．乡村振兴背景下脱贫农户生活持续改善研究［J］．农业经济，2023（11）．

［101］王磊．相对贫困农户生计策略优化研究［J］．农业经济，2023（10）．

［102］王磊．中国适度普惠型社会福利制度建构研究［M］．沈阳：辽宁人

民出版社，2021.

[103] 王略文，朱永甜，黄志刚，余劲．风险与机会对生态脆弱区农户多维贫困的影响——基于形成型指标的结构方程模型［J］．中国农村观察，2019（3）．

[104] 王强．治理与社会资本问题研究［J］．内蒙古民族大学学报（社会科学版），2007（2）．

[105] 王思斌．走向发展型社会政策与社会组织建设［J］．社会学研究，2007（2）．

[106] 王雄．完善社会救助统筹体系研究［J］．云南社会科学，2018（3）．

[107] 王增文．农村最低生活保障制度的济贫效果实证分析——基于中国31个省市自治区的农村低保状况比较的研究［J］．贵州社会科学，2009（12）．

[108] 吴帆，李建民．家庭发展能力建设的政策路径分析［J］．人口研究，2012（7）．

[109] 吴海涛，陈强．精准扶贫政策与农村低保制度的有效衔接机制［J］．农业经济问题，2019（7）．

[110] 吴军民．农村贫困家庭生计支持政策效应研究［M］．上海：复旦大学出版社，2015.

[111] 吴小英．公共政策中的家庭定位［J］．学术研究，2012（9）．

[112] 向德平，周晶．失独家庭的多重困境及消减路径研究——基于"风险—脆弱性"的分析框架［J］．吉林大学社会科学学报，2015（6）．

[113] 谢金华，杨钢桥，许玉光．不同农地整治模式对农户生计策略的影响研究——以江汉平原和鄂西南山区部分县市为例［J］．中国农村经济，2018（11）．

[114] 谢宇，谢建社．发展型社会政策视角下的支出型贫困问题研究［J］．学习与探索，2017（3）．

[115] 行红芳．从一元到多元：困境儿童福利体系的建构［J］．郑州大学学报（哲学社会科学版），2014（5）．

[116] 徐道稳．迈向发展型社会政策——中国社会政策转型研究［M］．北京：中国社会科学出版社，2008.

[117] 徐汉龙．浙西南农村相对贫困家庭可持续生计研究［D］．浙江农林

大学，2016.

[118] 徐丽敏，徐永祥，梁毓熙．需求与结构：现代家庭视角下困境儿童保护的政策研究——基于天津市第二批全国儿童社会保护试点区的案例分析 [J]．学海，2019（5）．

[119] 徐月宾，刘凤芹，张秀兰．中国农村反贫困政策的反思——从社会救助向社会保护转变 [J]．中国社会科学，2007（3）．

[120] 许汉石，乐章．生计资本、生计风险与农户的生计策略 [J]．农业经济问题，2012（10）．

[121] 许敏．家庭变迁与地方性家庭福利政策模式的转变 [J]．重庆社会科学，2018（8）．

[122] 杨国才，朱金磊．国内外留守儿童问题研究述评与展望 [J]．云南师范大学学报（哲学社会科学版），2013（5）．

[123] 姚云云，郑克岭．发展型社会政策嵌入我国农村反贫困路径研究 [J]．中国矿业大学学报，2012（6）．

[124] 叶初升，高考，刘亚飞．贫困陷阱：资产匮乏与悲观心理的正反馈 [J]．上海财经大学学报，2014（4）．

[125] 叶金国，仇晓洁，蒋莹，刘晓敏．农村社会保障筹资水平与地方财政筹资能力研究——以河北省为例 [J]．经济与管理，2015（2）．

[126] 叶敬忠，贺聪志．基于小农户生产的扶贫实践与理论探索——以"巢状市场小农扶贫试验"为例 [J]．中国社会科学，2019（2）．

[127] 易红梅，张林秀．农村最低生活保障政策在实施过程中的瞄准分析 [J]．中国人口资源与环境，2011（6）．

[128] 印子．农村低保政策"走样"及其整体性治理 [J]．西北农林科技大学学报（社会科学版），2019（2）．

[129] 俞可平．治理与善治 [M]．北京：社会科学文献出版社，2000.

[130] 张浩淼，朱杰．"家庭为本"视域下我国困境儿童福利政策：目标取向与路径选择 [J]．改革与战略，2022（4）．

[131] 张浩淼．发展型社会救助研究——国际经验与中国道路 [M]．北京：商务印书馆，2017.

[132] 张峻豪，何家军．能力再造：可持续生计的能力范式及其理论建构 [J]．湖北社会科学，2014（9）．

[133] 张守华. 社工介入：困境儿童权益保障 [J]. 社会福利, 2014 (1).

[134] 张新文. 发展型社会政策与我国农村扶贫 [M]. 南宁：广西师范大学出版社, 2011.

[135] 张秀兰, 徐月宾, 王韦华. 中国贫困状况与最低生活保障制度的建立 [J]. 上海行政学院学报, 2007 (3).

[136] 赵锋. 可持续生计与生计动态能力分析：新的理论研究框架 [J]. 经济研究参考, 2015 (27).

[137] 赵锋. 水库移民可持续生计发展研究 [M]. 北京：经济科学出版社, 2015.

[138] 赵会, 陈旭清. 社会保护政策：新时期贫困问题治理的新视角 [J]. 安徽师范大学学报 (人文社会科学版), 2017 (5).

[139] 赵立娟, 康显超, 邢骁. 农地转出行为是否会改变农民家庭的生计策略——基于 CFPS 微观数据的 DID 模型估计 [J]. 中国农业大学学报, 2020 (7).

[140] 郑功成, 郭林. 中国社会保障推进国家治理现代化的基本思路与主要方向 [J]. 社会保障评论, 2017 (3).

[141] 郑功成. 中国社会保障改革与发展战略 (救助与福利卷) [M]. 北京：人民出版社, 2011.

[142] 周佳. 处境不利儿童平等发展权的社会保障研究 [M]. 北京：北京大学出版社, 2016.

[143] 周悦, 崔炜. 国外医疗救助的实践与成功经验 [J]. 发展研究, 2011 (8).

[144] 祝建华, 蒋松杰. 论新时代社会救助体系的转型升级 [J]. 浙江工业大学学报 (社会科学版), 2020 (3).

[145] 祝建华. 提升低保兜底扶贫的风险应对能力 [N]. 中国社会科学报, 2018 (6).

[146] 左停, 王智杰. 穷人生计策略变迁理论及其对转型期中国反贫困之启示 [J]. 贵州社会科学, 2011 (9).

[147] 左停. 贫困的多维性质与社会安全网视角下的反贫困创新 [J]. 社会保障评论, 2017 (2).

英文部分

[1] A. Rita, Emanuelag. Jump-Starting Self-employment? Evidence for Welfare Participants in Argentina[J]. *World Development*, 2010, 38(5): 742-755.

[2] Dollar, Kraay. Growth is Good for the Poor[J]. *Journal of Economic Gowth*, 2002, 7(3): 195-225.

[3] P. Blaikie, F. Ellis and A. Freeman H.. Community-based Natural Resource Management in Malawi and Botswana [J]. *Rural Livelihoods & Poverty Reduction Policies*, 2005, 34(11): 1942-1957.

[4] P. B. Bhandari. Rural Livelihood Change? Household Capital, Community Resources and Livelihood Transition[J]. *Journal of Rural Studies*, 2013, 32 (4): 126.

[5] Kydland F, Pretnar N.. The Costs and Benefits of Caring: Aggregate Burdens of an Aging Population [A]. 2018 Meeting Papers. Society for Economic Dynamics[C]. 2018.

[6] D. H. Olson. Circumplex Model of Marital and Family Systems[J]. *Journal of Family Therapy*, 2000, 22(2): 144-167.

[7] Oliver, Michael. Social Work: Disabled People and Disabling Environments [J]. *International Journal of Rehabilitation Research*, 1992, 15(2): 184.

[8] I. W. Miller, C. E. Ryan et al. The McMaster Approach to Families: Theory, Assessment, Treatmentand Research [J]. *Journal of Family Therapy*, 2000, pp. 168-189.

[9] H. Skinner, P. Steinhauer. Family Assessment Measure and Process Model of Famlily Functioning[J]. *Jounal of Family Therapy*, 2000, pp. 190-210.

[10] W. R. Beavers, R. Hampson. The Beavers Systems Model of Family Functioning [J]. *Journal of Family Therapy*, 2000, pp. 128-143.

[11] World Bank, World Development Report 2000/2001: Attacking Poverty, Oxford University Press, 2001: 89.

[12] N. Kemper, L. V. Ha, R. Klump. Property Rights and Consumption Volatility: Evidence from a Land Reform in Vietnam[J]. *World Development*, 2015, 71:

107-130.

[13]DFID. Sustainable Livelihoods Guidance Sheets. London: Department for International Development, 2000: 68-125.

[14]Dercon. Stefan: Assessing Vulnerability to Poverty, Jesus College and CSAE, Department of Economics, Oxford University, 2001: 126.

[15]Cheli B. Lemmi A. . A "Totally" Fuzzy and Relative Approach to the Multidimensional Analysis of Poverty[J]. *Economic Notes*, 1995, 24(1).

[16]L. Kuhn, S. Brosig. and L. Zhang, The Brink of Poverty: Implementation of a Social Assistance Programme in Rural China[J]. *Journal of Current Chinese Affairs*, 2016: 45(1).

[17]B. Mills, C. Ninno and P. Leite (2015), Safety Nets in Africa: Effective Mechanisms to Reach the Poor and Most Vulnerable. Effective Targeting Mechanisms in Africa: Existing and New Methods. Washington D. C. : The World Bank: 19-38.

[18]Edward C. Banfield. The Moral Basis of a Backward Society, Glencoe, IL, The Free Press 1958.

[19]Rudolf Baumagrtner. In Search of Sustainable Livelihood Systems: Managing Resources and Change [M]. London: Sage Publications Ltd. , New Delhi, Thousand Oaks, 2014: 68-125.

[20]Riccucc, Norma M. . How Management Matters: Street-Level Bureaucrats and Welfare Reform, Washingtong, D. C. Georgetown University Press 2005.

[21]Steven Haggblade, Peter Hazell, Thomas Reardon. The Rural Non-farm Economy: Prospects for Growth and Poverty Reduction[J]. *World Development*, 2010, 38(10): 1429-1441.

[22]Y. Tesfaye, Roosa, B. M. Campbll, et al. Livelihood Strategies and the Role of Forest Income in Participatorymanaged Forests of Dodola Area in the Bale Highlands, Southern Ethiopia[J]. *Forest Policy and Economics*, 2011 (4): 258-265.

[23] Scoones I. . Sustainable Rural Livelihoods: A Framework for Analysis [R]. *IDS Working Paper 72*, 1998.

[24]Chambers R. , Conway G. . Sustainable Rural Livelihoods: Practical Concepts

for the 21st Century [R]. IDS Discussion Paper 296, Institute of Development Studies, Brighton, UK, 1992.

[25] W. Oster, A. Valdes, A. B. Davis, et al. The Constraints to Escaping Rural Poverty: An Analysis of the Complementarities of Assets in Developing Countries[J]. *Applied Economic Perspectives and Policy*, 2011(4): 528-565.

[26] Gentle P., Marasenitn. Climate Change, Poverty and Livelihoods: Adaptation Practices by Rural Mountain Communities in Nepal[J]. *Environmental Science & Policy*, 2012, 21(12): 24-34.

[27] Mubayacp, Mafongoyap. Local-level Climate Change Adaptation Decision-making and Livelihoods in Semiaridareas in Zimbabwe [J]. *Environment Development and Sustainability*, 2017(6): 2377-2403.

[28] Bahlet, Pfeifer M., et al. Social Assistance[M]. Castle G F, et al. The Oxford Handbook of the Welfare State. Oxford: Oxford University Press. 2010: 448.

[29] Chambers R., Conway G. Sustainable Rural Livelihoods: Practical Concepts for the 21st Century [J]. *UK, Institute of Development Studies Sussex*, 1991: 296.

[30] Stife D. The Rural Non-farm Economy, Livelihood Strategies and Household Welfare[J]. *African Journal of Agricultural and Resource Economics*, 2010 (4): 82-109.

[31] Vandenbergm. Household Income Strategies and Natural Disasters: Dynamic Livelihoods in Rural Nicaragua [J]. *Ecological Economics*, 2010, 69(3): 592-602.

[32] Khanala R, Mishraak.. Agritourism and off-farm Work: Survival Strategies for Small Farms[J]. *Agricultural Economics*, 2015(S1): 65-76.

[33] Steven Haggblade, Peter Hazell, Thomas Reardon The Rural Non-farm Economy: Prospects for Growth and Poverty Reduction [J]. *World Development*, 2010, 38 (10): 1429-1441.

[34] Michael Lipsky. Street-level Bureaucracy: Dilemmas of the Individual in Public Services[M]. New York: Russell Sage Foundation, 2011: 201-220.

[35] Sanzidur Rahman, Shaheen Akte. Determinants of Livelihood Choices: An Empirical Analysis from Rural Bangladesh [J]. *Journal of South Asian*

Development, 2014, 9(3): 287-308.

[36] B. Gustafsson, L. Shi and H. Sato. Data for Studying Earnings, the Distribution of Household Income and Poverty in China. China Economic Review, 2014, 30.

[37] James Griffin. Welfare Rights, in Rights, Equality, and Liberty Edited by Guido Princione and Horacio Spector, Kluwer Academic Publishes, 2000.

[38] Riccucc, Norma M.. How Management Matters: Street-Level Bureaucrats and Welfare Reform, Washingtong, D. C. Georgetown University Press, 2005.

[39] C. Brown, M. Ravallion and D. Walle, A Poor Means Test? Econometric Targeting in Africa. NBER Working Paper, 2016, No. 22919.

[40] D. Coady, M. Grosh and J. Hoddinott, Targeting of Transfers in Developing Countries: Review of Lessons and Experience. Washington D. C. : World Bank, 2014.

附录 1　2008 年、2010 年、2012 年、2014 年、2016 年旋转后的因子方差贡献率

年份	农村低保				农村经济发展		
	特征根		方差贡献率	累计方差贡献率	特征根	方差贡献率	累计方差贡献率
2008	公因子 1	3.566	59.433	89.785	4.001	50.019	90.014
	公因子 2	1.821	30.352		1.688	21.097	
	公因子 3				1.512	18.898	
2010	公因子 1	3.461	57.687	87.915	3.987	49.843	89.711
	公因子 2	1.814	30.228		1.727	21.590	
	公因子 3				1.462	18.278	
2012	公因子 1	3.164	52.737	84.223	3.848	48.098	88.292
	公因子 2	1.889	31.486		1.767	22.085	
	公因子 3				1.449	18.109	
2014	公因子 1	3.009	47.982	86.371	4.433	55.419	85.338
	公因子 2	2.127	38.389		1.455	18.183	
	公因子 3				0.939	11.736	
2016	公因子 1	2.994	49.767	88.144	4.132	51.648	85.950
	公因子 2	1.986	38.377		1.401	17.513	
	公因子 3				1.343	16.789	

附录2 2008~2016年31个省（自治区、直辖市）农村低保水平与农村经济发展水平测度值

地区	农村最低生活保障水平测度值					农村经济发展水平测度值				
	2008年	2010年	2012年	2014年	2016年	2008年	2010年	2012年	2014年	2016年
北京	-0.13	-0.31	0.50	0.71	0.82	1.34	1.32	1.11	1.61	0.89
天津	1.35	1.49	0.61	0.41	1.05	0.43	0.32	0.55	1.11	0.64
河北	-0.38	-0.12	-0.30	-0.37	-0.54	0.34	0.35	0.30	-0.21	-0.26
山西	-0.33	-0.34	-0.25	-0.01	-0.03	-0.28	-0.26	-0.24	-0.16	-0.71
内蒙古	-0.44	0.72	0.81	0.73	0.31	0.18	0.21	0.21	-0.10	-0.21
辽宁	-0.42	-0.19	-0.22	-0.35	-0.40	0.36	0.39	0.40	0.29	-0.33
吉林	-1.11	-0.40	-0.90	-0.60	-0.22	0.09	0.08	0.09	-0.26	-0.53
黑龙江	0.10	-0.16	-0.48	-0.17	0.07	0.39	0.34	0.29	-0.27	-0.44
上海	-0.05	-0.41	-0.22	0.20	0.89	1.51	1.50	1.30	1.73	1.40
江苏	0.30	0.44	0.54	0.11	0.23	0.90	0.99	1.27	1.24	1.21
浙江	0.24	-0.11	-0.06	-0.46	-0.54	0.98	1.04	0.84	1.32	1.18
安徽	0.11	0.12	0.41	0.20	-0.14	-0.18	-0.1	-0.14	-0.26	-0.04
福建	-0.29	-1.04	-1.12	-1.35	-1.56	0.09	-0.04	-0.04	0.30	0.47
江西	0.46	-0.03	0.14	-0.07	-0.65	-0.37	-0.35	-0.32	-0.2	-0.10
山东	-0.69	-0.69	-0.59	-0.63	-0.96	0.80	0.76	0.80	0.33	0.50
河南	-0.42	-0.61	-0.77	-1.12	-0.61	0.23	0.24	0.22	-0.18	-0.19
湖北	-0.69	-0.73	-0.99	-0.47	-0.51	-0.04	-0.01	0.16	0.02	-0.02
湖南	-0.97	-1.04	-0.65	-0.53	-0.79	-0.19	-0.26	-0.17	-0.12	-0.04
广东	0.95	-0.27	-0.59	-0.30	-0.14	0.36	0.26	0.19	0.90	1.38
广西	-0.61	-0.11	-0.60	0.01	0.07	-0.58	-0.59	-0.49	-0.54	-0.33
海南	1.35	1.79	1.51	0.56	0.51	-0.60	-0.68	-0.72	-0.78	-0.05
重庆	1.59	0.71	0.35	-0.38	-0.31	-0.74	-0.71	-0.59	-0.20	-0.04
四川	-0.48	-0.64	-0.87	-0.8	-0.74	-0.19	-0.22	-0.23	-0.09	0.28
贵州	1.62	1.70	1.13	1.17	1.29	-0.94	-0.89	-0.92	-0.67	-0.66
云南	0.32	0.10	0.40	0.73	0.51	-0.64	-0.69	-0.68	-0.56	-0.40
西藏	-0.83	-0.39	1.34	1.29	1.21	-0.93	-1.01	-1.31	-1.76	0.09
陕西	-0.32	0.60	0.62	0.01	0.09	-0.31	-0.25	-0.13	-0.24	-0.71
甘肃	0.12	0.45	0.77	2.10	1.98	-0.73	-0.75	-0.73	-0.78	-0.83
青海	0.63	0.76	0.64	0.05	0.35	-0.62	-0.54	-0.53	-0.43	-0.78
宁夏	-0.71	-0.90	-0.82	-0.13	0.58	-0.37	-0.33	-0.35	-0.40	-0.86
新疆	-0.27	-0.38	-0.33	-0.41	0.14	-0.28	-0.16	-0.11	-0.67	-0.51

附录 3　2008 年、2010 年、2012 年、2014 年、2016 年 31 个省（自治区、直辖市）农村经济发展水平和农村低保水平分布

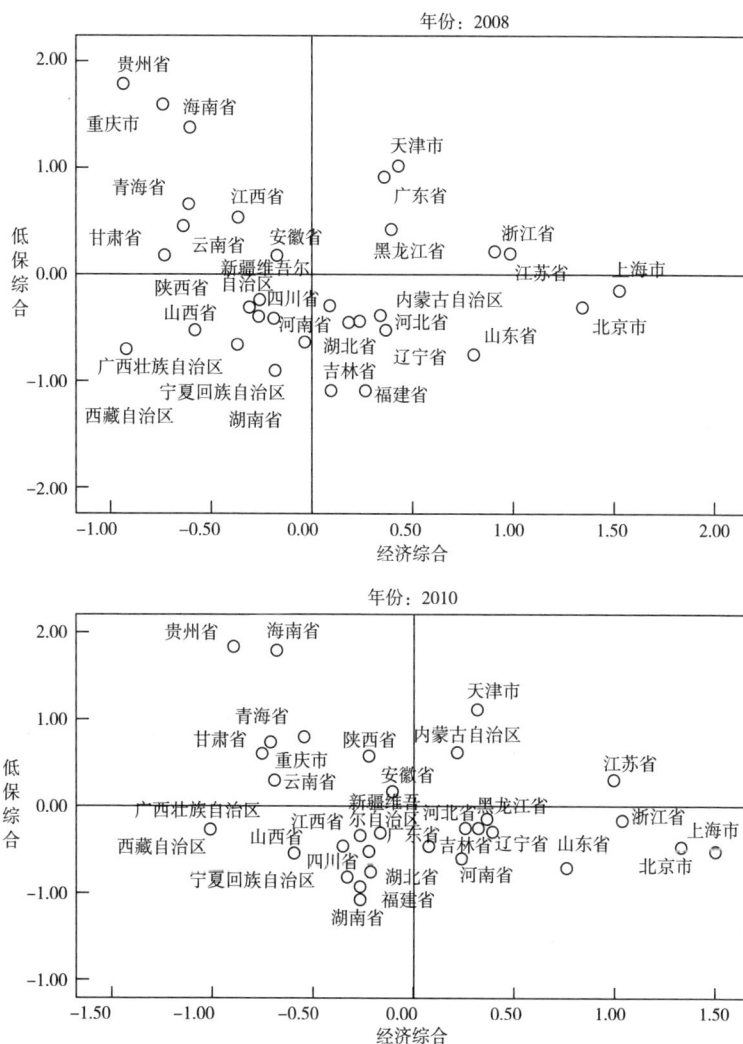

年份：2008

年份：2010

年份：2012

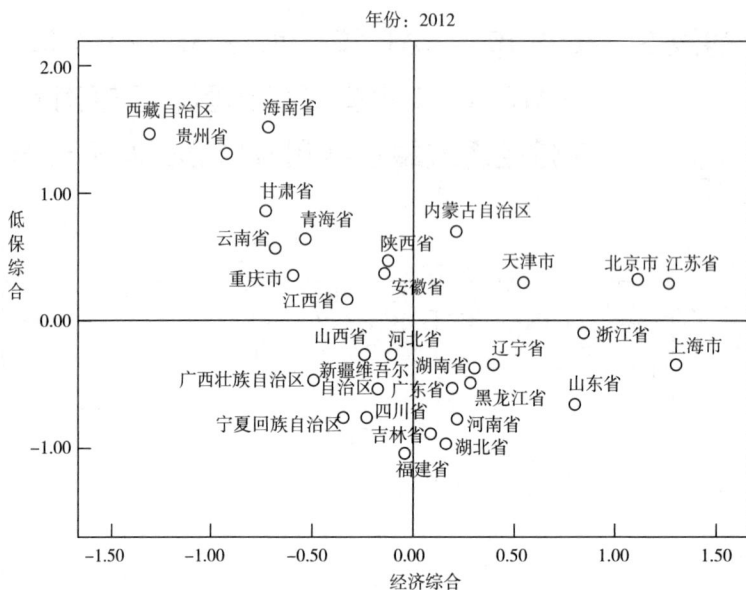

年份：2014

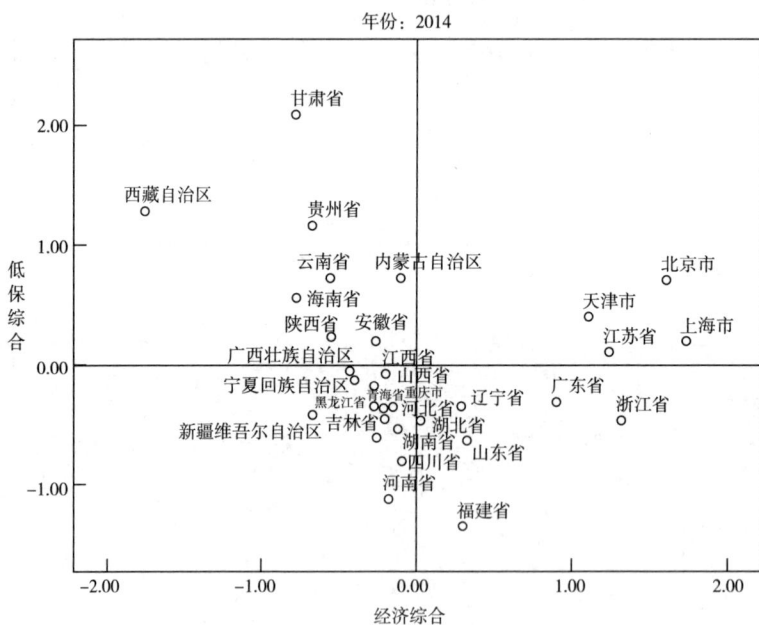

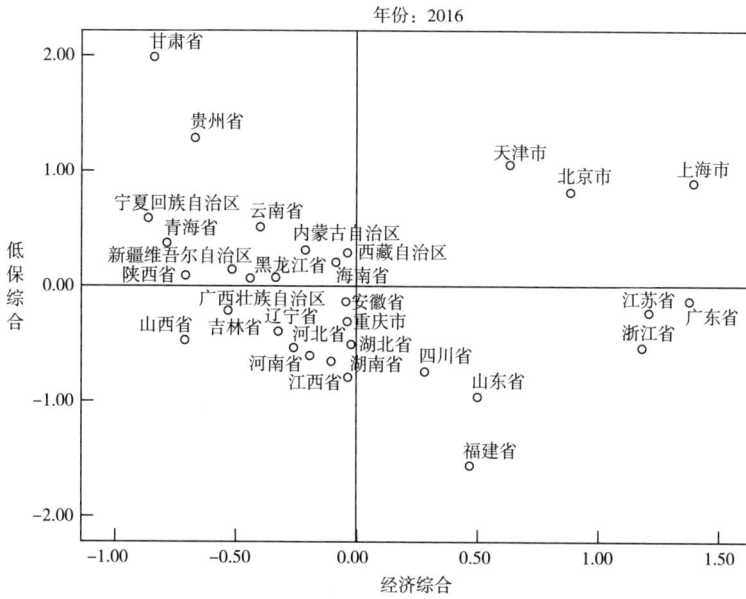

年份：2016

图书在版编目（CIP）数据

相对贫困农户可持续生计与社会救助制度转型 / 王
磊著. -- 北京：社会科学文献出版社，2024. 11.
ISBN 978-7-5228-4172-4

Ⅰ. F323.8

中国国家版本馆 CIP 数据核字第 2024SA6914 号

相对贫困农户可持续生计与社会救助制度转型

著　　者 / 王　磊

出 版 人 / 冀祥德
组稿编辑 / 任文武
责任编辑 / 高振华
责任印制 / 王京美

出　　版 / 社会科学文献出版社·生态文明分社（010）59367143
　　　　　地址：北京市北三环中路甲 29 号院华龙大厦　邮编：100029
　　　　　网址：www.ssap.com.cn
发　　行 / 社会科学文献出版社（010）59367028
印　　装 / 三河市尚艺印装有限公司

规　　格 / 开　本：787mm×1092mm　1/16
　　　　　印　张：16　字　数：258 千字
版　　次 / 2024 年 11 月第 1 版　2024 年 11 月第 1 次印刷
书　　号 / ISBN 978-7-5228-4172-4
定　　价 / 88.00 元

读者服务电话：4008918866

▲ 版权所有 翻印必究